Defending the Guilty

Truth and Lies in the Criminal Courtroom

Alex McBride

悪いヤツを弁護する

アレックス・マックブライド　高月園子＝訳

亜紀書房

悪いヤツを弁護する

Defending the Guilty

両親に、そして私の偉大な友人、故ハリー・ブラック（1928〜2009）に捧げます。

弁護士は、依頼人がもし可能であれば自分自身のために行うであろうすべてを依頼人のために行うべきである。
——サミュエル・ジョンソン

＊丸カッコで示した本文注や挿入文のうち、本文と同じ大きさの文字のものは原作者によるもの、小さな文字のものは訳注です。

イギリス司法の仕組み——簡単な説明

高月園子（訳者）

イギリスの法曹資格にはバリスタ（法廷弁護士）とソリシタ（事務弁護士）の二種類がある。法廷でモーツァルトのようなかつらを被って弁論を繰り広げるのはバリスタで、ソリシタには弁論権はなく、バリスタの補佐役を務める。ただし、依頼主から紛争や事件についての依頼を受けることができるのはソリシタで、裁判に持ち込まれる訴訟においてはソリシタがバリスタを指名する。彼らはチームを組んで、原告側から依頼されれば訴追を、被告側から依頼されれば弁護を行う。イギリスの裁判では、この両陣営が自説を主張して陪審員を説得する対審制度が採られている。陪審員は事実認定を行い、有罪か無罪かを決定する。

裁判官は下級裁判所の治安判事（無給の素人裁判官）を除き、上述の法曹資格を有する者が経験を積んだ後になるが、上級裁判所の裁判官はバリスタにほぼ独占されている。歴史的に私人訴追主義を原則としてきたイギリスでは、そもそも公訴局（検察庁）が登場したのも一九八五年になってからであり、近年その権限は拡大しつつあるものの、長らく世界で最も小さな権限を有する検察とされてきた。私人訴追というのは、犯罪の被害者が起訴できる仕組みで、実際には捜査を行う警察が被害者に代わって起訴する場合が多い。

本書の著者は刑事訴訟のバリスタであり、本文は見習い時代の回想とバリスタとしての実体験の二重構造になっている。彼のようにバリスタを目指す者は、ロースクール卒業後に面接や試験を経てチェンバー（バリスタの組合／事務所）の一つに見習いとして採用されなくてはならない。これが大きな関門で、ここで振り落とされる者も多い。さらに見習いとして、薄給でこき使われる一年間の実務研修を積んでも、そのあとにテナント（チェンバーに永久的に所属できる身分）になるには、大変な狭き門を通らねばならない。バリスタの仕事の大半がチェンバーに持ち込まれるため、チェンバーのテナントにならないかぎり、実質上、バリスタとして裁判の仕事をやっていくのは不可能に近い。

法廷で当意即妙、丁々発止の弁論を行うバリスタの特質は政治家に求められる特質でもあるため、イギリスでは歴史的に首相をはじめとする大物政治家にバリスタからの転身組が少なくない。最近ではサッチャー元首相とブレア元首相が、共にバリスタ出身である。

＊本書の翻訳にあたり、司法用語の訳語については、主として『イギリスの司法制度』（幡新大実著、東信堂）を参考にさせていただいた。

悪いヤツを弁護する――目次

第五章　**変化**

序章　裁判のゆくえは予測不能

バラバラ殺人のエリックのケース

テンプル教会の鐘が一時を打つ。法曹界のランチタイムだ。インナー・テンプルの東と西にある路地からあらゆる年齢のバリスタ（法廷弁護士）が現れて、高そうなシャツのボタンもはちきれんばかりの腹をぐうぐう鳴らしながら鷹揚《おうよう》に闊歩《かっぽ》していく。アメリカ中西部からやって来た、ワインカラーのウインドブレーカーにグレーの野球帽姿でのろのろしている五〇代の旅行者たちをさっさと追い越し、地図に見入るイタリア人の退役軍人グループをぐるりとよける。チェンバー（バリスタの共同事務所）の陽の降り注ぐ三階の部屋から見下ろす私は、かのバリスタたちが発散させるゆったりした雰囲気に驚嘆する。彼らは、そう、そこにいることに喜びを感じ、あたかもその場を所有しているかのように落ち着いている。眼下の中庭を昼食に向かう彼らの階層――ある資格を有する男女――に加わるチャンスを法曹界が私にも与えてくれたことに、私自身驚いている。

さあ、ランチだ。両腕を上に伸ばして肩をほぐす。ランチが待ち遠しかった。今日は特に豪華なサンドイッチを持ってきている。ミントゼリーでしっとりした、残りもののローストラムのピンク色のスライスを、高級なパンにはさんである。ふたたび腰を下ろし、読みかけの公判資料の上に覆いかぶさるようにして食べ始めた。午後遅くに、指導係のバリスタとともに、主役――つまり依頼人と会うことになっている。訴訟摘要書のぴんとした真っ白な紙にパンのかけらを落とさないよう用心しながら食べた。そして依頼人がどれほどの窮地に陥っているのかを把握しようと、事件の事実関係の調査にいそしんだ。証拠がたっぷりあると知るのに時間はかからなかった。

事件当日、依頼人のエリックは地元のゲイバーに行った。彼は店の常連たちに、〝ちょっと荒っぽいホモ〟として目を付けられていた。空手のポーズをして飛び回るなどの奇行があったようだ。そのバーで彼は若いラビ（ユダヤ教の指導者）に出会った。このラビは、あらゆる証言から、明らかに誰《だれ》にも相手にされていなかったようだが、エリックは近くにあるアパートの自宅に連れ帰った。そして着くなりラビを意識がなくなるまで殴り、首を絞めて殺し、切り刻んだ。

死体をバラバラにするのは重労働だ。ちょっと腿《もも》を切り開くだけでも大変だ。したがって、ほとんどのバラバラ殺人犯は叩《たた》き切るようなやり方をする。エリックは違った。美しいまっすぐなラインで切開していた。警察は二つの可能性を想定した。犯人の職業が肉屋か、もしくは初犯ではないケースか――つまり以前にも同じような罪を犯しているか。

未解決の殺人事件はいくらでもある。ときに人はただ姿を消す。エリックの場合も、もしゴミの収集日さえ間違えなかったら、永久に捕まらずにすんだかもしれない。ラビの死体はテスコ（大手スーパーマーケット）のレジ袋六つと、電気コードで口を縛った黒い大きなゴミ袋に注意深く分けて入れられ、真夏に丸一週間、アパートの共同ゴミ箱に放置されていた。それがゆっくりと悪臭を放ち始めた。管理人に怒りの通報があった。ゴミ箱の中に何かの死骸《しがい》のような腐ったものがあると。やいのやいのとせっつかれた管理人はしかたなく重い腰を上げ、調べに行った。住民たちの言い分は大袈裟《おおげさ》ではなかった。彼は近くに寄ることすらできなかった。それほどひどい臭いだったのだ。ぎりぎり近くまで寄ってみると、共同ゴミ箱の横に黒いゴミ袋が置かれているのに気づいた。それが問題の源だと結論した。これにはスペシャリストの道具が必要だ。彼はマリーゴールド社製の黄色いゴム手袋をはめ、顔の回りにリンクス（デオドラント）を染み込ませたタオルをきつく巻きつけて戻ってきた。さあ、ゴミ袋に向かって突撃だ。歩を進めるにしたがい、ビニールの裂け目から何かが覗《のぞ》いているのが見えた。事情聴取の報告書によると、彼は犬の死骸だと思ったそうだ。

私はもうひと口サンドイッチにかぶりついて、写真を参照した。写真は必ず付いてくる。食べ物が喉《のど》を通らなくなった。ゴミ袋の写真には、犬なんかではなく、ラビの尻でしかありえない曲線を描いたピンク色の肉が写っていた。

メインのゴミ箱に何が隠されているかを知らない管理人は、不愉快なジレンマに直面した。アパート内で見つかった犬の死骸は私有財産なので、その処分は彼の責任範囲だが、路上で発見された犬の死骸は役所の責任だ。だが、この〝犬〟はクンクンいいながら勝手に道路まで行ってくれはしない。そこまで行ってもらうには、彼が引っ張っていくしかない。デオドラントの残りをすべてぶっかけたタオルを、今ではアラビアのロレンスよろしく、目の部分のみを残して頭にぐるぐる巻きにして、芝生の上をじりじりと引きずっていった。公道に達したところで、放り出した。管理人が役所に通報する前に、パトロール中の若い巡査が悪臭を放つ黒いゴミ袋に遭遇した。ざっと調べただけで、それは犬ではなく人間の胴体だとわかった。彼は無線で連絡した。

「信じられない話ですが、巡査部長、それが……」

まもなく、現場は制服姿の警官や地元のロンドン警視庁捜査官だらけになった。一人のかわいそうな巡査がゴミ箱の中に入って、嘔吐しながら、死体の残りを探して一つまた一つと袋の中身を調べていかなければならなかった。その間に、警察は一部屋ずつ捜査すべくアパート全体を封鎖した。エリックは自室で、上半身裸で掃除用の洗剤に囲まれているところを発見された。部屋中ピカピカだった。当然のごとく不審に思った刑事が特別に注意深く見回した結果、天井に小さな血痕《けっこん》を発見し、これがのちの検査でラビのものであると確認された。警察はホシを手に入れた。

この公判資料を読みながら、私は一週間前の週末に結婚披露宴で隣に座ったかわいい若い女性から受けた質問を思い出していた。それはバリスタがいつもされる質問でもあった。

「あなた自身が有罪だと思っている人を、いったいどうして弁護できるの？」

私は非の打ち所がなく正しい定番の答えを返した——有罪であると証明されるまでは、何びとも無罪なのだと。たとえある人がどんなことをしようが、どんなにその人にとって不利な証拠が堅固《けんご》であろうが、法の支配のもとにある民主主義社会では、その人は公平かつ公正な審理を受ける権利がある。それは、その人が献身的なバリスタによるしっかりした弁護を受けることで初めて実現する。忘れるべきでないのは、申し立てられた犯罪が起きたときに私たちはその場にいなかったのだから、問題の人物が有罪かどうかは絶対にわからないのだ。弁護人の意見は重要でない。陪審員がどう考えるかが問題だ。

その女性は、私のことをたまらなく魅力的な正義の騎士だと見なす代わりに、フォークの背で皿の上のサーモンを押しつぶし始めた。刑法専門のバリスタという職業にも、私の話にも、彼女が好印象を抱かなかったのは明らかだった。

午後になって、ベイリー*（オールド・ベイリーの略、中央刑事法院）の拘置所の入り口で指導係のバリスタと待ち合わせた。戦闘服――ウイッグ（チャールズ二世により人気が出たパリの流行）、法服（チャールズ二世の死を悼《いた》むためにデザインされたガウン）、糊《のり》のきいたカラー、バンドと呼ばれる白いひらひらのもの（ひだ襟の代わり）、ダブルのピンストライプ、ときには懐中時計さえも――をまとった何人かのバリスタが一列になって入室を待っていた。私たちは軽やかに彼らのそばを通り過ぎた。

「言わせてもらいますが」声量豊かな声がした。「並んでるんですよ」

「キャットA」。指導係がさらりと答えた。それには何の言葉も返ってこなかった。キャットA（カテゴリーA）とは、エリックのような社会にとってきわめて危険な人物や、逃亡癖のある者のために特別に隔離されたエリアである。

監房へ続くオーク材の小さなドアをノックした。小さな格子窓《こうしまど》の向こうから、ひと組の目がこちらを品定めする。ドアが開いた。狭い廊下を進んで行き、面会室が空くのを待っている恰幅《かっぷく》のいいバリスタの脇《わき》をすり抜ける。突き当たりには、鍵《かぎ》の掛かったスチール製の柵があった。

「ほら、やれよ」。指導係が言った。この部分を私が好きなことを知っているのだ。

「看守！　かーんしゅーー！」忍び笑いをこらえながら叫んだ。しーんとしている。すると、遠くのほうで鍵のカチャカチャいう音がした。ノートルダムのせむし男クァジモドのような男が役立たずの足を引きずりながら現れることを期待したのだが、数秒後にやって来たのは、赤毛をクルーカットにした、たくましい腕の女性看守だった。

「キャットＡ？」彼女が尋ねる。

「キャットＡ」。私たちは答えた。

ゲートが開く。彼女について廊下を進んでいくと、またゲートがあった。それを開け、今度は強化金網ですっぽり囲まれた曲がりくねった階段を上らされた。てっぺんにはまたもやゲー

＊原注　オールド・ベイリーは特に悪質な殺人事件と殺人犯の大半を扱う。刑事司法の業界人はけっしてオールド・ベイリーをオールド・ベイリーとは呼ばない。ちょうど上流気取りの人々がけっして乗馬のことをホース・ライディング、キツネ狩りをフォックス・ハンティングとは言わないのと同じである。彼らは単に「ライディング」「ハンティング」と言う。ホース、フォックス、オールドは余分なのだ。ライディングやハンティング、ベイリーがほかのものであるわけがないだろう？

ト。看守は鍵を開け、私たちを中に押し込んでおいて、ちょっとドキッとしたのだが、後ろで鍵を掛けた。私はしぶしぶ指導係のあとについて、重い足取りで短い廊下の先のごく普通に見えるドアに向かった。ナーバスになった。あのドアの向こうには何があるんだろう？　壁に鎖でつながれた異常者でぎっしりの牢屋《ろうや》だろうか？　指導係がドアを開けた。緊張と闘いながら彼に続いて足を踏み入れたキャットAは、驚くほど感じのいい場所だった。鉄格子もなければ、タバコをくれとわめく収監者たちもいない。

エリックは、本人は知るよしもないが、スター扱いされていた。彼はやさしそうな中年女性の〝お世話係〟三人を独り占めしていた。彼女たちはエリックを孫息子のように扱っていた。

「エリックの弁護士さん？」一人が、片手にひと組の鍵、もう片方の手にエリックのためのお茶のカップを持ったまま尋ねた。

「はい」と指導係が答える。

「どうぞ、こちらへ」。待合室の角にある部屋に案内された。そこはまったく監房には見えなかった。片側の壁には光の差し込む大きな窓があり、私がそれまでに目にした監房の多くと違って、風通しの良さという特質があった。

「エリック、弁護士さんたちがいらしたわよ」。お茶の入ったカップを手渡しながら、彼女が言った。

その小さな部屋は人でいっぱいになった。ついにご対面したエリックは、デスクの向こう側で両手を腿の間に突っ込んで座っている。引きつった微笑みを顔に張りつかせ、何を考えているのかわからない目をしている。最後に握手したのは私だった。いかにも正真正銘の異常者らしく、ぐにゃりとした握り方だ。ただ満足感を得るためだけに人間を切り刻んだかどで起訴されている若者と、座って打ち解けた会話をするというのは、水曜の午後の過ごし方としてはかなり変わっている。エリックは私をびびらせる。殺されたラビの家族が気の毒でならなかった。身内にとってはとても耐えられることではない。もちろん、これほどまでに残虐《ざんぎゃく》な犯罪をやってのける人間は、迅速《じんそく》に、かつ永久に、刑務所に閉じ込めておくべきだ。また、やるかもしれないからだ。

座ってエリックを見つめながら、私の提供したお定まりの答えに対する、あの若くてかわいい女性の反論を思い返していた。

「有罪だと知っていながら弁護するのって、どこか道徳的に間違っていない？　世の中に出ればまた罪を犯して新たな犠牲者《ぎせいしゃ》を出すかもしれないような人間を解《と》き放《はな》っておいて、どうしてあなたは夜、安眠することができるの？」

私は指導係のバリスタと、このケースの担当ソリシタ（事務弁護士）の方をチラッと見た。彼らは道徳的な欠陥や眠れない夜についてくよくよ悩んだりしない。それは、私もまったく同じだ。私たちはいかなる判断も下さない。証拠がどんなに動かし難《がた》いものであろうと、いや、言ってしまえば、被告人がやったかやっていないかさえ、どうでもいい。私たちの関心はただ

「どうすれば被告人を無罪にできるか」にある。

なぜって？　イギリスの裁判においては、対立する両陣営が事件についてそれぞれ自説を主張する対審制度が採《と》られ、私たちは誇りをもって世界中にこれを広めてきた。このシステムがうまく機能するのは、弁護側のバリスタが全力で被告人を代弁し、同時に、有能な訴追側バリスタが全力を注いで有罪にする証拠を示した場合だけである。そうでなければ、陪審員制度を採る意味がないだろう？　フランスのように、ただ裁判官に証拠を審査させて、判決を下させればいいのだ。エリックのケースでは弁護が私たちの仕事だった。そのためには、つまり誰かを弁護するには、その人の言い分を受け入れなくてはならない。心でも頭でも受け入れるのだ。それは心理的な、そして倫理上のトリックである。彼らの立場になって考え、信じる。たとえむかつくほどひどい話であっても。

ほかにもある。これは誰も言わないが、対審制度が機能するのに不可欠な要素はもう一つある。被告人を無罪にしたいのは、勝利は気分がいいからだ。実際、抜群に気分がいい。裁判の終わりに、訴追側バリスタの目を覗きこんで「おい、完全無欠の証拠を揃えたつもりだっただろう？」と言ってやりたくなる。いいきみだ、ざまあみろ。そして法廷を出て、すましてトイレに入り、勝利の喜びで狂ったように踊り回る。

この歓喜の一部には純粋な安堵《あんど》が混じっている。バリスタには何のパワーもない。来る日も来る日も、自らの機知と声以外には何ももたずに、警察や国家や裁判所に立ち向かっている。

勝算は小さく、自分の技量だけを頼りに不安な不確実性の中で生きている。だからこそ、勝利は自信を高めてくれる。エゴを満足させ、次の裁判まで、また頑張らせてくれる。すぐに、それなしでは生きられなくなる。勝利中毒になってしまうのだ。それも単に勝つだけではなく、天晴《あっぱ》れな勝ち方をしたいと思う。絶体絶命のケースに直面し、それを鮮やかに逆転したい。バリスタは正義に奉仕するという観念だけでなく、反対側のバリスタを破る喜びにも突き動かされているのである。

指導係や私が夜ぐっすり眠れると認めると、私たちが道徳的に破綻していて、自らの行動を直視できない人間であることをさらけ出してしまうことになるのだろうか？　ある面、私たちに選択肢はない。バリスタができることとできないことの範囲を定めた職務規範のいわゆる「タクシー乗り場」原則に、バリスタは体が空いていて、必要とされる技量があり、相応の経験があるかぎり、依頼人が誰であっても弁護を引き受けなくてはならないとある。実際には、タクシー乗り場の原則は日常的に破られているが、それはバリスタがより楽な仕事を引き受けようとするからではなく、よりいい仕事を求めるからだ。それはより注目を浴びる訴訟であったり、より報酬のいい仕事であったり、より言語道断《ごんごどうだん》な事件——よりエリック的な事件——であったりする。それはプロとしての誇りだ。

最終的には、スケジュールの都合でエリックの弁護はできなかった。公判では、部分的抗弁として限定責任能力が主張された。これが認められれば、彼は殺人罪ではなく故殺罪での有罪となる。もしエリックがラビを殺害したときに、彼の精神的責任能力が「著しく損なわれていた」「心神耗弱《しんしんこうじゃく》状態にあった」と認められれば、限定責任能力が適用される。しかし、陪審員たちは説得されなかった。エリックは自分が何を行っているかを弁識していて、自己の行動をコントロールできていたというのが、彼らの認識だった。公判で証言した精神科医は、エリックの精神障害は治療不可能だと結論した。終身刑の判決が下されたので、彼が解放されることは永久にないだろう。現実的には、エリックにはまったく勝ち目はなかった。たとえ故殺罪で有罪になったとしても、裁判官は終身刑を言い渡していただろうから。けれども、ありえない事の成り行きで、もしエリックが無罪放免になっていたら、彼がどんなことをしでかしたかを一考してみる価値はある。

放火犯アーサーを無罪に持ち込んだケース

さて、時計を進めてみよう。エリックが殺人罪で有罪判決を受け、人生の残りの年月のすべて、可能性としては六〇年かもしくはそれ以上を刑務所で過ごすことが決定した日からかなりの月日が流れた。私はもはや指導係の保護のもとにはなく、かなり前から自立し、自己の資格で弁護を引き受け、誰の監督も受けずず、手こずっている。

今は、犯罪の痕跡《こんせき》となる血痕を消すためにオフィスビルを焼失させた容疑で起訴されているアーサー・サイクスという男を弁護している。訴追側の最重要証人であるバズという男が、まるで無料の麻酔に魅《ひ》かれて歯根管治療《しこんかん》を志願したボランティアのような顔で、証人席に座っている。学校の制服のような白シャツを着て、病的なほど顔面蒼白《がんめんそうはく》なせいか透明に見え、今にも私たちの目の前で消えてしまいそうだ。訴追側はたった今、彼をうまく操縦して火事についての証言を引き出した。彼らからすれば、かなりうまくやったことになる。たどたどしい、いかにも信用できる話しぶりで、バズは私の依頼人のアーサー・サイクスこそが火を放った犯人であると証言した。ものの見事にアーサーを裏切ってくれた。今度は私が反対尋問をする番だ。

陪審員たちは、法服で手のひらを拭《ふ》きながら立ち上がった私を、期待に満ちた顔で見た。大半が地元の大学の文科系学部出身の、感じのいい顔をした女性たちだ。私はアーサーのために闘う戦士だ。バズが長年の友人に行ったひどい不正を正すために雇われた殺し屋だ。うまくやれば彼は無罪になる。しくじれば五年の服役《ふくえき》だ。

書見台の前に立ち、私は間を置いた——自信たっぷりに見せかけて、実はメモ帳に大文字で書かれた最初の質問を探している。私はすべての質問を書き留めていた。メモなしではしどろもどろになるだろう。メモ帳は救命具だ。それをしっかり握り、咳払《せきばら》いをした。準備完了。バズを木っ端微塵《こぱみじん》にやっつけて、彼の証言が下手な嘘《うそ》のかたまり以外の何ものでもないように見せてやる。向こう見ずにもバリスタのアレックス・マックブライドの依頼人を陥れ、それでうまく逃《のが》れられると思ったことを後悔させてやる。私の手は恐怖でピクピク痙攣《けいれん》していた。

バズも反対尋問を楽しみにしてはいないだろうが、こちらの気持ちは彼の想像を超えている。なにしろ、ほんの数日前には、私は建築現場で水浸しの穴の中に自分の上司を殴り落とした電気工を弁護することになっていたのだ。一張羅のスーツとモヘアのコートで重みを増していた上司は、穴から出られなかった。穴の側面をよじ登っては、ずり落ちた。現場にいた労働者たちの誰一人、彼を助けようとしなかった。

それが、ぎりぎりになってスケジュールが変更になった。アーサーを弁護することになっていたバリスタの担当していた一つ前の裁判が長引き、体が空かなくなったのだ。そこで金曜の午後にクラーク（受託案件をバリスタに振り分ける事務職）が電話をしてきた。

「ミスター・マックブライド、サー。もっといい仕事がありますよ。あなたのために、よりいい仕事はないものかと常に気を配っていますから」

この甘言の真意は「ほかに誰もいないんです。絶体絶命のピンチです。ここに拘置所のパスがあります。キャッチして！」なのだ。というわけで、今、私はより重大な犯罪である放火罪で起訴されているアーサーを弁護している。アーサーが窃盗事件と自分とを結びつける証拠のリンクを断ち切るためにポータキャビン社のオフィスビルを焼失させたというのが起訴事実である。

最初の質問が見つかった。恐怖とアドレナリンが口の奥にどっと噴き出した。

「アーサーとあなたはいい友達だったのですね？」

「はい」とバズ。出だしは上々だ。

反対尋問では、「はい」か「いいえ」の答えを引き出す質問をする。それには、証人が賛成か不賛成かのどちらかを表明できる短い質問文である必要がある。こちらが導きたい方向から証人がはずれる可能性のある質問はしない。「何」「なぜ」「いつ」といった言葉は避けるのが賢明だ。だからこそ、私はすべての質問をあらかじめメモしておく。一つの漏れもなくすべての質問をするためでもあるが、それらを確実に正しい言い回しでしたいからでもある。最初の質問を無事終えた私は、次から次へと質問を重ねていった。しばらくすると言葉がよどみなく出てきた。私は楽しみ始めていた。

バズの証言は、よくあることだが、私の依頼人であるアーサーの供述内容と非常に似かよっていた。二人は昔からのいい友達だ。ある週末、少し酒を飲んだ後で、アーサーが自分のバンに必要な軽油を盗みにいくのにバズは付き合った。問題の土曜日、パブで特別に騒々しい夜を過ごした後、二人は数人の友人と連れ立って、いつも掘削機《くっさくき》が何台か置いてある工業団地に繰り出した。数台の掘削機に登っては落ちているうちに、アーサーは、すべてのガソリン注入口に鍵がかかっていることを知った。だが、それで諦《あきら》めはしなかった。何かを盗みにやって来たのだ。手ぶらでは帰れない。

そこで、建設途中の工業団地自体に、酔いの混じった注意を向けた。最初に目についたのは、警備室に使われている、ポータキャビン社の独立社屋だった。肘《ひじ》で窓を割って押し入ったアーサーは、その過程で腕に切り傷を負った。消火器を持ち出し、ヘンゼルとグレーテルよろしく、点々と血のラインを引きながら、一番近いオフィスビルの窓に近づいていった。ほかの少年たちは、半分は興奮し、半分は怯《おび》えて笑っていた。本当にヤツはやるだろうか？ やるに決まってる。アーサーが消火器を窓めがけて投げると、ガラスが粉々に割れた。警報ベルがヒステリックに鳴り出したが、彼は走らなかった。その工業団地は四方何マイルにもわたって何もない場所にある。警察が到着するのにはかなり時間がかかるだろう。アーサーは建物によじ登って侵入し、素早く中を物色した。血痕がその動線を執拗《しつよう》に印していく。すべてのPCを掻《か》き集めて外で待ち受ける仲間にパスすると、彼らがそれをバンに積んだ。遠くでサイレンの音がした。警察だろうか？ アーサーは破れた窓から飛び出し、仲間とともにバンに飛び乗り、団地内の小道を猛スピードでぶっ飛ばして、パトカーが到着するのを待った。五分が過ぎ、一〇分が過ぎた。だが、誰もやっては来なかった。

この時点まで、アーサーの供述はバズの証言と一致する。はい、私は軽油を盗みにいきました。はい、私はオフィスビルに押し入りました――これを否定するのはまず無理だ。彼のアパートに、まだ彼の血が点々とついたPCがきちんと積み重ねられていたのを警察が発見している。両者の話に食い違いが出てくるのは、彼らが退避場所に到達したところからだ。事情聴取の報告書によると、バズは彼らが警察の到着を警戒していた間に、アーサーが「あそこを燃やしに戻る」と言ったと述べている。アーサーの意図の表明であるとされるこの〝言質《げんち》〟が、訴追人の論拠となっている。被告人が自身の言葉で、訴追側の説明を裏付けたのだ。窃盗と自分を結びつける血痕を消し去るために火をつけた、と。それは決定的に不利な証拠のはずだった。

ところが、バズの報告書の中にアーサーのこの〝自供〟があるというだけでは、それは証拠とはならない。それが証拠と認められるためには、バズが法廷でそれを口述証言しなくてはならない。だが、バズは、理由は何であれ、それをしなかった。ゆえに、それが口で語られるのを聞かなかった陪審員にとっては、自供は存在しなかったのだ。

反対尋問があまりにうまくいっていたために、私は訴追のこの大きな穴に気づかなかった。私はたたみかけた。バズに自身も進んで窃盗に加わっていたことを認めさせた。彼はＰＣをバンに積み込んだので、法的にはアーサーと同罪になる。次に私は、バズが逮捕され、窃盗について警察から事情聴取を受けたものの起訴されなかった点に移った。彼が起訴されなかったのは、昔からの仲間を売ることにより、警察によりよい逮捕者を提供したからなのではないか？　彼がそうしたのは、窃盗の起訴を免れるためだけでなく、おそらく放火の起訴をも免れたかったからではないか？　アーサーを裏切ったのは、彼自身が火をつけたからではないか？　この惚《ほ》れ惚《ぼ》れするほど興味深い仮説は私の反対尋問のクライマックスだった。だがそれは、長い下り坂を急速に転げ落ちる運命にあった。なぜなら、この公判の成り行きはまもなく私にとって最悪の方向に向かったからだ。

刑事裁判の弁護では、証拠は少なければ少ないほどいいという黄金のルールがある。私はバズがアーサーの言質を陪審員にはっきり口頭で伝えるという前提でメモを作成していた。そのメモに依存しすぎたために、バズの報告書のコピーを取り上げ、黄金のルールを破ってしまったのだった。

「ミスター・サイクスは『戻ろうぜ。あそこを燃やしてやる』とはけっして言っていない、そうではありませんか？」

言葉が口から出たとたんに、まずいと思った。断崖絶壁《だんがいぜっぺき》の縁にでも立っているかのように、頭がくらくらした。陪審員たちは目を瞠《みは》ってアーサーを見つめている。私と組んでいるソリシタは、私がたった今、幼児殺人犯だとばらしでもしたかのように、驚いてこちらを見た。訴追側の女性バリスタは思わず口を押さえた。裁判官は忍び笑いをしている。元ソリシタの彼にとって、バリスタが失態を演じる場面を見るに勝る喜びはない。

私は、反対尋問でアーサーにとって致命的な証拠を掘り起こしてしまうというミスを犯したのだった。質問メモにこだわりすぎて、証人の言葉をよく聞いていなかったのだ。結果、訴追側バリスタがすべき仕事をこちらがしてしまった。こうなったらしらを切り通すしかない。バズと、まだ耳を傾けている人がいればその人たちに、それはすべてバズの戯言《ざれごと》だったのだと示唆した。

「これは前にどんな嘘を言ったかを覚えていなかったというケースですね？」「事情聴取で、

ある嘘をついた。法廷では別のことを言った。状況によって、その時々で自分にとって都合のいいことを言う、これは二つの嘘ですよ、バズ」。これは捨て鉢のこけおどしだった。

閉廷になったとき、アーサーの方を振り返って見た。「山あり谷ありの一日でしたね」と彼が言った。ほかでもない彼の唯一の弁護人である私が、彼を有罪にしてしまったとはとても言えない。今はまだ、彼をうなだれさせることはできない。「きみの側の言い分を陪審員に聞いてもらえば、状況は変わるだろう」と嘘をついた。彼は強いて微笑み、その晩は三歳の娘といっしょに過ごす予定だと言った。「おれにとっては、あいつがすべてなんです」

私は悄然《しょうぜん》としたまま帰宅した。これはもう徹夜で仕事をする以外ない。寝るなど、もってのほかだ。睡魔に襲われるたびに、父親を求めて泣く、アーサーの幼い娘の姿が目に浮かんだ。それはバリスタであることの最悪の面の一つだ。ミスを犯せば、その代償を払わされるのは依頼人なのだ。

翌日も予兆はけっして芳しくなかった。私のソリシタは結審を欠席するし、事件を扱った捜査官はやたら話しかけてきた。被告人の弁護をしているときに、警察官と仲良くなるのは不適切なのだが、彼が訴追側の最後の証人であり、こちらの役に立ってくれるかもしれないので友好的な関係を保たなければならなかった。状況により、反対尋問で訴追側の証人を攻撃する代わりに、こちらの論陣を張るのに利用することもある。その捜査官には訴追側の証拠の中でアーサーに有利となる一部分を確認し、のちに私が最終弁論で展開できるような説を述べてほしかった。その理由は、訴追側の説明に一つ納得のいかない点があったからだ。

くだんの工業団地にはポータキャビン社のオフィスが約二・五メートルの間隔を置いて二棟ある。グリーンのビルは黒焦げになり、アーサーが窃盗をした白いビルにはまったく損傷がなかった。訴追側が言うように、もしアーサーが窃盗事件の手がかりを消すために火をつけたのなら、なぜ彼は違うほうのビルを燃やしたのか？　証人の捜査官から受け取ったオフィスビルの配置図を陪審員に見せ、被告人を有罪に導く血痕が、着火点からどんなに離れているかを差し示した。警察はありがたいことに小さなプラスチックの数字を使って印をつけてくれていた。それはめちゃくちゃのゴルフコースに見える。捜査官はまた、出火した場所からは発射火薬が発見されなかったことも確認した。この事実から生じるのは、陪審員に対する二つの質問である――「アーサーが窃盗と自分を結びつける証拠を隠滅するために放火したと、確信できますか？」そして、「もし、確信できないなら、そもそも彼が放火したと自信をもって言えますか？」

すべての質問がなされ、すべての証拠が提出された後で、両方のバリスタがそれぞれ自分の説を要約した最終弁論を行う。公判の終わりに、最初に弁論を行った訴追側のバリスタは、アーサーと火事を結びつける強力な状況証拠を指摘した。それは、被告人が工業団地で窃盗を行い、そして、驚くべき偶然の一致だが、その直後にそこが火事になったという事実だ。彼女が繰り返し取り上げたアーサーの〝言質〟は、彼の意図を言葉で表明している。彼はいずれ警察が来ることを知っていたので火を放ったのだ。両方のビルを燃やさなかったのは、彼が単にしくじったからにすぎない。火をつけて大急ぎで逃げた。そんな状況で、うまく燃えるかどうかを確認するために、その場に留まる人間などいるだろうか？

次は私の番だ。あらゆるポイントをアーサーにとって有利になる方向にまとめ上げた。アーサーの言質をくず扱いしようとしたが、その言葉は法廷中に響き渡った。

陪審員が評決のために引き下がった後、私は臆病《おくびょう》にも法廷用に着替えをする法服着衣室に撤退した。途中、アーサーにつかまった。私を、何もわかっていない両親と、呆然《ぼうぜん》としている恋人に紹介したがった。私は弱々しく微笑み、握手をした。アーサーの視線をまともに受け止めることはできなかった。私たちは両方とも、私が彼に何をしたかを知っていた。

バリスタ用食堂で、訴追側のバリスタとお茶を飲みながら、私は意気消沈して言った。「自分の依頼人をポットしてしまったよ、そうだろう?」。ポットはバリスタの使うスラングで「有罪にする」という意味だ。その語源はおそらくスヌーカー（ビリヤードの一種）にある。ボールを穴に沈めることをポットすると言う。被告人を沈めるのも同じだ。何か慰めの言葉をかけてくれないかなと期待したが、彼女はただこくりとうなずいただけだった。真実から逃げることはできない。下の拘置所にいる彼になんと言えばいいのだろう。正直に話すべきだろうか。逃げ出すことも考えた。ユーロスターに飛び乗れば、日暮れ前にはリールに到着する。そこから中央ヨーロッパに逃げて姿を消し、名前を変え、こんな私でもしくじることのないシンプルな仕事、たとえば蕪《かぶ》の栽培でも習おうか。

四五分後に全員が法廷に呼び戻された。陪審員には一つ質問があった――アーサーの言った言葉をもう一度聞けないだろうか。無論、彼らの要望はかなえられた。彼らはアーサーが言ったとされるという言い方さえしなかった。裁判官が問題の言葉を読み上げたとき、私はたじろいだ。訴追側バリスタがこっちを向いて「彼らは明らかに正しい方向で考えているわ」と言った。同意するしかなかった。その言葉は、事件の全体像をつなぎ合わせていた。まさにとどめの一撃であり、それを発したのは私自身だったのだ。一五分後、陪審員がアーサーから目をそらしながら（けっしていい兆しではない）戻ってきた。陪審員長が評決に達し、そしてそれが全員一致であったことを告げた。

「陪審員の方々、被告人を有罪であると認めますか？　それとも無罪であると認めますか？」廷吏が尋ねた。

「無罪」。陪審員長が答えた。

裁判官は仰天した。私は勢いよく立ち上がって言った。「ミスター・サイクスの放免を許可願います、サー」

アーサーは放免された。窃盗のほうの判決は待たねばならない。だが、それで刑務所に行くことはない。

私はただちに法廷を退《しりぞ》いた。ぐずぐずしていたら陪審員の気が変わり、「ただの冗談ですよ！

完全に有罪であると認めます」と言われかねない。法廷の外で、アーサーは私にしがみついて顔を胸に押し付けてきた。涙が私のシャツの上に落ちた。彼の家族までがしがみついてきた。でも、私以上にほっとしている人はいなかっただろう。アーサーは自由を手にし、彼の小さな娘はダディを失わずにすみ、私はこの先ずっと悪夢に悩まされなくてすむ。私はその日の午後に一生分の運を使い果たしてしまった。だが、それ以上にいい使い方など思いつかない。

所持品を掻き集め、階段を駆け下り、裁判所の建物から暖かい九月の日差しの中に踏み出した。通りにいるすべての女性にキスしたい気分だった。ベビーカーに乗った子どもたちの頬《ほお》をさすった。きびきびと丘を登り、歩行者の一団を縫うように進んでいった。陪審員たちだ。満面の笑みを交わし、うなずいて、彼らだとわかったということを知らせた。彼らにキスをしたかった。彼らを抱きしめ、腕の中でくるくる回し、解放感で大声を上げたかった。歓喜に胸を圧迫され、足早になった。そのうち、心に何かが引っかかり始めた。たった今、道ですれ違った市井《しせい》の人々はあの事件と評決をどう考えるだろう？　正当な裁定がなされたと思ってくれるだろうか？　訴追人のせいにするのは簡単だ。どうして彼女は、アーサーは優秀な放火犯ではなかったが間違いなく放火犯だったということを、陪審員の頭に叩き込まなかったのだろう？彼は両方のビルが燃えるものと思い込んで火をつけたが、失敗したのだ。同じ場所で窃盗を行ったときに、彼がどんなにドジだったかを見ればいい。彼は酔っ払っていた。無能だった。私のおかげで、アーサーの動機が一発でわかる決定的なセリフを彼女は手にした。実のところ、彼女は何一つ間違いを犯さなかった。犯したのは私のほうだ。だからこそ、この勝利は余計に心に引っかかった。もし彼女のせいでないとすれば、裁判のシステムそのものに欠陥があるということにならないか？

バリスタになったばかりのころに、結婚式で私の理論にうんざりしてサーモンに八つ当たりしていた、かわいい若い女性のことを思い出した。今ならわかるが、彼女が落胆した相手はバリスタよりもむしろ、二つのサイドを闘わせ、事実の審理を客観的な真実の探求ではなく党派争いに変える対審制度そのものだったのだ。彼女の理解では、そのシステムが機能するには、バリスタは嘘だと知っている見解でも正しいものとして差し出さなくてはならない。それゆえに彼女はショックを受けたのだ。

片や、訴追側の見解を打ち破ろうとする被告人側の弁護人がいる。重要な証拠を除外させ、正直な証言を崩しておいて、残りの事実や役に立つあれこれを、陪審員を誤った方向に導くために利用する。片や、訴追人がいる。警察は有罪であると確信する被疑者に対し、事件を立証するのに都合のいい捜査をする。被疑者の有罪を疑わせる事実は無視されるか、まともに調査されない可能性がある。潔白を証明する決定的に重要な材料は公表されずじまいかもしれない。両サイドの自己利益のもとに、公正の概念はことごとく失われてしまうのだ。

ロンドンに戻る電車に座り、通り過ぎていく牧羊地を眺めていると、このシステム全体が堕落しているのではないかという気がしてきた。地味なスーツを着た剣闘士が法律文で頭を叩き合う「こちら対あちら」の構図は、私が思い込んでいたような堂々とした正義のディスプレイではなく、むしろ陪審員を騙《だま》すシニカルな儀式なのではないかという疑いが頭をもたげてきた。『刑事訴訟規則』という簡潔なタイトルの付いた、刑事訴訟手続きに関するガイドラインがある。これらのルールの絶対的な目的は「刑事事件が公正に扱われる」ことにある。さらにこの目的の最も重要な原則は、裁判のプロセスが「罪なき者を無罪放免し、罪を犯した者を有罪にする」ことである。

主旨文は、それは疑問を挟む余地がなく、刑事法廷が毎日実現を試みるべきものであるとしている。しかし、これらの二つの原則には、根本的に矛盾する対立関係がある。私にはアーサーが罪を犯したかどうかはわからなかった。彼は〝おそらく〟罪を犯しているが、陪審員もまた〝おそらく〟と考えたなら、それは有罪にするには十分ではない。陪審員は確信する必要がある。

私は自問した。罪なき者を無罪放免にすることと、罪を犯した者を有罪にすることのどちらがより重要だろうか？　これらの競合する二つの目的の間のどこかに公正が見つけられるのだろうか？　最終的には、刑事司法制度は二つのうちどちらかを選ばなくてはならない。そしてある意味、私たちは答えを知っている。被告人は合理的疑いの余地なく有罪であると証明されるまでは無罪である。しかし、問題は、対審制度が、はたして陪審員が公正な評決に達するのを助けているのだろうか、むしろ難しくしているのではないか、という点にある。

アーサーの無罪放免がもたらした影響は、思ったほどひどくなかった。もともと傷ついた人間はいなかったし、ビルを建て直す費用は保険会社が支払うことになる。保険の掛け金が一段階上がり、多くの人々が不便を被《こうむ》るだろう。アーサーは恐怖で命が縮む思いをした。もう二度と放火はしないだろう。彼の小さな娘は父親を失わないですんだ。この最後の事実が、最終的には一番重要なのではないだろうか……たぶん。私自身の見解では、二つ確かなことがある――公判は予測不可能であり、それは単に有罪か無罪かよりはるかに複雑なものである。

第一章　見習い

一、ミドル・テンプル・レーン

法曹エリアへご案内

ミドル・テンプル・レーンは法曹界の頸動脈《けいどうみゃく》である。その石畳の狭い道はフリート・ストリートにある見過ごされがちな入り口から、テムズ川のすぐそばの重厚なヴィクトリア時代の外塁に向かって下っていく。法曹界の華たちは、過去七〇〇年近くもこの通りとその周辺で職を営んできた。一番高みにある入り口付近には、今にも壊れそうな建造物群がこの道にのしかかっている。歩みを進めると、左側にエドワード朝様式の赤い煉瓦《れんが》のヘア・コートが現れる。右側は道が広がってエレガントな王政復古調のブリック・コートにつながる。その先にはこの道の名の由来であるミドル・テンプルがある。それは四つの法曹学院の一つで、ここにある水平はね出し梁《はり》をもつ一六世紀建立のミドル・テンプル・ホールは、ドイツ空軍がテムズ川沿いの攻撃の際に破壊しそこねたものだ。このホールの西側には、緑豊かな落ち着いた雰囲気のファウンテン・コートがある。ミドル・テンプル・レーンの下半分は近寄り難《がた》い灰色のテンプル・ガーデンズにほぼ占められている。さらに下ると、数々のチェンバー（バリスタの共同事務所）がこの法曹界の大通りにオフィスを構えていて、その外側にあるクリーム色のボードには、ちょうどオックスフォードやケンブリッジのカレッジのように、所属*バリスタの名前が手書きされている。私が目指したのは、このリストに名を連ねることだった。

テンプルの名は、その地の元地主で一三〇七年に追放されたテンプル騎士団に由来している。ミドル・テンプル・レーンは騎士団の昔の地所を二分割している。ミドル・テンプルがレーンの西側のすべてを、別の法曹学院であるインナー・テンプルが東側のすべてを所有している。法曹学院《イン》（Inns of Court）という名称は、それらがもともとはインであったことに由来する。前出の二つの法曹学院のほかに、フリート・ストリートの北側にリンカーンズ・インが、ハイ・ホルボーンの北にグレイズ・インがある。中世にはインという言葉は現在よりはるかに広義で、宿泊部屋のあるパブだけでなく、民宿や下宿屋も含まれていた。一四世紀半ば以前には、法律を勉強する学生は実務を学ぶ場である裁判所に所属していた。彼らがロンドンに滞在するときは、ウェストミンスター・ホールにある王立裁判所に便利なフリート・ストリート周辺で暮らしていた。だが、当時、王立裁判所は巡回施設だった。国内を移動し、ときには何年も引

＊訳注　チェンバーに家賃の負担分を含む諸経費を支払うところから「テナント」と呼ばれる。

き続いてほかの町々を回った。司法関連の商売に依存するフリート・ストリートの店主たちにとって大変いらだたしいことに、弁護士や学生たちはこれに伴って引っ越しを強いられた。一三三九年にエドワード三世がスコットランドの征服を諦《あきら》め、フランスの奪回に目を向けると、これらのすべてが変わった。王のこの決断は政府の重心が国の南に移ることを意味した。それにより裁判所も移動し、ウェストミンスター・ホールは国の主要な司法施設になった。弁護士や裁判官や彼らに従属する人々はいうまでもなく、学生たちも住む場所を見つけなくてはならなくなった。テンプルやフリート・ストリート近辺の家々は当然の選択だった。

さて、永住場所を見つけた学生たちは、職業法律家たち同様、組織を作り始めた。組織化のそもそもの理由は教育にあった。法曹学院（この名前で呼ばれ始めたのは一五世紀から）の存在理由は次世代のバリスタの育成にあった。これはムーツと呼ばれる模擬裁判を通して行われた。ムーツは教育的なもので、学生たちは資格を有するバリスタたちが裁判官の前で議論するのを聴きながら、法律についてだけでなく、司法の世界でどのように仕事が行われているかも学んでいった。非嫡出《ひちやくしゆつ》の息子の要求、土地の計測、先契約に関する権利（例：修道士になる前に婚姻《こんいん》の契約を取り交わしていたために修道会から除名されたケース）など、ムーツの内容はすさまじく複雑で、能力が十分でない人間を取り除くのにはきわめて有効だった。

バリスタの資格を得ることを「法曹界《バー》に呼ばれる」と表現するが、この由来は法廷とはまったく関係がない。そのルーツは法曹学院にある。ムーツはベンチャーズ（benchers）として知られる裁判官や上級バリスタが仕切っていた。ムーツが行われるホールは実際の法廷とそっくりに設計され、ベンチャーズの席は裁判官席であるかのように木製のバー（手すり）で仕切られていた。学生たちは、このホールで法律に関する議論をするべく、バーの向こうに呼ばれるのに必要なレベルの実力を徐々につけていった。

今なお、バリスタになるためには法曹学院に呼ばれなくてはならないが、これは当時ほど脅威を覚える試練ではない。ロースクールの試験に合格し、学生として法曹学院に加入し、「ディナーをする」のが条件である。これは自分の所属する法曹学院のホールで、経験者に混じって食事をすることを意味する。こなさなければならないディナーの回数は、近年、腹の破裂しそうな三六回から、消化の楽な一二回に減った。

一四世紀末に話を戻して、当時、裕福な家の子弟の間でバリスタを目指す学生になることは非常に人気が高かった。志望者の多さに応えるべく、テンプル法曹学院はミドル・テンプルとインナー・テンプルの二つの法曹学院に分離した。学生たちは全員が全員、勉強熱心な弁護士の卵だったわけではない。多くは親の地所を管理するため田舎《いなか》に戻るまでの一時期、首都の洗練さのうわべをほんの少し身につけるのを目的としていた。勉強家かどうかに関係なく、「法廷の徒弟《とてい》」と呼ばれていた彼らはとてつもなく荒っぽかった。一三二六年、ヨークとノーフォーク（北vs南）出身の学生たちはフリート・ストリートで流血のバトルを繰り広げ、死者数人を出した。当時、喧嘩《けんか》は人気の高い暇つぶしだったのだ。この時期について知られている史実のかなりの部分が、たいていは人殺しなどで当局に捕らえられた学生たちの調査から判明している。

女はもう一つの悪徳だった。夜間にテンプルに女性を連れ込むことを禁じる厳格なルールは、無視されていた。可処分所得のある若者で溢れたエリアなのだから当然だが、チャンスリー・レーンやその近辺の売春宿はぼろ儲《もう》けしていた。

ピューリタン革命に至るまでの数世紀間、法曹学院の年間行事のハイライトは「レヴェルズ」と呼ばれる一一月初めから一月終わりまでの三ヵ月も続く祭りだった。法曹学院は野外劇を催し、芝居を上演した。シェークスピアはミドル・テンプルのために『十二夜』を書き、初演が同院のホールで行われた。レヴェルズは国の政治に利用されることさえあった。一五六一年、ミドル・テンプルからライアンズ・イン（法曹学院入学希望者の予備教育を担当した一種の学生宿舎）をインナー・テンプルに奪い取った褒美《ほうび》に、祭りの実行を任されたロバート・ダドリーは、架空の英国王ゴルボダックにまつわる芝居を上演した。ゴルボダック王は聡明で美男子《びなんし》だったが、彼の王国は跡継ぎがいないために不安定だったというのがそのストーリーだ。無論、ダドリーはエリザベス一世に結婚を、より端的にいえば、彼との結婚を促していたのだ。ダドリーは素晴らしい祭りを催したかもしれないが、お目当ての女性を得ることはできなかった。

学生にとってレヴェルズは日頃よりさらに粗暴な振る舞いをしていいというライセンスを与えられたことになり、法曹学院もそれを扇動していた。レヴェルズの期間、法曹学院や王までが〝クリスマスの祝宴の主人〟を学生たちの中から指名した。選ばれた学生たちは芝居や飲酒に加え、トランペットを吹き、金を要求し、喧嘩を売りながら通りを練り歩いた。ミドル・テンプルは現在もホールでレヴェルズを開催しているが、それは一六世紀や一七世紀初頭の騒々しいドンチャン騒ぎよりはむしろ、ケンブリッジ・フットライツ（ケンブリッジ大学の喜劇を上演する演劇クラブ）を連想させる落ち着いた行事だ。

法曹学院は教育を得意としているが、仕事は与えない。バリスタはオフィスの家賃やスタッフの人件費、光熱費などの諸経費を共同でまかなうためにグループをつくるが、各人は自営業者である。チェンバーと呼ばれるこの共同出資グループは、バリスタが請け負う仕事を仕入れる組合でもある。ややこしいことに、チェンバーは「セット」とも呼ばれる（彼らが初対面の同業者にする典型的な質問は「どのセットですか？」だ）。私の所属するチェンバーは「トレジュリー・セット」として知られている。このチェンバーは、最も重大な悪名《あくみょう》高い事件の訴追を行う、ベイリーを足場とする訴追人のエリート集団である大蔵法律顧問に連綿と多数のバリスタを供給してきた。だからといって、私たちが弁護側にならないわけではない。すべてのバリスタがそうだが、金によって、訴追側、弁護側のどちらにでもつく。

われわれは〝上〟を目指す

私のチェンバー、それは気取った場所だ。入り口の階段は田舎にある大地主の館さながら正確な設計がされていて、訪れた人を楽々と軽やかに玄関ドアまで運んでくれる。受付の応接室は広々として快適だ。大きな革製のソファの角にある上品なサイドテーブルの上には『カントリーライフ』誌や『ハロー！』誌のバックナンバーがこれ見よがしに並べられている。チェンバーに足を踏み入れるのは、ハーレー・ストリートの高級クリニックを訪れるようなものだ。ただし、私たちは体外受精や腹部の脂肪取り手術は行わない。私たちが扱うのは犯罪だ。待合室は担当のバリスタとのミーティングにやって来る並の刑事たちの目を豪華さでくらますようデザインされている。ミドル・テンプル・レーンの市場戦略は、私たちの企みと一致する。並の刑事はチェンバーに到着する前からすでに、テンプル一帯の高級な静寂や、いかにも高そうなスーツに身を包んだバリスタたちや、彼らにとっては高嶺《たかね》の花の車――ブルーグレーのアストンマーチン、きらめくジャガー、トップレンジのメルセデスベンツなど、要するにサッカー選手の車、コッツウォルドで見かける車――により態度を軟化させられている。

そして、チェンバーに着く時分にはすでに、尿と嘔吐物《おうとぶつ》の臭いがするブタ箱が付設した、南ロンドンのどのサツのデカであろうと、はるか遠くのイースター島にでもやって来た気分になる。チェンバーへの訪問は彼らにとって喜びであるよう意図されている。私たちは彼らにチェンバーを気に入ってもらいたい。なぜなら、また戻ってきてほしいからだ――新たな仕事を手土産に。

彼を迎えるのは、めったにお目にかかれないほど美しく気品ある受付嬢のアラミンタだ。「コーヒーか紅茶、どちらにいたしましょう、刑事さん?」深く濃いまなざしでじっと見つめ、カットグラスのようにクリアな上流アクセントで彼女は尋ねる。そしてビスケットを運んでくる。小さなフォイルに包まれた、美味《おい》しいチョコレートビスケットだ。彼は大きな花瓶に、二七歳になったばかりのアラミンタが見事なまでに美しく活けた花があることに気づく。彼の署にある植物といえば、署長室にある枯れたユッカだけだ。ああいったものすべてから離れ、心地よいソファにゆったりとくつろぎ、貴族的な顎《あご》のラインをした、喉元《のどもと》もあらわな受付嬢に見とれるのはなんていい気分なんだろう。

この応接室の演出はサブリミナル効果をねらっている。テロ対策チームの捜査官から、ティーンエイジャーの強姦犯《ごうかんはん》まで、私たちの顧客には、すぐさま彼らが相手にしているのは勝ち組の人間だということを理解してもらわねばならぬ。チェンバーは誇張した言い方でわかりきった質問をする――もしこういった贅沢《ぜいたく》な品々が利益をもたらしてくれなくても、これらを揃えるだろうか? 答えははっきりノーだ。アラミンタの存在は偶然ではない。彼女はチェンバーの環境に単に溶け込むからではなく、それをより引き立たせるために注意深く選ばれている。私たちはバリスタのチェンバーをメイフェア（ロンドンのシティ・オブ・ウェストミンスターに属する超高級地区）の資産運用会社に見せかけ、しかも、こう言って差し支えなければ、見事にやってのけている。

アラミンタの一番いい点は、私にやさしいことだ。暇な昼下がりに一五分ほど誰にも邪魔されずに彼女とふざけ合えるよう、私は時間をみはからって受付に顔を出す。「あら、アレックスじゃないの」。ドアから顔を覗《のぞ》かせた私に、彼女が言う。アラミンタはキラキラ輝く術《すべ》をしっかり心得ている。私のジョークに笑い、ダサい振る舞いに舌打ちする。彼女のデスクの周りでぐずぐず長居していると、よく「そうだわ、アレックス、お茶でもどう？」と言ってくれる。お茶はいつだってありがたい。アラミンタの淹《い》れてくれたお茶ならなおさらだ。彼女は私のお気に入りのマグに淹れたお茶をチョコレートビスケットの山といっしょに運んでくる。それを私はむさぼるように食べる。

「アレックスったら、それ、三つ目よ」。私の暴食癖がやんちゃな魅力でもあるかのような言い方だ。ただ一つ、彼女が譲らないのはフォイルに包まれたビスケットだ。

「それはだめよ、アレックス」

「それって、きみにとってぼくが大事でないから？」

「もちろん、あなたのことは大事よ。ただ、そのビスケットはチェンバーに利益をもたらしてくれる人たちのために取ってあるの」

チェンバーのほかの部分は、アンティーク業者が「茶色いがらくた」と呼ぶ摂政時代様式もどきの民芸調で統一されている。一色でまとめたこの単調さを台無しにしないために、チェンバーはPCさえも茶色のキャビネットに隠してしまう。ソリシタや警官や犯罪者といった依頼人に、いったいどう思われたいのだろう？　私たちが羽ペンとインク壺《つぼ》でも使っていると？いや、あながち否定はできない。茶色いがらくたは、私たち全員が賛同しているチェンバーのイメージづくりの一環であり、表の顔なのだ。それはインテリアなどに心を割かなくてすむための、時代遅れの手法でもある。臆病《おくびょう》だが、理にかなったポリシーだ。チェンバーのなかにはモダンなインテリアを採用しているところもあるが、せいぜいフランクフルトの中級ビジネスホテル程度の小粋さである。

刑事訴訟を扱うチェンバーのもう一つの特性は、法曹界を題材にしたキッチュな芸術をあきれるほど好むことだ。ランポール（連続テレビドラマ『ベイリーのランポール』の主役）にそっくりのバリスタが、クンクン鳴いている犬を反対尋問している絵が、スパッツを履いたバリスタが二人の売春婦を馬車に乗せようとしている場面を描いた『パンチ』誌の風刺漫画の隣に掛かっている。それは『パンチ』誌に初めて載った一九〇二年にも面白くなかったが、今も面白くない。それらはちょっとダサくはあるが、効果的ではある。バリスタの技量を力強くはあるが攻撃的ではないものとして印象づけている。シャープさは法廷以外ではけっして見せてはならない。依頼人は安心させてもらうためにここにやって来るのだ。私たちは『カントリーライフ』誌をビリヤードの台と取り替えはしないし、スーツを立体裁断のジーンズや無精ひげに替えたりもしない。そんなことをしたら、すべての仕事を失ってしまうだろう。

チェンバーの心臓部は応接室から延びる廊下の横にあるクラークの部屋だ。バリスタにとってクラークは演劇界のエージェントに相当する。彼らは仕事を受け付け、料金の交渉をし、各バリスタのスケジュールを調整し、それから、よくある料金未払いのケースでは徴収も行う。クラークはほぼ例外なくエセックス出身の労働者階級の若者で、気取ったバリスタのアンチテーゼになっている。両者はまったく違う種類の人間かもしれないが、だからといって、互いに依存し合う関係になれないとはいえない。クラークはバリスタから給料をもらっているが、クラークなくしては、バリスタの命は蜻蛉《かげろう》なみだ。マグを手に廊下を進んでドアの隙間《すきま》から彼らの部屋をチラッと覗いてみた。全員の顔がＰＣの画面に張り付いている。明日のスケジュールを調整しているのだ。表情にすでにストレスが表れ始めているが、まだ早すぎる。部屋の奥に座っているキースという名の主任がイスの背にもたれた。騒音に覆いかぶさるように、彼の声が聞こえてきた。

「この公判を延期させられなかったらヤバイことになる。完全にヤバイ。誰かビンジーを探してくれ。あのアマには貸しがあるから、あいつを使おう」

キースの日々の緊急課題は、とにかくすべての仕事をカバーすることだ。全国に六十数名のバリスタを抱えているとはいえ、ソリシタや、公訴局、内国税収入庁や税関、労働年金省、医事委員会などから四六時中入ってくる仕事のすべてに対応するのは大変だ。来る日も来る日も彼は〝訴訟摘要書をバリスタにピン止めする〟勝ち目のない闘いを続けている。もしキャパシティ以上の仕事が入れば、どこかに引き受けてくれるバリスタはいませんかと、若手のクラークがほかのチェンバーに電話をかけまくる。それもすべては顧客との関係を維持するためだ。いつもたくさんの仕事を依頼してくれるソリシタが夕方の六時半に電話をかけてきて、翌日に急に発生した案件をカバーしてくれる人間が急遽《きゅうきょ》必要だと言ったとする。そんなとき、主任は「大丈夫、その問題は解決しました。ほかでもないこの私が」と言いたい。そして、このソリシタが恩に着て、お返しに、もっと仕事を持ち込んでくれることを期待する。日々のこの大あがきに加えて、「土壇場での戻し」と呼ばれる、何が起きるかわからない不確実性がある。「戻し」とは、バリスタがたいていはぎりぎりになって、予定の仕事ができなくなった場合の仕事を指す。公判が長引いたからという理由もあれば、もっといい仕事が入ったのでそちらを優先したいからという場合もある。戻しは、アルトン少年裁判所での再勾留《さいこうりゅう》審理からベイリーでの殺人謀議の公判に至るまで何でもありで、これらはふたたび未決のトレイに戻される。どこかの誰かが取り上げなくてはならない。

チェンバーには厳格なヒエラルキーが存在する。永続的な身分である「テナント」と呼ばれるバリスタたちは、中庭やテンプル教会を見渡す上階の優雅な部屋の住人だ。「ピューピル」と呼ばれる私たちのような見習いのバリスタは、地下の汗臭い一室に押し込まれている。私たちから見えるミドル・テンプル・レーンの眺めは、人々の足やくるぶしの流れだ。部屋は大きなテーブルで占領されていて、私たちはその周りに、つきに見放されたポーカー仲間のように座っている。

地下室の見習いたち

バリスタにとっての基礎訓練キャンプである一年間の研修期間は、流動的なメンバーで行うポーカーにたとえられる。テナントになって上の階に移るか、もしくはこちらのほうが多いのだが、ストレートフラッシュを作るのに失敗したギャンブラーのように裏口から出ていくかして、来ては去っていく仲間の全員がほかの全員とライバル関係にある。一階のお楽しみを使い果たした私は、細い石の階段を地下に向かって下りていった。ゆっくりと見習い部屋のドアを押す。そのとたんに、テナントが下りてきて何か仕事を与えてくれるのではないかという一縷《いちる》の望みを抱いた五対の目が振り返る。私の顔がドアから覗く。

「なーんだ、ちえっ、アレックスか」。ハリエットが〝モースト・ウォンテッド〟という色の名のマック（MAC）の真っ赤な口紅を塗りたくった唇の間に、半分吸い終わったタバコを滑らせて素っ気なく言い放っておいて、大きく一服吸った。鼻の穴から煙を吹き出し、摘要書をとじる作業に戻る。その手は一九七〇年代のフランス人の銀行出納係《すいとう》が二〇〇フラン札を数えるときのような無頓着《むとんちゃく》なスピードで動いている。ハリエットはゆるくカールした黒っぽい髪が肩にかかるスリムでエレガントな女性だ。彼女と、ブロンドのストレートヘアで官能的な体つきをしたジェーンは、見習い部屋にすでに一年半もいる。彼女たちはここの古株で、テナントになれるかどうかの決定が迫っている。それはすでに一度、延期された。今回は間違いなく上階か、外かが決定する。次に長くいるのは、ハリエットとジェーンの親友の〝無言のウィル〟だ。人が話しているときに口を挟むことができない彼は、話すこと自体をあきらめてしまっている。彼もまた、厳しい処分の候補者だ。三人のうち一人が追い出されるかもしれない。二人かもしれない。三人全員が出て行くことになるかもしれない。論理的な法則はない。テナンシー（テナントになる権利）の獲得はくじ引きのようなものなのだ。

時は二〇〇二年。見習い部屋に三人の古株がいることは、プレッシャーと、散らかった部屋と、タバコを意味する。テーブルの中央にある吸殻で山盛りになった灰皿を、汚れたカップと食べかけの食べ物のかけらが取り囲んでいる。誰も片付けない。もしそんなことを一度でもしたら、その仕事は永遠にその人間のものになるからだ。私は誰かが食べ残したソーセージと玉子のサンドイッチを向こうに押しやった――明らかに、三口目の途中で選択の失敗に気づいたらしい。そして、書類の仕事に取りかかった。見習い部屋の全員がタバコを吸う。たとえ私のように自分では吸わなくても、常にむっとしたタバコの煙が雲になって頭上に渦巻いているため、吸っているのと同じだ。ハリエットとジェーンが先導する。二人は互いをけしかけながら、とり憑《つ》かれたように吸っている。一人がタバコに火をつけると、もう一人も続く。次に我慢できなくなるのはウィルで、まもなく全員が吸っている。刑事司法の世界では、喫煙は礼式上の必要条件だ。バリスタにはウイッグと法服が必要なように、ニコチンも必要だ。

私の隣には、マムタとともに私と同時にチェンバーに加わったリアムがいる。小柄な赤毛のスコットランド人で、この世界に入ったのは単に口喧嘩ができるからにすぎない。座って小切手を数えている。

「一、二。まさか、きっと数え間違いだ。もう一度。一、二。おかしいな。アレックス、ここに何枚、小切手がある?」片手に一枚ずつ小切手を握り、高く掲げている。

「二枚」と答えた。

「だったら、くそっ、何かの間違いだ。この二ヵ月半、働きづめだったのに、たったの二枚しか薄汚ねえ小切手を受け取ってない。一つは四五ポンド、もう一つは四七ポンドだぜ。どうやって生活すりゃいいんだ?」

「テーブルをきれいにしてくれたら、五ポンドあげるわよ」とハリエット。

「絶対にしない」とリアム。「待てよ、一〇〇ポンドだったらしてやる」

「いい?　あなたってほんとチビの詐欺師なんだから。一〇〇ポンドだったら私がやるわよ」

バリスタを目指すのは不確かな冒険だ。単にテナントになれる保証がまったくないからだけでなく、収入が、もし支払われたとしても悲惨だからだ。弁護料が支払われるまでに何ヵ月、ときには何年も待たされることがある。公訴局も、ソリシタの事務所も、法律扶助委員会も、私たちが負債の山をどんどん高く築いているというのに、支払いを滞《とどこお》らせる。しかし、この不確かさゆえに私たちが賢明なマネープランを立てるかといえば、そうではない。むしろ、気がつくと、入ってくる金の三倍も使ってしまっている。一度目は請求書を送り出した時点で、二度目は支払われる予定額（長期負債として知られる）の一覧表が届いたときに、そして最後にやっと小切手を受け取ったときだ。あまねく無視されているのは、銀行口座を二つ持つというルールだ。収入の半分は使うための口座に、もう半分は税金を支払うための口座に入れるというルールである。税金は避けられない人殺しだ。年に二度、税金の請求書が来るたびに、私たちはしおらしく銀行の支店長に会いに行く。彼は無論、喜んで当座貸し越し限度を引き上げてくれる。年金、預金、もしものときのための貯蓄は、いずれもほかの人々のもの。刑法専門バリスタの世界では、もし疲れて体力がなくなったら溺《おぼ》れることを知りながら立ち泳ぎしているしかない。

私は見習い部屋の雑音を無視して、訴訟摘要書の最後に付いている紙への裏書きを始めた。事件の大きさに関係なく、すべての摘要書には一枚の紙が添付してあり、そこに法廷で何が起きたか、次の聴聞《ちょうもん》までに何をすべきかなどを記録することになっている。これにより、次に摘要書を読んだバリスタが、何が起きて、今後に何が起きそうであるかを正確に知ることができる——もしくは、理論的にはそうなるはずである。だが、実際には、前の弁護士の字が判読し難くて、古アラビア語で書かれた呪《のろ》いのように見えるのだ。もちろん、それは裁判官に怒鳴られれば、本当に呪いの言葉になるのだが。

「おおっ、見ろよ。アレックスが摘要書に裏書きしてるぞ」。リアムが私の肩にのしかかるようにして、問題のページを指差した。私は日付と聴聞の種類（この場合は公判だったが）と簡潔な概要、陪審員の評決を記入していた。

「それは依頼人に対する評決で、アレックス、きみのじゃないんだな」。リアムが紙を指でつつきながら言った。「きみに対する評決はもうわかってる。役立たずの罪で有罪だ」

マムタがかすかに息を切らして入ってきた。光沢のある黒いしわのせいで、ストラップの付いたお化けプルーンに見える真新しいバッグから、マルボロライトの一〇箱入りパッケージが突き出ている。

「いい日だったわ！」とマムタ。「ブラックフラスヤーズ刑事法院*（刑事裁判所）で付加価値税の詐欺師の面倒を見てやったの。すると無罪放免になったあとに、これをくれたのよ」。興奮してタバコを振る。「小切手ももらったので、ミユウミユウ（若い人向けの高級ブランド）で全部使っちゃった」

「付加価値税の詐欺師だって？　じゃあ、そのタバコの税金もちゃんと払ったのかな？」リアムが言った。

マムタは彼を無視してパッケージを開け、みんなに回した。ハリエット以外のスモーカー全員が一箱ずつ取った。マルボロライトはハリエットには弱すぎるのだ。彼女はダンヒルやベンソン&ヘッジスのような、強いタールのまともなタバコを好む。

「私の新しいバッグ、どう?」マムタが尋ねる。もちろん、好きに決まっている――マムタにもらったタバコを吸っているんだから。

新しいタバコの興奮のあと、みんなは仕事に身を入れた。喫煙率は昼下がりの中だるみの時間帯にやる気を起こそうとするときに一番高くなる。午後五時にはクラークから翌日の仕事の依頼のための電話がかかり始める。私たちは下っ端《したっぱ》なので、仕事があったとしても、担当する訴訟の大半はその日のうちに終わる。ハリエットとジェーンはすでに刑事法院での陪審裁判の仕事をしている。ウィルにももうすぐそんなのが回ってきそうだ。残りの私たち新人は治安判事裁判所のなすがままになるしかない。たまにだが、本物の裁判官の前でウイッグと法服を着けてみるためだけに刑事法院に送られることもある。そういった仕事を獲得しようと、私たちは競争している。刑事法院は通常、午前一〇時半に開廷する。もしロンドン中心地区にある刑事法院の仕事を得たならば、目覚まし時計をオフにし、ゆったりと朝食を取り、ぶらぶら歩いて法廷に行くとちょうど審理が始まるところだ。私たちは何も重要な仕事は任されない。毎回、

＊訳注　刑事事件における上位の一審裁判所で、国王裁判所ともいう。日本の地方裁判所にあたるのが、英国の高等法院と刑事法院で、前者は民事を、後者は刑事関係を取り扱う。同じく日本の簡易裁判所にあたるのが、県裁判所と治安判事裁判所である。

ただウイッグと法服を着け、またそれらをはずすだけで終わる。言わなくてはならないのは「感謝します、裁判長」と「はい」だけだ。

木曜と金曜には必ずといっていいほどみんなで飲みに行く。チェンバーから群れをなしてパブに向かうのは見た目もよろしくないので、人目につかないよう裏口から出て、ポンプ・コートを通って折り返す。ポンプ・コートの名の由来は、一六二二年、そこにテンプル地区におけるポンプ第一号が設置されたからだ。それは当時の学生たちにとって格好の遊び道具だった。通行人に水をかけるのは彼らのお気に入りの騒々しいゲームだった。一六二八年、エドワード・ヘロンは三〇人の学生を率いて王のメッセンジャーを襲撃し、ポンプで水をかけ、髪を剃《そ》り、破廉恥な行為に及んだ。彼らは法曹学院の周辺でその乱行を吹聴《ふいちょう》し、鼻高々になるという行為により、さらに罪を重ねた。ミドル・テンプルのベンチャーたちがヘロンとその仲間を罰しようとすると、彼らは暴動を起こし、ホールの家具を叩《たた》き壊した。とうとうほかならぬ首席裁判官が正式に調査を行い、ヘロンはほかの首謀者たちとともにキングス・ベンチ刑務所に送られた。

ポンプ・コートからはほんの少し歩けばミドル・テンプル・バーに着く。それは法曹学院内にあるパブだが、三人の愉快な女性たちにより独立経営されている。それはテンプルの大きな秘密の一つだ。誰にでも開放されてはいるが、ほとんど毎晩、見習いバリスタや新米テナントでもって満員で、オーストラリア人がいうところの「六時のガブ飲み」に興じている。無料同然の安いパブだが、一〇〇万ドルの眺めがある。暖かい夏の夕方に、ミドル・テンプルの芝生の上で手足を伸ばすとテムズ川が眺められる。刑法のバリスタたちは一番の大酒飲みだとの評判を得ていて、ミドル・テンプル・バーは私たちが誇りをもってその評判に磨きをかける場所なのである。そこにいると、まるで鏡を見ているようだ。誰もが黒っぽいスーツを着て、酒をあまりに速く大量に飲み、タバコを一九五三年ででもあるかのように吸う。彼らは私の同僚で友達だ。これから先の四〇年間を共に成長していく仲間だ。

二、依頼人との面会

拘置所のエチケット

見習い部屋に加わったばかりのころ、私はみんなから無視されていた。まだ法廷に出る権利を獲得していなかったので、ほとんど価値のない人間だったのだ。ただ指導係のあとを子鴨《こがも》のようについて回っていた。研修期間は正式には一二ヵ月である。それはファースト・シックスとセカンド・シックスとして知られる二つの六ヵ月から成る。ファースト・シックスは実習のない訓練期間で、法廷でほかのバリスタの仕事ぶりを見学し、仕事のやり方を習得していく。この六ヵ月を終えると、貴族院をも含む、イングランドとウェールズのすべての法廷で傍聴できる一時的な権利が与えられる。だが、現実には治安判事裁判所の住人になる。最初のうち、弁護をする機会はさほどない。主な仕事はヘロインやコカインの依存症患者を拘置所に入れないでおこうとする勝ち目のない闘いだ。彼らはそれから逃れるためなら、どんなことだってする。

私にとっての初日、ホースフェリー・ロード治安判事裁判所の拘置所で、精神病患者のふりをする麻薬常習者の窃盗犯と対面した。誰が彼を責められるだろう？　ワンズワース刑務所と快適なメンタル・ホスピタルのどちらかを選べといわれれば、答えは自明だ。この男、ズボンを頭に被《かぶ》って、ちんぷんかんぷんの話をしていた。あまりにうぶな私は、それがただの演技だということを見抜けなかった。彼のために精神科医チームの鑑定予約を取ろうとしていたところに、当の本人がまたもやトイレに行くために監房からひょっこり出てきた。ちょうどそのとき、脚の長い超美人のバリスタが、落としたペンを拾うためにかがんでいた。男はちんぷんかんぷんをピタリとやめ、目を輝かせながら言った。「代わりに、あの女に弁護してもらえませんかね？」彼の使っていた魔法は解けた。私にさえ、彼が完全に正気であることがわかった。一五分後、保釈申請の運はつき、脚の長い美人弁護士の姿はすでに薄れゆく記憶以外の何ものでもなくなり、彼はワンズワース刑務所行きの護送車で車中の人となっていた。

次の依頼人は彼の監房の向かいに入っていた男だ。麻薬常習者の例に漏れず、とにかく自分について話すことが好きだった。ズボンを下げて腿《もも》をあらわにし、注射でできた巨大な茶色い穴を見せる。「ここしか静脈が見つけられないんでね。ほら、アレックス、指を突っ込んでみろよ」

このように絶望的なケースばかりを相手にしていると、しだいに拘置所のエチケットに関する重要なルールがわかってくる。

その一、監房に足を踏み入れる前には、起こりうることを想定しろ。

あやうく私はこれを災難から学ぶところだった。あるとき、看守に依頼人の監房のドアを開けてもらい、一歩足を踏み入れたとたんに「うーっ」という声を聞いた。その瞬間に看守が私の襟首をつかんで思い切り引っ張ってくれたおかげで、依頼人が入り口に向かって噴き出した嘔吐物を浴びなくてすんだ。掃除が終わったあとでもう一度入るときには、私はずっと用心深くなっていた。

この男はアリスターという名の感じのいい男で、医師がヘロインの禁断症状を止めるサブテックスという薬を処方してくれるのを待っていた。だが、なかなか医師が来ないせいで、クラッキー（禁断症状）し始めていた。彼は死ぬほど保釈を欲していた。その可能性はないと、はっきり言ってやった。「こんなに何度も窃盗で有罪になっているんですから無理です」と。

「だったら、誰がおれのハムスターの世話をするんだよ」。彼はしょんぼりした。「飢え死にしちまうだろう」。それから彼は半時間かけて、どんなにハムスターを愛していて、麻薬以外に自分が頼れるものはハムスターしかないのだということを私に印象づけた。

気づくと法廷で私は治安判事たちを相手に、若者を保釈するよう説得していた。その理由を「彼は飼っているハムスターの健康を大変心配しています」と述べた。治安判事たちはこれを気に入った。大笑いしたが、説得されたわけではない。保釈はなし（動物愛護の方たち、心配は無用だ。くだんのハムスターは飢えなかった。アリスターを知っている拘置所勤務のソリシタが、彼のワンルームアパートに行ってハムスターを救出することに同意してくれた）。

その二、監房では相手に正しいイメージを与えること。

慎重に足を踏み入れはしても、けっして恐怖心や嫌悪感をあらわにしてはならない。自信たっぷりに座り、共犯のようにくつろぐ。常にドアに近い側に座り（避難路は確保したいだろう?）、乱闘ベルとして知られる非常用ベルがどこにあるかを確認しておく。最長二年の禁固刑に処せられる乱闘罪は、違法の暴力を使用もしくはそれを使うと脅し、相手に（その人がその場にいようがいまいが）身の安全に対する恐怖ゆえに、正当な断固とした態度を取らせた場合に適用される罪である。おそらく、乱闘ベルと呼ばれているゆえんは、もしそのベルが押されたなら、看守がやって来て、私たちの依頼人に対し断固とした態度を取るからだろう。

その三、必ずノックすること。

すべての監房のドアには、くぐり戸と呼ばれる大きな長方形の扉がある。外側からは開けたり閉めたりできるが、内側からはできない。けっしてしてはならないのは、くぐり戸を開けて、顔を突き出すことだ。そんなことをしたら、唾《つば》を吐きかけられるか、鼻をパンチされかねない。監房が被告人のプライベートな空間であることを尊重しなくてはならない。したがって、くぐり戸のフラップを開ける許可を得る前に、自分が誰であるかを告げる――たとえば、「私は、あなたをここから出して上げられるかもしれない人間です」とか。そのあとでさえ顔を突っ込んだりせず、告解《こっかい》を聴く神父のように、くぐり戸の傍らに立つ。これには妥当な理由がある。うっかり依頼人の気に入らないことを言ってしまい、相手が腹立ちまぎれに、こちらの喉元に手をかけないとも限らないからだ。

大好きなボウ・ストリート裁判所で保釈申請

セカンド・シックスに入って数週間たったころ、私は見習い部屋でさぼっていた。部屋にはほかにハリエットしかいなくて、タバコを探していた。「どこかに一本くらいあるはずよ」。灰皿に引っかかった吸いさしでもいい。電話が鳴った。見習いの血を凍らせる音だ。それは何でもありえる。見習いは自分の指導係のバリスタのために奴隷のように働かなくてはならないのに加え、チェンバーのメンバー、つまり上の階のテナントたちのための仕事もするよう義務づけられている。一本の電話で、オーストラリアの商標法の五〇年分を要約するという面倒な法的調査に、それからの三ヵ月間を縛られる可能性だってあるのだ。私はハリエットよりさらに下っ端なので、毎回、電話に出なくてはならない。運がよかった。電話はクラークからで、ボウ・ストリート治安判事裁判所へ行ってほしいとのことだった。冷やかし半分でついて来たがったハリエットとともに、チェンバーをぶらぶらと出て行った。私たちはボウ・ストリートのあるウエストエンドで何をしようかと考えをめぐらせた。「オペラハウスでやってるランチタイムのダンスを観るのもいいし、そこの道向かいの拘置所にあなたの依頼人を訪ねるのもいいし」と言っていたハリエットだったが、裁判所の建物の入り口で去っていった。彼女はボウ・ストリート裁判所も好きだが、セブン・ダイアルズ近くの新しいブティックでサマードレスを買いたくなったのだ。

ボウ・ストリート裁判所で忙しい一日を過ごすのは私のお気に入りだ。私はその裁判所が大好きだ。そこには実にあらゆる種類の人生がある。強制送還を待つムスリムのテロ容疑者が祈りを捧《ささ》げている隣で、酔っ払いが『モリー・マローネ』(アイルランドの大衆歌)を歌っている。その隣には「身の潔白を証明する重要書類」とやらのつまったかばんを手にした住宅ローンの詐欺師がいる。ボウ・ストリート裁判所を気に入っているもう一つの理由は、高い天井とよい照明のある、まともな拘置所があるからだ。今日はジョニーとマージーを扱うので格別に好ましい。彼らは風俗犯罪取り締まり班のガサ入れを受ける最近まで、四ヵ所の風俗店からの不道徳な上がりがもたらす相当額の収入で暮らしていた。彼らの罪を証明する証拠は山とあるが、それでも、ほとんどの被告人の例にもれず、保釈申請をしてくれと要求する。この申請に金はいっさいかからないし、つまるところ、やってみないとわからないからだ。

それまで、訴追側が保釈に反対しているケースで私の提出した申請が通った確率は低かったにもかかわらず、今回はうまくいく見込みがあった。法廷での保釈申請はこのように審査される。まず訴追側が保釈に対する反対理由の骨子を述べ、次に弁護側が保釈を申請する。反対理由には主として三つのカテゴリーがある――再犯のリスク、予定されている公判に出頭しないリスク、証人を干渉するリスク。ジョニーとマージーの場合、訴追側によると、この三つのすべてが当てはまった。裁判官の行う法的審査では、ジョニーとマージーがまた罪を犯しそうか、公判に欠席しそうか、さらに／または証人に干渉しそうかについて、単なる可能性ではなく、それを疑うに十分な根拠があるかどうかが検討されなくてはならない。さらに、犯罪の重大さという非公式な四番目のカテゴリーもある。被告人が非常に重い罪で起訴されている場合には、裁判官は彼らの行ったことへの報いとして、いずれ再勾留が決定することは避けられないという理由で保釈申請を却下できる。そういった運命にある被告人に、勝ち目のない保釈申請をさせないようにするには、さっさと刑期を始めたほうが得だと説得するしかない。

まずジョニーに面会した。保釈はほぼ無理だろうと助言した。保釈申請には、もし保釈が許可された場合に裁判所が課す条件を提案することができる。その条件は、被告人が不正行為を行うのではないかという裁判所の不安を和らげるために設けられる。ジョニーと私が考えた条件は、特定の住所で生活し、当局が彼を見張れるよう、定期的に警察署に出頭し、国外に出られないようにパスポートを提出するというものだった。さらに最も説得力のある条件として、彼には大金の保釈金を用意してくれる兄がいた。これはいったん裁判所に支払われ、もしジョニーが予定されている公判に現れなかったら没収される。

次にマージーに面会した。私とほぼ同年齢で、もとはトム（売春婦。警察や犯罪者のスラングで、名詞にも動詞にも使える）だったが、ジョニーと組んで元締めになった。彼女の家族には金がないので保釈金は払えない。したがって、標準的な条件で申請するしかない。マージーはやさしい性格で、心労でやつれていた。一時期麻薬を常習していたせいで強制的に里子に出された一四歳の娘を恋しがっていた。「あまりいい母親じゃなかったってことはわかってるけど、これまで誕生日を祝ってやらなかったことは一度もないのよ」と言う。かわいそうだった。セックス産業で働く女たちのことは、いつだってかわいそうだと思う。

法廷に向かう途中で、風俗犯罪取り締まり班の警官に呼び止められた。「すみません、サー。ちょっと見ていただきたいものがありまして」。ビデオとテレビのある小さな部屋に案内された。警官がビデオテープを差し込み、再生ボタンを押した。

ビデオ（1）　マージー、ジョニー、それと誰かわからないもう一人の女性がセックスをしている。マージーが「ジョニー、これは誕生日プレゼントの特別なごちそうよ」と言っているのが聞こえる。

「すみません、サー。この部分じゃなくて……」

「そんなに速く進めなくても」。私は言ったが、警官はすでに早送りしていた。ふたたび再生ボタンを押す。

マージーがベッドにうつ伏せになって気を失っている。ジョニーがペニスを挿入しようとする。マージーが目を覚ます。

「いやっ、どいてよ、ジョニー。ヤクでも盛ったの?」朦朧《もうろう》とした話し方だ。「そう、そうなのね、卑怯者《ひきょうもの》……」

ビデオ(2) ジョニーのビデオ日記。彼の顔面には血が流れている。

「マージーにスタンレー・ナイフで頭を刺された。でも、自業自得だ、マージーの飲み物にヤクを入れたんだから。彼女にとってもお楽しみだと思ったんだ……ごめんよ、マージー。愛してる」

もし私生活をビデオに撮るなら、テープは警察に見つからない場所にしまっておくべきだ。これらのテープは、ジョニーを強姦罪で、マージーを故意の傷害罪で訴えるに十分な証拠となる。当然だが、二人には互いを訴える気はなかった。

この土壇場のドタバタのせいで少し遅れたので、被告人たちとともに拘置所からまっすぐ法廷に向かった。私はまあまあパリッとしたスーツを着てはいたが、誰にも私が二人の仲間だと思われないことを祈った——仲間でないとはいえないのだが。第一法廷に入った。イングランドとウェールズの首席治安判事の法廷である。ジョニーとマージーは部屋の中央にある錬鉄で仕切られた一九世紀の被告席に重い足取りで入っていった。

この法廷は意外なほど悪名高い事件を扱っている。ロニーとレジーのクレイ兄弟は最終的に終身刑になる途中でここを通過している。オスカー・ワイルドはベイリーでの公判に行く途中、ここで過ごした。毒殺者のクリッペン博士や、第二次大戦中にベルリンから反英のプロパガンダ放送をしたウイリアム・ジョイス（またの名をホーホー卿《きょう》）のような被告人が、それぞれの法的運命に向かう過程でここに現れている。もっと最近では、大物保守党議員で偽証罪に問われたジョナサン・エイトケンやジェフリー・アーチャーも、ボウ・ストリート裁判所第一法廷での時間を過ごしている。

私の保釈申請は恥ずかしくなるほどひどい出来だった。しどろもどろになったり、始めた文を終えられなかったり、とりとめのない説明になったりと。例の風俗犯罪取り締まり班の警官は顔をしかめ、ウインクしては私のやる気をくじいてくれた。ろくでなし！
保釈は却下された。

悪名高い区裁判官のこと

治安判事裁判所には、区裁判官と治安判事の二種類がいる。公判において、刑事法院では裁判官が陪審員と同席するのと違い、治安判事は裁判官と陪審員の両役を担う。区裁判官は弁護士を経験した者がなり、給料が支払われ、単独で裁判をする。治安判事は地元のろくでなしを裁く無給の市民ボランティアである。彼らは通常、三人で合議する。この小さな集団はレイ・ベンチ（素人裁判官）と呼ばれている。献身的で熱心だが、しばしばあきれるほど仕事が遅い。保釈審理の長いリストを持ってケント州のはるか遠くの端の人里離れた場所にある裁判所に到着したのちに、それがレイ・ベンチにより裁かれることを発見するほどガックリくることはない。自殺したくなるほど長くかかるのは、彼らのせいばかりではない。すべての決定が集団で行われなければならないので、邪魔されることなく討議するために、いちいち立ち上がって法廷から出て行かなければならないからだ。彼らが万引き犯に六〇時間の社会奉仕を科すべきか、それとも八〇時間にすべきかの決断に何時間も悶々《もんもん》としている間、こちとらは頭を抱え、日暮れて薄暗くなっていくなか、ただ視野の中の老いぼれ万引き犯を見つめているしかないというのも、けっしてめずらしい話ではないのだ。
いつだって区裁判官のほうがいい。彼らは麻酔が発明される前の外科医のように、仕事の速さが評価される。区裁判官は圧倒的に数が少ないので、裁判所は手放さないよう用心している。ロンドンのいくつかの裁判所は猛烈に忙しいので、区裁判官なしでは過熱状態となり機能しなくなるだろう。そして拘置所で処分を待つ大量の未処理ケースは、未処理のままになるだろう。

経験豊かな弁護士ゆえに何もかも知りつくしている区裁判官は、ほぼ自分たちの意のままに裁判を進めていく。なかには下級法曹界で地元の名士になる者もいる。かつて癌《がん》で死にかけているという噂《うわさ》の区裁判官がいた。彼の裁く公判に出席する前には、どうか彼が死んでいますようにと誰もが祈ったものだ。だが、何年たっても彼はちゃんと法廷にいて、私たちの依頼人を有罪にし、ますますお盛んに見えた。また、元ソリシタで、イタリア人版『ザ・ダイバー』（原題『Men of Honor』。黒人初の海難救助潜水士を描いている）を気どった区裁判官もいた。眠そうな目をして、一本の指の上に頭をかしげて座っていた。たぶん、過去の依頼人の癖でもうつったのだろう。彼に対する私の成功率は、前出の癌患者とのそれと同じくらい悪かった。

最も悪名高い区裁判官はグリニッチ治安判事裁判所を本拠地としていた。そこでは低水準の犯罪が泡を立ててほとばしる奔流《ほんりゅう》のように司法のプロセスを通り抜けていた。平均して一日に、グリニッチ治安判事裁判所では、クラック常用者、統合失調症患者、ヘロイン依存者、コソ泥、強盗、スリ、酔っ払い、妻虐待者、売春婦、セクハラ男、麻薬売人、誰かを殴った者、蹴《け》った者、唾を吐きかけた者、ナイフを振り回した者、露出狂、万引き犯、偽物を売る押し売り、給付金の不正受領者、無賃乗車犯、罰金未納者、泥棒の手引き、若年窃盗犯、社会奉仕義務の不履行者、保釈中に失踪《しっそう》した者、——これらすべてが五分ずつ（もしくはそれ以下）で、イギリスの正義の審判を受けていた。これらの漂流物は刑務所や警察から朝の八時半に到着し始め、裁判所の拘置所が満員になるまで続く。すべてのケースが第一法廷としても知られている勾留法廷で扱われる。あまりの件数の多さに、区裁判官しか、それも経験豊かな区裁判官しかすべてを処理することはできなかった。朝、そこに到着すると全員が同じ質問をした。今日の裁判官は彼だろうか？

私が弁護した依頼人の一人に、地元の警察に「マッド・マーブ」として知られていた、人格障害者の爆弾予告電話常習犯（ほかにもいろいろ不法行為があった）がいた。マーブは社会生活が困難な人たちのための社会復帰訓練所で暮らしていた。長年にわたって苦しめられてきたそこの所長は、今度やったら追い出すとの最後通告をしていたが、マーブはある午後に退屈してくると自分を抑えられなくなった。そんなとき、彼は警察に電話して、爆弾を設置したと言いたくなる。

リンリン。

「はい、警察署」

「ペッカム精神疾患センターに焼夷弾《しょういだん》を五個、設置したぜ。へへーん」

「えっ？」

「ペッカム精神病院に爆弾を置いたっつーの。わかった？　火炎爆弾だ！」

沈黙。

「マーブなんだろ？」

「いや、マーブじゃないね」

「きみの声だよ、マーブ」

「るせえ。マーブじゃないって。爆弾五個だって言ってるだろ。火炎爆弾だ。病院の土台んとこに」

そこで電話は切れたが、そのころには逆探知で発信先が社会復帰訓練所であると突き止められていた。

マーブは保釈を期待している。驚いたことに、訓練所はこの件とは無関係な不品行により彼を追い出していたにもかかわらず、ふたたび受け入れることを了承していた。この不品行が何であったかを、マーブは私に話したがった。

「やつらがいやがったのは酒じゃないんだ。おれは部屋に缶を置いてる。飲むぜ。一本、二本、三本」

「そう」。私は言った。

「コカインも気にしない。タバコを吸ってるふりをして吸うんだ。パイプを手の中に隠して窓の外に向かって吸う」

「そうなんだ」

「そんなもんは気にしてない。やつらが我慢できないのは売女《ばいた》だ」

「売女？」

「そう、売女。おれの部屋に二人。どっちも大女……」。マーブは社会保障の給付金をそんなお楽しみに使い果たしていた。

看守が被告席のドアを開けた。

「全員起立」。進行係が言った。

マッド・マーブは被告席の強化ガラスの向こうから、無駄口を太鼓のように叩き続けた。音楽好きの若いソリシタが「ワルキューレの騎行《きこう》」（リヒャルト・ワーグナー作曲『ニーベルングの指環』より）をハミングし始める。そのとき、マーブが見上げ、わけのわからない無駄口をやめて、彼にしては最大限穏やかに言った。「うえー、まいった。監禁クーパーじゃないか」

すると、彼が現れた！　まさにその人物が。ロンドンで最も恐れられている区裁判官が、席に着こうとしていた。マーブは私の方を見て、被告席のガラスに両手のひらを当て、何やら言った。聞こえないが、顔の表情からすると絶望の叫びだとわかる。私はすべての注意力を監禁クーパーに向けた。背もたれの高い木製のイスに座った彼は、エドワード朝の戦闘飛行士のように見えるが、それは世を欺く仮の姿だ。クーパー区裁判官は空母から急発進したステルス戦闘機のように動くが、それはまだウォームアップにすぎない。彼は訴追側からは何も聞く必要はないらしく、座れと合図し、私の方を向いた。

「次は何でしょうか？　ミスター・マックブライド」

「初出廷と保釈申請です。サー」

「彼の罪状認否は？」

「無罪です」

「無罪?!」

「彼には住む場所があり……」クーパーはこの時点で、依頼人に対する私の専門職上の業務はいらないと判断した。「立ちなさい、マーブ。あなたはこの爆弾予告電話の件にどう答弁しますか？」

「有罪」

「何か未納の罰金はありますか？」

マーブにはわからない。事務官がチェックした。答えはイエスで、しかも大量にあった。

「わかりました。では、四二日間の禁固刑、加えて未納の罰金代わりに七日間。その間の態度がよければ、過去を清算して出所できます。何か言いたいことは？　ミスター・マックブライド」

「ありません。サー」

「よろしい。では次」

私は法廷から出て大きな溜息《ためいき》をついた。法廷のドアを開けようとしていたトラックスーツに野球帽姿の痩《や》せた男に呼び止められた。

「だんな、今日の裁判官は誰ですか?」

「クーパーだ」と答えた。

男は顎をつかんで一瞬考え込んでいたが、きびすを翻して去っていった。これは男が自らわざわざはまる気のない罠《わな》なのだ。もしどうしても男に出廷させる必要があれば、警察が探し出して逮捕するだろう。

クーパーはマーブのような常習犯にはうってつけの裁判官だ。彼は罰金などもすべてひっくるめて、四九日間の禁固刑を言い渡した。もっと悪質ないたずらなら五六日間だっただろう。判決の期間の半分を終えたところで、罪を清め、生まれ変わった人間として出てこられる。だが、クーパー区裁判官は初犯や二度目だからといって、甘くなったりしない。彼らも同じ扱いを受ける。保釈は却下され、彼らは監房の中で自業自得の苦しみを味わうことになる。クーパーのこの一貫性は賞賛に値する。

どうして私の時間をムダにする?——刑事法院の裁判官

一人前のバリスタになって数ヵ月たったころには、私の力はすでにチェンバーのクラークたちに証明済みだった。治安判事裁判所の法廷で、聴聞の始まりに取り乱して大泣きしたくなったり、パニックを起こしてジグザグに走り出しそうにはならなかった。クラークたちにとっては、それは私が大物の犯罪者がうろうろしている刑事法院であっても保釈申請のようなマイナーな聴聞については、合格レベルに達したことを意味した。刑事法院での保釈申請のいい点は、依頼人が拘置所に安全にかくまわれているので、結果が思わしくないときに彼らの涙や非難に向き合わなくていいことにある。不都合な点は、当然ながら彼らの家族が、私たちが必ずしも叶《かな》えてやれない期待を胸に法廷にやって来ることだ。本来ならば、刑事法院の保釈申請はより念入りに準備されなければならないのだが——申請書を前日までに法廷に提出するとか——、しばしば、治安判事裁判所でのそれと同じくらい、ぎりぎりの仕事になってしまう。

私はリリーを拘置所から出すために、エレファント・アンド・カースルに隣接した古くてかび臭いインナー・ロンドン刑事法院に送られた。ソリシタから、彼女の母親がやって来ると知らされていた。母親は欠かせないものだ。だが、どんどん時間がたち、法廷での私たちの番が迫っているというのに、母親の姿が見えない。法曹の時間の一〇分の九は待ち時間だ。裁判官が来るのを待ち、犯罪者を運んでくるセルコ社の車を待つ。依頼人を弁護するために開廷を待つが、無駄に終わることもめずらしくない。だが、ほかのすべてが整って、こちらの準備だけが整っていないときには、誰も一秒たりとも待ってはくれない。

「母親はどこ?」。ピリピリしながら腕時計を見て、私は尋ねた。

「わかりません。電話にも出ないんです」。ソリシタの代理人が言った。

廷吏が出てきて言った。「裁判官がお待ちです」

「まだ準備ができていないんだ。ほかのを先にしてもらってくれないか」

「ほかのはすみました。裁判官はあなたの依頼人の保釈を審理したがっておいでです」

「母親がいないんだ。母親がいないと無理だ」

残念だった。たとえ母親が来たとしても、リリーに保釈を獲得してやるのはかなりしんどい仕事なのだ。一週間前までリリーは実にちゃんとやっていた。自分の人生を立て直し、アパートを見つけ、役員のアシスタントの仕事を見つけ、夜学のカレッジにも通い始めた。リリーの隣人が親代わりになって目を光らせてくれた。なんといっても、リリーはまだ二〇歳にもなっていないし、とてもいい子なのだ。しかし、別れてはよりを戻す恋人のマレーからは、リリーを守りきれない。マレーを部屋に入れてはならないと言われてはいたが、あまりに魅力的で面白い彼に、リリーは抗《あらが》えなかった。

ある夜、リリーが寝ようとしているとベルが鳴った。玄関にマレーがいた。中華のテイクアウトとマリファナを持参していた。リリーはほんの少し食べ、マリファナをちょっとやり、マレーをリビングルームに残したまま、自分は眠りに就いた。彼女の目を覚ましたのはバンという音ではなく、叫び声だった。寝室から出ると、廊下でマレーが血をどくどく流していた。「撃たれた」。うつろな目で、ふらふらしながらマレーが叫んだ。リリーはガウンを後ろにパタつかせ、悲鳴を上げながら部屋から飛び出した。

「助けて！　マレーが死んじゃう！　助けて！」

マレーは頭が働かなくなったのか、よろめきながら彼女のあとを追った。銃声を耳にした隣人たちはマレーが踊り場にへたりこんでいるのを発見した。死にそうではないが、大丈夫ともいい切れない状態だ。

警察はリリーのアパートをざっと調べただけで、すぐにトラブルの原因を突き止めた。リビングルームのコーヒーテーブルの上に、セロファンに包まれたヘロインやクラック・コカインの山と、血のついた札束が見つかった。マレーは麻薬の売買にリリーのアパートを使ったのだ。訪問者と口論になったようだが、マレーがまだ息をしているので、トラブルは完全には解決していない。「ライバルの売人のせいだ」という間もなく、リリーとマレーは逮捕され、第一種薬物——具体的にはヘロインとクラック——の販売目的による所持容疑で同時起訴された。驚くことではないが、リリーの保釈申請は治安判事裁判所では却下された。もしこの刑事法院でも拒否されたら、彼女は次の公判まで勾留されることになる。そうなると、リリーはアパートも仕事も失い、元の木阿弥《もくあみ》だ。母親が来ていない今、拘置所を逃れるリリーの唯一の希望はこの私だが、私自身、そのチャンスは想像できなかった。

保釈申請は非公開で行われる。訴追委員会がまず事件の概要を説明したが、銃と麻薬の組み合わせは、裁判官に非常に悪い印象を与えた。この場合、二人は共同正犯として起訴されているため、法のもとでは、ベッドで布団にくるまっていたリリーはリビングルームでコカインを刻んでいたマレーと同罪になる。マレーとリリーが麻薬のアジトを営んでいたというのが訴追側の解釈だ。保釈は却下されるべきだと彼らは主張する。なぜなら、リリーは保釈されたなら、同様の罪を重ね、公判に現れないリスクがかなりある。私はごくりと唾を飲み込み、立ち上がった。

「これは重罪ですよ、ミスター・マックブライド」。裁判官が言った。暗に「どうして私の時間を無駄にするのか、ばかたれ」と言っている。まだひと言も発していないのに、すでに事態は悪い方向に向かっている。表面的にはリリーの罪は重いが、一つつじつまの合わない点があった。思うに、麻薬が自分の部屋の、しかもコーヒーテーブルの上という目につく場所にあることを知っていたなら、なぜ警察が到着する前に隠さなかったのか？　厳密にいえば、保釈申請は訴追側の説明に異議を唱える機会ではないのだが、このケースでは、リリーは麻薬があることを知らなかったという事実を暗示するのが妥当だった。彼女は悪い仲間にまみれたが、たった一回の万引きで警告を受けただけで、まだ本質的には善良な人間だ。彼女が保釈の条件を破るリスクがどのくらいあるかを判断するうえで、これは裁判官が考慮に入れるべき点である。彼女とマレーを同罪扱いにするのは不公平に思える。私は裁判官に最近のリリーの更生ぶりを訴え、もし彼女が再勾留されたなら、最終的には無罪になる可能性がかなり高いにもかかわらず、すべてを失うであろうことを思い出させた。

「なるほど、それはまことに確かだが、もし私が彼女を釈放したとして、彼女はどこに住むのですか？　また、今後のヒヤリングへの出席については、誰が保証人になるのですか？」

痛いところを突かれたと認めざるをえなかった。リリーのアパートは犯罪現場なので、まだ警官がうじゃうじゃいる。私の口は開き、閉じ、声は出たものの、裁判官を納得させる説明はできなかった。彼の質問に答えあぐねていたそのとき、ドアが音を立てて開き、ほかでもないリリーの母親が入ってきた。

「誰ですか？」裁判官が質問した。

「リリーの母です」。彼女は答えた。

「彼女を証人として呼び出しなさい、ミスター・マックブライド」

私はそうした。それ以降、裁判官は完全に私を無視した。彼とリリーの母親は互いに対する賞賛で、喜びのあまり法廷で小躍りでもしているかのようだった。リリーの母親は看護師だった。誰だって看護師は好きだし、裁判官は特にリリーの母親を気に入った。私と違い、彼女はすべての質問に答えられた。はい、リリーは私の家に住めます。はい、リリーには自分の部屋を与えます。保証人になることは問題ありません。そして、裁判官が保釈金として要求する一〇〇〇ポンドがあることを証明するために、銀行の口座明細書を取り出したが、それらはきちんととじてあり、レジ袋に無造作に突っ込んであるのをガサガサと音を立てて引っ張り出したわけではなかった。裁判官は単に保釈を授けただけでなく、それを喜んで行った。彼女がホロウェイ拘置所のゲートで娘を出迎えることに同意したとき、裁判官は彼女に向かってにっこりした。

だが、何といっても一番ハッピーだったのは私だ。勝利はめったにやって来ない。それを勝ち取ったのはリリーの母親だったかもしれないが、どんな勝利にも価値があり、この一つには確実に価値があった——私の貢献度をチェンバーのクラークたちにおおげさに吹聴したならば。

新米バリスタの定番仕事——罪状認否と刑罰軽減

保釈申請と並ぶ新米バリスタの仕事の定番は、罪状認否と刑罰軽減だ。これらは、被告人がたいていはバリスタから断固たる助言を受けて、罪状を認めるというまっとうな行為をした場合に行われる。その目的は被告人が見込まれる量刑のなかで最も軽い判決を獲得するよう図ることにある。軽減の理由にはいくつかの決まったファクターがある——被告人の年齢、初犯、そして公判を経て有罪になる前に自ら罪状を認めた場合だ。罪状の承認はスライド式にいくつかの段階に分かれている。最初の機会に有罪を認めた場合には、判決から三分の一の軽減が期待できる。公判の一日目に認めた場合には、それが一〇パーセントまで落ちる。有罪の承認はパワフルな軽減事由であり、刑務所に入るか入らないかを分けることもめずらしくない。軽減を要求する場合には、依頼人をよく吟味しなくてはならない。三五回の前科のある麻薬常習の万引き犯がリドル（スーパーマーケット）の冷凍チキンパックを四つズボンの前に突っ込んでいた場合、行く先は一つだ。

罪状認否や刑罰軽減や保釈申請のいやなことは、非常に短い予告で仕事に呼びつけられることだ。ある朝、私はカンバーウェル・グリーン治安判事裁判所で、例によって見込みのない公判を押し付けられた。司法取引として、私がより小さいほうの罪の容疑に対して有罪を認めさせると言うと、驚いたことに、訴追側はそれを受け入れてくれた。それは、公判がなくなることを意味した。治安判事に対し、ありもしないことを言って苦しい弁護を展開する恥ずかしさに耐えなくてすむ。それに、嘘だろ！　まだ午前一〇時半だ。丸一日が自由になった。唯一の障害は、見習いの身ゆえチェンバーに帰らなくてはならないのだが、帰ればぞっとする土壇場での「戻し（前述五一頁参照）」を押し付けられるリスクがある。

土壇場の戻しの訴訟摘要書はイギリス法曹界の誰一人として手を触れたくないものだ。それを受け入れるほど間抜けか、もしくは仕事に飢えている人間を求めて、それはミドル・テンプル・レーンを飛び回る。「タクシー乗り場のルール」には、バリスタは体さえ空いていれば依頼された訴訟は引き受けるのが職業上の義務であると規定されている。実際には、もっともらしく「忙しすぎる」と言えば逃れられる。だが、最終的にはゲームの音楽はストップし、もしそのときに摘要書が自分の膝《ひざ》の上に乗っていれば、それをキープするしかない。

もし午後の適当な時間までチェンバーに戻らないでいることが無理なら、こっそり忍び込むしかない。私は自分の選択肢を検討した。裏口からの侵入が最も無駄がないが、そのルートだと、クラークの部屋の窓の前をもろに通り過ぎなくてはならない。たとえ窓の下までしゃがんだとしても、砂利《じゃり》敷《じ》きの上を歩く音に彼らは気づくだろう。もし、その瞬間に、キースが頭を窓の外に突き出したらどうなる？「ミスター・マックブライド、サー、いったい四つん這《ば》いになって何をしているのですか？」そこで言い抜けるのは難しい。たとえどんな言い方をしても「コッカスパニエルの技に磨きをかけてるんですよ」という言葉は信じてもらえないだろう。

残された唯一の方法は正面玄関から入ることだ。リスクは高い。それは間違いない。だが、少なくともそのルートはキースから一番遠いところを通る。私は入り口の階段の前で靴を脱ぎ、石の段を正面玄関に向かってそっと上がっていった。顔をドアに押し付けて、ガラス窓から中を覗く。キースはいない。警報解除、今だ。泥棒猫のように静かにドアを押した。キーッという音を立てて開いた。息を殺して受付に通じる隅のあたりを見回す。アラミンタは花を生けるのに夢中だ。ライムストーン張りの床の上を、ソックスを滑らすようにして忍び足で前進した。安全な見習い部屋まであとドアが一つと階段一〇段というところまで来た。もう数秒で、折り詰めの寿司《すし》をたらふく食って、大きなテーブルの下で午睡《ひるね》をむさぼるのを心待ちにできる。最後のコーナーを曲がった。

「ぎゃっ!」衝撃のあまり、声を上げていた。危なかった。キリストの俗世での代行者であるキースが、地下に通じるドアにもたれて一服していた。私は待ち伏せされていたのだ。

キースには第六感がある。彼は動物的勘でチェンバーのバリスタ全員の居所をキャッチする。もし私が山で遭難したなら、助けてくれるのはセント・バーナード犬ではなく、キースだ。そして彼が首につけているのはブランデーの入った小さな樽《たる》ではなく、胸糞《むなくそ》の悪い摘要書だ。

「ミスター・マックブライド、サー、ちょうどあなたを探していたところです」。彼は私が靴を履いていないことを無視して、丁重にのたまった。「チェルムスフォード刑事法院で判決が出るので行ってくれませんか? ちょっと手違いがありましてね」

クラークは弁護士たちに対し「サー」や「ミス」の敬称を使うが、だからと言って、どちらがオルガンを弾き、どちらがその前で、物乞《ものご》いのためのブリキのコップを持って踊っているかを間違えてはならない。まもなく私は電車の席で判決の要約を詰め込むのに必死で、寿司や昼寝どころではなくなっていた。一時間後には、拘置所のブザーを鳴らしていた。

「ハワードの弁護人です」と私。

看守がドアの開閉ブザーを押して、中に入れてくれた。

「ハワードのバリスタですか?」

「はい」
「彼と話す間、外に立っていましょうか？」
「どうして、外に立っていてもらわないといけないんですか？」
「前回、刑務所にいたとき、刑務官を人質に取ってるんですよ。恐ろしく短気な野郎です、サー。まったく予測不可能です」

なるほど、なぜ彼を担当していたバリスタが来られなかったかがわかった。卑怯な豚め、ほかの用件が入るよう画策《かくさく》したのだ。私は看守の申し出を断った。弁護人は被告人に信頼されなくてはならない。さもなくば、いい関係は保てない。屈強の看守が二人、面会室を覗き込んで被告人の一挙一動を監視しているのでは、信頼を育む友好的な雰囲気はつくれない。乱闘ベルがあれば十分だろう。

問題の乱闘ベルだが、私は何か起きたときに簡単に鳴らすことができる、最新式の押しやすいゴム製ベルトが壁に沿って取り付けてあるのだろうとばかり思っていた。運が悪かった。壁の丸いへこみの奥に取り付けた旧式の小さなボタンだった。もしハワードが私の首を絞め始めたら、どうやってあのボタンを押せというのだ？　足の指でか？　せめてドアに一番近いイスに座ることにした。

そちらの方に向かおうと体の向きを変えると、ちょうどドアが開き、ハワードが入ってきてドアに一番近いイスにどすんと腰を下ろした。それでこっちは面会室の奥にあるスチールのデスクの後ろに無理やり押し込められているイスに座るしかなくなった。ほかのすべてのもの同様、そのイスも床にボルトで固定されている。たとえ、なんとかデスクの後ろから出て、ハワードのそばをすり抜けることができても、ドアを開けるところで私の命運は尽きるだろう。デスクの後ろに座り、ハワードを値踏みした。頭を剃っていて、強烈な黒い瞳《ひとみ》でこっちをねめつけている。首と肩の筋肉は緊張と弛緩《しかん》を短いスパンで繰り返している。すでに機嫌《きげん》が悪い。

「今日、判決かい?」あらゆる社交辞令をすっ飛ばして質問してきた。

私にも、それはさっぱりわからなかった。もうじき午後三時だ。四時半を過ぎれば、法廷はまず開かれないだろう。

「わかりません」と答えた。

「もし今日、判決が下りなかったら、いいか、被告席の看守に切りつけてやる」。それは法廷警備官のことだ。どんなに無害な被告人でも、被告席に入るときには彼らが付き添っている。

「何で切りつけるのですか?」

「剃刀《かみそり》を持ってるんだ。おれはくそったれを切る。チンタラしている気はないからな」

「わかりました」。私は目まぐるしく頭を働かせた。ハワードは本当に剃刀を持っているのだろうか? 彼を法廷に運ぶ拘置所の護送車に、それを持ち込むことなどできるだろうか? 可能だが、簡単ではない。肝心なのは、彼がそれを使うかどうかだ。彼は刑務官を人質にした過去があるが、私の知るかぎり、問題の刑務官は無傷で解放されている。私は難しい立場に立たされた。もし警備官に警告すれば、ハワードは危険性のある被告人として手錠をかけられた状態で裁判官の前に差し出されることになる。ハワードはどちらにしろ、十中八九、重い実刑判決を受けるだろうが、私の役目はできるだけ軽い判決に導くことだ。手錠をされた状態では、裁判官が実刑以外の判決を言い渡す可能性はゼロになる。一方で、顔を剃刀で切りつけられる警備官は？　彼は警告を感謝するだろう。

弁護士と依頼人の間の会話は法的には内密情報として扱われるが、だからといって、犯罪を食い止めることが禁じられているわけではない。法廷警備官に警告することが、おそらく倫理的には正しい対処法だろう（たぶん、「いいかい、もし頬《ほお》にでっかい傷を作りたくなかったら、手錠をかけておいて」とかなんとか）。私は「バリスタにとってのエシックス（倫理）はロンドン東部の州のようなものだ（エセックス州のこと――イギリス人の間で常にジョークの種にされる）」という古いジョークを思い出した。はは、笑ってはいられない。

バリスタが一番に仕えるのは法廷であって、依頼人に対してではないが、バリスタには正しい判断が要求される。結局、私はハワードの言ったことを信じなかった。法廷警備官に切りつければ、刑期は余計に長くなる。ハワードにとって何も得はない。彼の脅しは判決前のイライラのなせるわざだと結論した。

ハワードはクラック・コカインの常習者でベテランの泥棒だ。彼のつい最近までの窃盗三昧は、ある中規模の海辺の町でついに終焉《しゅうえん》を迎えた。真昼間の光の中で彼が玄関ドアの鍵《かぎ》を何気ないそぶりでピッキングしているところを、カーテンの陰から覗いていた隣家の男に目撃されたのだ。喉に激しい怒りがこみ上げてきた目撃者は、電光石火、999をダイヤルした。その間、ハワードは家に入ることに成功し、たまたま玄関ホールにあった大きな旅行かばんをつかみ、家の中を駆けずり回って、手当たり次第に詰め込んでいった。それは麻薬中毒者の『スーパーマーケット・スウィープ』（アメリカのテレビショーで、カートに入れた物の価値で優勝チームを決める）で、電話をかけているのは司会者のデール・ウイントンを気取った正直者の市民だ。「男は家の中にいます。DVDプレイヤーとプレイステーションを取っています……カメラも取りました……寝室にいます。なんと、靴まで取っています！」

ハワードはなんとか警察が到着する前に逃げ、すぐさま豊富な収穫物をコカインに変えた。それは彼の犯罪キャリアの頂点だった。急いでいたせいで、窃盗業界で「ダブ」と呼ばれる、要するに指紋を、額縁に残してしまった。彼は警察ではすでに有名人だったので、ダブはまっすぐに警察を彼の家のドアに導いた。警官は彼を同地域で最近起きた四件の窃盗事件と結びつけた。圧倒的な刑事訴追に直面し、週に一〇〇〇ポンドかかるコカイン中毒をまかなうのに疲れ果て――捕まることや死んでしまうことを恐れつつ、盗み、盗品を売り、麻薬を買うのは重労働だ――ハワードは自白することにした。洗いざらい白状するのはいい気分だったので、中毒に陥りやすい性格の人の例に漏れず、一度その味を覚えたら何度も何度もやりたくなった。警察に車に乗せられて町の中を回ると、彼は盗みに入ったすべての家を指差した。それが終わると、彼は過去に行ったさらに四五件の窃盗も、量刑を決定するための聴聞に加えてくれと言った。彼は刑務所から出て六週間しかたっていなかった。

ハワードは犯罪を重ねる麻薬常習者の典型だ。過去に有罪判決を受けた不正行為のリストは何ページにもなる。長期にわたる実刑は、経済的にまかないきれないコカイン中毒になっているという、彼の本質的な問題を解決してはいない。理論的には、彼は拘留の代替である、薬物に関するカウンセリングの集中的プログラムを含む薬物治療検査命令（ＤＴＴＯ）を受ける資格がある。実現する可能性があるとは思えなかったが、私は一応その申請にトライしてみようと思った。

法廷の外に座り、ハワードの代理で行う刑罰軽減の主張を待ちながら、私はしだいに不安になってきた。時間はスピーディにたっていた。ハワードが面会室で口にした脅しについては比較的楽観視していたつもりだが、しだいに神経がピリピリしてきた。法廷よ、さっさとしてくれ、と祈った。ついに中に呼ばれたのは午後四時近くだった。ハワードの協力がなければ四五件の窃盗事件は解決しなかったのだから、判決は最初の五件の窃盗のみに基づいて下されるべきであると、彼の代理人として刑の軽減を主張した。裁判官は明らかに反対意見であった。ＤＴＴＯは犯罪者を麻薬と犯罪から引き離すのに、あまりよい成功率を収めていない。しかしながら、刑務所も同じくらい効果がない。刑務所には麻薬が溢れている。刑を終えたのちに薬物中毒者が受けられる唯一のケアは、普通、四六ポンドの出所補助金だけだが、それも彼は間違いなく麻薬に使ってしまうだろう。

私が主張を終えると、裁判官は時計を見た。五時一五分前だった。法廷が四時半を過ぎて継続されることは滅多にない。「これは複雑な問題です、ミスター・マックブライド。明日の朝までこの一件については休廷にします」

私は被告席の方を振り返り、もしハワードが法廷警備官に対して何か動きを見せたら叫び声を上げようと身構えた。ハワードは身動き一つしなかった。彼にも、裁判官が実刑以外の判決を考慮していることがわかったのだ。翌日ふたたび戻ってくるのは面倒だが、その価値はある。

次の日、ハワードのケースは予定表の一番目にあった。裁判官が入廷し、四年の実刑を言い渡した。悪くない。もっとも、私はもっと軽い刑を望んでいたのだが。監房の中で、ハワードは前日よりずっとリラックスしていた。彼は目指して励むゴール、すなわち出所の予定日を得た。服役《ふくえき》はそういった形で行うほうが、はるかに楽だ。まもなく、私はふたたび電車に乗っていた。チェンバーではキースがオルガンをウォームアップしているに違いない。彼が奏でるのは新しい曲かもしれないが、私はまた同じ無様《ぶざま》なダンスを踊るのだろう。

三、土曜法廷

金曜の夕方は焦る

金曜午後の見習い部屋では、ウィークエンドの予定が全員の肩に重くのしかかる。ハリエットはテーブルの上席に座り、電話コードを引っ張れるだけ引っ張って、受話器を顎と肩甲骨の間に挟んでいる。小さなパン種をバターとクレーム・アングレーズでくっつけて焼き上げたパン・オ・アマンドの細長い一片を熱々のカフェ・ラテに浸している。

「ハリエットの電話、長くなるかな?」電話を使いたくて身もだえしながら、リアムが言った。

「知るもんか」。ハリエットが優雅にたたんだペストリーをもう一片、口に入れるのを見ながら、私は答えた。


リアムは安値株の予想表をテーブルの上に広げている。「ハリエット?」彼女の注意を引くためにまず手を振り、次に彼が電話を使いたい理由をきわめて詳細に身ぶり手ぶりで伝える。

ハリエットは無視している。

「ブローカーに電話しなきゃならないんだよー、ハリエット」

安値株への投機は、ポッターズ・バーのドッグレースで、グレイハウンドに複勝式で五〇ペンス賭《か》けるのと同じくらいの利益……と同じくらいの興奮をもたらす。

「ハリエット？」電話を指差し、予想表を振って、リアムがたたみかける。

ハリエットは「うるさい」と口を動かした。「窓の下枠の上にでも立てば？」

窓枠はその部屋で唯一、携帯電話の電波が届く場所だが、そこですらかなり途切れがちだ。

恥ずかしがり屋のリアムには、外に出てミドル・テンプル・レーンの路上で華々しく金融取引をする度胸はない。

ついにハリエットが受話器を置いた。リアムがそれに向かって突進しようとしたところで、電話が鳴った。無言のウィルの母親からだ。毎週金曜になると、ウィルの母親は息子がジェラーズ・クロスの実家に週末を過ごしに帰って来るかもしれないという一縷《いちる》の望みを抱いて電話をかけてくる。毎週金曜日、ウィルは別の計画を立てていた。ジェラーズ・クロスはまたもや待ちぼうけだ。

二人のラッキーな見習い――リアムと私――にとっては、週末が近づくにつれ、予定が未定であることはつらくもあり、うれしくもある。背後に潜んでいるのは土曜法廷の惨めな展望だ。たまの土曜日に働くくらい、たいしたことではないと思われるかもしれないが、嘘じゃない、これがたいしたことなのだ。これには耐え難いほどの屈辱がある。クラークの部屋からぎりぎりになって電話があると、重い足取りで階段を上り、噂話をしているバリスタたちの横をすり抜けて、表に「シッティングボーン治安判事裁判所」などとタイプされた薄い折り重ねの訴訟摘要書を受け取ることになる。それは自分が一番つまらない仕事をする一番下っ端であることの明文化された証拠なのだ。脇の下に土曜法廷の摘要書をはさんでクラークの部屋から出てくることは、温《ぬく》い犬の糞の入った袋を抱えて歩くようなものだ。それは満員の法廷に下半身裸で入っていき、どういうわけか『トゥイーティの歌』（アニメ『ルーニー・テューンズ』シリーズのカナリヤがトゥイーティ）に合わせて踊りだすという、かつてよく見た不安夢にも匹敵する羞恥《しゅうち》をもたらしてくれる。

マムタが私とリアムを探しにやって来た。彼女は土曜法廷のローテーションの管理を任されていて、ドジな野郎ども（誰であるかを当てても賞金は出ません）に何が待ち受けているかを知らせることに情熱を燃やしている。

「誰の番かしら？」彼女は人々が「かわいい子はどの子かな？」とセキセイインコに話しかける口調で尋ねた。

彼女は答えを知っている。すでに調べてある。「リアム？　誰の番だっけ？」

リアムは少し前にやっと受話器を手にし、意気込んでマレーシアの鉱業株三六ポンド分を彼の金融資産に加える手配の真っ最中だ。

「リーアム！」

「きみの番じゃないの?」受話器の口を手でふさいで、リアムが言う。

「違います。あなたが一番で、その次はアレックス」。マムタは証拠として、プリントアウトしたローテーション表を彼に手渡した。

リアムは電話を切り、大声で言った。「一番、一番！　いつだって一番！　この週末もまたおじゃんだ。おれは土曜法廷が大嫌いなんだよう」。タバコに火をつけながら、彼は大テーブルの周りを行ったり来たりし始めた。赤毛の人に独特の白い顔に、今までにないほどソバカスが浮き出ている。

「どうして土曜法廷が嫌いかって?　完全に時間の無駄だからだよ。まず、どこかめちゃくちゃ遠いド汚い町に行けと言われる。あんまり遠いんで、ケンタウルス座のアルファ星すら近くに感じられるくらいだ。ところが、到着するとそこは閉まってる。なぜって、担当のクラークが字の読めないいやなヤローで、間違った法廷を教えたからだ。それで次の一時間半は別のド汚い町に行くのに費やされる。すると今度は依頼人がいない。警察での手続きがまだ終わってないからだ。ついに依頼人が拘置所に現れる。やつの書類を読む。やつは、」そこでリアムはよりいっそうの効果をねらってひと呼吸置いた。「六〇時間の保護観察命令に違反したんだ。すげえ大罪だ、だろ?　つまり、この若者がどれだけ極悪のギャングだってんだよ。あまりのばかばかしさに、治安判事が彼を釈放するのは自明の理だ。そもそも違反したのはこの若者のせいですらないんだ。頭の悪い担当クラークと同じで、この子も字が読めない。それに、もし読めていたとしても、保護観察局が彼を間違った事務所に送ったので、彼の受けた命令は伝えられず、彼は帰宅するなりそんなことは忘れちまった。ところが四ヵ月後に、彼がどこかのショッピングセンターのベンチでケバブを食べていると逮捕された。もともとの罪が何であったのかさえ、この子は覚えていない。だから、すべてが無意味のレベルに、いや、前人未踏《ぜんじんみとう》の無意味のシャングリラに到達したってわけだ」

リアムは座り、念入りにメイクをしているジェーンに身振り手振りで話した。「しかも今夜はチェンバーのパーティがあって、シャンパンはすでに氷で冷やされているんだよ」

電話が鳴った。ジェーンが答える。担当クラークからだ。リアムのための土曜法廷の摘要書がすでに上で待っているそうだ。彼はイスから立ち上がり、屈辱の歩みを始めるために姿を消した。

土曜日にも開廷されれば、理論的には被告人がより効率よく処理され、彼らが月曜の開廷を待ちながら警察の留置所で過ごす時間は減るはずだ。だが現実にはそうスムーズに事は運ばない。土曜法廷は人員不足がはなはだしく、ほかの機関も閉まっている。依頼人にベイルホステル（保釈中の者に宿泊そのほかの便宜をはかる施設）を見つけてやるのは普段でもけっして楽ではないのだが、土曜にはほぼ不可能だ。しばしば裁判所はスタッフが全員揃う月曜まですべてを延期してしまう。すると私たちを含む全員が、四八時間後に、同じ法廷で同じ手続きをリプレイする羽目になる。

リアムがなぜ一番であることに文句を言っているのかが、私にはわからなかった。待機の順番が二番なのは一番よりさらに悪い。一番であれば出動を命じられることはわかっている。二番だと完全にフリーの週末になる可能性もあるので、出動命令があるかどうかの拷問のような推測ゲームが始まるのだ。ともかく、パーティは逃さない決意をした。私はセレブ御用達雑誌『ヴァニティ・フェア』のグレイドン・カーター編集長によるパーティと酒についてのアドバイスに従うことにした。それは「まず二杯飲んで、あとは自分のペースでいけ」というものだ。カーター氏のこの助言に従えば、翌朝にどんな仕事を言いつけられようが、スッキリした頭でいられるだろう。

パーティは六時に始まると発表されていた。私たち見習いは最初の半時間は階下でぶらぶら時間をつぶした。私たちはチェンバーに経済的な貢献をしていない。税込所得の二〇パーセント近くをチェンバーの運営費として納めているテナントのバリスタたちがパーティの費用も払う。だから、六時かっきりに行って彼らの酒をじゃんじゃん飲むのは不作法なのだ。私はハリエットとジェーンについて階段を上っていった。すぐさまボタンホールに花を刺され、ネームバッジを与えられ、シャンパンを持って人々の間を回るように言われた。これはいい仕事だ。これなら、いくつかのあらかじめ用意していたセリフを繰り返しながら動き回るだけで、いかにも役立っているように見える。テナントは私の名札を読み、私のシャンパンを注ぐ腕前に感心するだろう。

実際、彼らはシャンパンを補給する私を大歓迎し、私が酒の注ぎ方に込めた気配りや尊敬の気持ちにさえ気づいてくれた。

「一級の仕事ぶりだ」。彼らは言った。「きみも飲みなさい」

彼らの祝福を受け、私は自分のグラスに注ぐ。人々の間を動き回ってグラスを満たし、自分のグラスにも注ぎ、私は楽しみ始めていた。

チェンバーのトップも私の仕事ぶりに気づき、褒《ほ》めたたえてくれた。「よくやった、アレックス。自分も飲むのを忘れないように」

携帯電話をチェックした。土曜の摘要書を扱う当直のクラークから、まだ電話は入っていない。どうやら危険を脱したようだ。忘れずにシャンパンを飲んだ。注いで回る仕事もこなした。よそよそしくて気難しく思えたテナントと軽いおしゃべりをすることが、しだいに楽になっていく。気づくと、ただ愛想よくしゃべるだけでなくジョークまで言っていた。一度も会ったことのない人の肩に腕を回し、すっかりお祭り気分で自分のグラスを満たし続けた。

「誰がカモかわからなかったら、それは自分がカモだということだ」というポーカーの古いことわざがある。これは飲酒にも当てはまる。私は誰が酔っ払っているかがわからなかった。なぜなら自分が酔っ払っていたからだ。私は最も酒好きな連中や、比較的若いテナントや、彼らと組むソリシタたちに引き寄せられていった。

「わあ、彼女、すっごくかわいいな」。数フィート先に立っているブロンド美人を指差しながら大声で言った。「誰だろ?」

沈黙があった。酒好きな連中は足元を見つめている。「あの人は――」ついに彼らの一人が言った。「このチェンバーのトップの奥さんだよ」

うえーっ、名札を付けていてよかったものか。

優秀なバリスタに不可欠な二つの資質は慎重さと判断力だが、私はそのどちらも証明しなかった。アラミンタが救助の手を差し伸べ、私の体に手を回して安全な場所にそっと引っ張っていってくれた。

私たちのうちハードコア的なメンバーはコーツでの二次会に繰り出した。チャンスリー・レーンにある、ぐでんぐでんに酔っ払ったバリスタでいっぱいの、陰気くさい隠れ家的なナイトクラブだ。そこの男女比率はひどい。数えるほどしかいない女のまわりに、男たちが発狂した精子のように群がっている。アラミンタといっしょにふらつきながらジントニックを襟の中に注ぎ続けているうちに、やがて家に帰る時間になった。

次の鮮明な記憶は、アラミンタの隣に横たわり、彼女の陽に焼けた喉元をなでている場面に飛ぶ。微風《そよかぜ》が吹いている。木のいかだが私たちの体の下できしんだ。遠くのほうで、人けのない砂浜に波がリズミカルに砕ける音がする。この上なく安らかな気分だ。

そのとき、チッチッという甲高い電子音がした。それはしだいに大きくなって、砂浜に波の打ち寄せる心地よい音をかき消してしまった。片目を開け、そしてもう片方の目も開けた。チッチッという音は止まず、頭にズキズキと突き刺さった。私は一人でベッドに横たわっていた。アラミンタといかだは消え、しつこい電子音が取って代わっていた。いったい何なんだよ？　それに、どうして止まないんだ？

「電話だよ、クソ電話」。叫ぶ声がする。ルームメイトのリチャードだ。廊下の先にいる。チッチッという音は電話かもしれないという気がした――私の電話かも。きちんと座ると、頭全体に痛みが広がった。あたかも私専用の容赦《ようしゃ》ないゲシュタポ隊員がいて、上げ足歩調で頭蓋《ずがい》のまわりを行進して目玉の裏を蹴っているようだ。

「電話、クソ電話だってば」。リチャードが繰り返した。

音は聞こえるが、電話そのものが見当たらない。部屋をくまなく見渡すと、視野に半分食べ残したピザが入った。昨日の夜、ピザなんか食べたっけ？　机の下ではＰＣとステレオのコードの塊が玉子のついたフォークと絡まり、汚れた皿が汚れた服の山から半分のぞいている。

「電話、クソ電話」

すると、部屋の隅に携帯電話のブルーの光が見えた。そちらの方に歩を進めると、頭に激痛が走った。受信ボタンを押した。

「おはようございます、サー」。当直のクラークがのん気に言った。「私たちとスケグネス（イングランド北東部の町）に行く準備はできていらっしゃいますか？」

私は物事をポジティブにとらえることにした——少なくとも、すでにスーツを着ていた。

初めての公判

グランサム駅に着く時分には二日酔いが本格的になった。プラットホームに立って、海岸地方に行く電車の乗り継ぎを待っている間に、吐き気を抑えるためには何かを食べなくてはならないと思い立った。駅のカフェに行くと、ギンスター社のいろんなパイが揃っていた。昨夜のことに完全には懲りていない私は、長老の賢人グレイドン・カーター氏の飲酒についてのアドバイスをギンスターの商品展開にそのまま当てはめた。まず肉入りパイを二つ食べ、あとは自分のペースでいけばいいと。万が一のために、細長いスコッチエッグのように見えるものもついでに購入した。それはギンスターの「ベルセルク」というパイだと友人は断言した。二時間と二つの肉入りパイの後にスケグネスに到着すると、北海から吹きつけていた霧雨は本格的な雨に変わっていた。

スケグネス治安判事裁判所の保釈審理の聴聞は、いつも瞬きを一度する間に終わってしまうほど短い。マッティという名の若者が保釈条件の一つだった夜間外出禁止令を破っていた。彼は拘置所に私よりほんの少しましな二日酔いの状態で座っていた。言うべきことはほとんどない。あまりに軽微な違反なので、たとえ私が何もせずに、ただ『ウイリアムテル序曲』をスプーン二本で奏でていても、彼は保釈になるだろう。私がたまたまそこにいるので、クラークは近日中に予定されているマッティの公判で証言の立証をしてほしいと依頼してきた。

公判は月曜に予定されていた。明後日だ。私は確信をもって、お人好しナンバー・ワンのこの私がその仕事のためにスケグネスに呼び戻されると断言できた。だが、この公判にはマッティを入れて四人も被告人がいるので、私一人で全員を代弁するのは絶対に無理だ。もう一人、弁護人が必要となるが、いったい誰がお人好しナンバー・ツーになるのだろう。

三六時間もたたないうちに、間抜けのなかの間抜けのリアム・マックリーシュの赤毛で小柄な姿が、見たこともないほど大きなキャリーバッグを引っ張りながらキングズクロス駅のプラットホームを脱兎《だつと》のごとく駆けていくところが目に留まった。構内放送が、電車のドアは一分後に閉まりますと告げた。リアムが速度を上げたので、キャリーバッグが彼の後ろで滑り、バッグのほうが彼を追いかけているように見える。私たちは電車に飛び乗り、人を押しのけて席に着き、スケグネスでの二日間を楽しみにしようと試みた。

一二時には、二人とも法廷で最初の証言を聞くばかりになっていた。被害者のビリー・キルクーリーが廷吏について入廷してきた。ぶかぶかのスーツを着ているにもかかわらず、体がヒクヒク痙攣《けいれん》しているのがわかる。その目はすべてを取り込まんとばかりにあちこちを見回しているが、それは彼が法廷を見慣れていないからではなく、緊張し、神経が高ぶっているからだ。彼の体は期待ではじけていた。リアムと私もかなり緊張し、神経が高ぶっていた。というのは、ビリーと違い、それが私たちにとって初めての公判だったからだ。

被告人はマッティ、タム、モーリーン、ビフの四人で、このうち二人は拘置所からの保釈を私に、残りの二人はリアムに頼っている。全員が密閉された小さな被告席に座っている。被告席のガラスには高い位置に中世の射撃孔のようなスリットがあり、空気を循環させ、私とリアムが被告人たちにこそこそと悪知恵を授けるのを可能にする。一つはっきりしている点がある。この公判の結果は、彼らより私のほうがよほど気にかけているということだ。彼らの自由は危機に瀕《ひん》しているが、大事なのは私の自尊心だ。どっちに転んでも、彼らはいつかは自由になるが、私の傷ついた自尊心は二度と回復しないかもしれない。

マイ・ボーイ、マイ・ガール――これは業界用語で依頼人の被告人を意味し、「マイ・ボーイがこうした」「マイ・ガールがああ言った」などと言う。私のマイ・ボーイであるマッティとタムは、リアムの二人より厄介だった。ともに二〇歳になるかならないかで、ビリーを攻撃した主犯格だとされていた。ビリーの顔を蹴ったのは彼らなのだそうだ。

審理前の面会で、この田舎者の青年たちは、同じ一六歳の少女を共有していたと言った。この少女のカレシだったのはタムだが、マッティも、彼自身の言葉によると「やってたんだ。陰で、っていうか」。当然の帰結として、少女は妊娠した。

「父親は誰なの?」私は質問した。

「知るかよ」とマッティ。「コインでも投げるか、ははは」。二人は相変わらず親友だ。

暴行罪の実行犯として起訴されているのはこの二人で、有罪になれば刑務所行きだ。彼らに、治安判事裁判所での公判の六八パーセントが有罪判決になることを伝えた。彼らに不利な証拠は十分あるとも。この公判が私にとって初めてであることは言わない。

リアムの依頼人のモーリーンと彼女の一六歳の息子ビフは、訴追側によると、やはりその場にいてビリーへの暴行に参加したそうだが、演じた役割は小さい。彼らはかつてビリーの家族と親しかった。クラクトンで休暇をともに過ごしたときに何かが原因で緊張が高まり、以来、二つの家族は暴力を応酬する仇《かたき》同士になった。誰もが相手かまわず殴っていたようだ。ビリーはたいてい殴られる側だった。一年前には、兄弟喧嘩で殴られて肺を破裂させられている。ビリーが私たちのそばを通って証人席に向かうとき、リアムがささやいた。「ビリーを見ろよ。おれだって一発、蹴りを入れてやりたくなるぜ」

ビリーは刑事法廷に慣れていたにもかかわらず、よい証人にはならなかった。すぐさま明らかな嘘をつくという間違いを犯した。彼の話ではこうだ。彼が妹や数人の友達といっしょに歩いてクラブに向かっていると、若者のグループが近づいてきた。あたりは暗く、彼は怯《おび》えた。若者たちはまずビリーをからかい、次に顔や脚や胸を蹴り始めた。タムには頭を踏みつけられた。相手側にはさらに二〇人の強力なグループが加わった。ビリーは負傷し、人数では圧倒されていたにもかかわらず、危機一髪で逃げおおせた。

ビリーはほかにもいろいろ言ったが、「蹴られた」結果、顔に「たくさんの切り傷」を負ったと証言した。自分の怪我を語るときに、写真や医学的証拠が裏付けてくれない誇張はけっしてしてはならない。私は警察の証拠写真を広げ、顔のどの部分に「たくさんの切り傷」を負ったのかを正確に示すよう、ビリーに求めた。ビリーは激しく体をひきつらせるだけで、指し示すことができなかった。話は残酷であればあるほど、より信じてもらえると思っていたのだろう。

私　「ミスター・キルクーリー、この写真一で、どこに多数の切り傷ができたのかを示してください」

ビリー　「顔を蹴られたんだ。顔に血が流れてた。あばら骨も蹴られて……」

私　「はい、ビリー、その話は聞きました。質問に答えてください」

ビリー　「顔を蹴られたんだって。いっぱい傷ができて……」（身振り手振りが加わる）

書記官　「ビリー、質問に答えなさい」

治安判事　「ミスター・キルクーリー、弁護人の質問に答えなさい」

ビリー　「タムが頭を踏んづけた。やつのブーツが指の間から見えた。踏んづけられて……」
（このころには大声を出し、立ち上がり、また座り、腕を振り回していた）

私　「さあ、写真一を使って、法廷にあなたの受けた多数の傷を見せてください。私たちに流れた血を見せてください。できないのでしょう？　ビリー、あなたは作り話をしている。そうでしょう？　嘘をついている」

法廷は騒然とした。ビリーは怒りを抑える術を知らないので、ただ興奮して騒いだ。法廷から退出させられ、ヴォクスホール・キャバリエ（車）に母親と座りにいった。

私にとってのこの勝利の瞬間に、すでに傲慢《ごうまん》な鼻をへし折られる準備が進んでいた。法廷に話を戻すと、モーリーンの供述が始まっている。彼女はタムとマッティのこの事件への関わりをそらすどころか断ち切る証言をしてくれるはずなので、私が最も恐れていない証人だった。彼女は警察の尋問では、ビリーに暴行が加えられる場面などまったく目撃していないと答えていた。特にマッティが彼の頭を殴る場面は見ていないと。先ほど法廷で読み上げられた警察による取り調べ報告書でも、被告人全員が同じことを言っていた。ところが、モーリーンは自分の弁護人であるリアムから尋問を受けている最中に、マッティがビリーを殴って地面に突き倒すところを見たと口走ったのだ。彼女によると、ビリーが倒れたのは、マッティが突いたからだ。同時に彼女は、タムは早くに家に帰ったので、ビリーに暴行を加えられたはずはないし、ビリーの頭を踏んづけられたはずもないと主張した。

私が反対尋問をする番になった。どうすればいい？　モーリーンを攻撃しようか？　彼女の話は矛盾している。ビリーが倒れたのは殴られたからではなく、突き倒されたからだって？　はたして、私はその部分を解明したいのだろうか？　彼女はただタムの容疑を晴らしたいだけなのだ。実際、弁護側の主張は、ビリーの嘘だらけの狡賢《ずるがしこ》さとは対照的な、全員一致の正直さを前面に出していた。この一件は治安判事がどちらを信じるかにかかっているが、治安判事裁判所の公判の六八パーセントが有罪判決に終わることを考えれば、彼らは普通、被告席にいる人間の話すことは信じない。

私は反対尋問をやめることもできる。引き下がり、食い違いがあったと言うこともできるが、そうすることは性急でばかげた行為に映るだろう。私は最初の公判から逃げ出したりはしない。そうする自由は許されているが、私の自尊心が許さない。顔色が今では敬虔《けいけん》な高位聖職者のそれに似てきているリアムのクソったれと、こちらの計画を台無しにしてくれた彼のクソ依頼人のせいで状況はこんなにも悪くなった。こうなったら誰かを犠牲にしなくてはならないが、マッティにすべきか、それともタムにすべきか？　これだから公判は恐ろしい。こういった二者択一の板挟みがいつ起きるかも知れず、そして誰も、特に聖人ぶったリアム・マックリーシュは謝らない。私は立ち上がり、モーリーンの話に同調することにした。彼女に、マッティは一度ビリーをパンチしただけで、しかもそれはビリーを倒すほど強いものではなかったと反復させた。マッティが有罪になるとすれば、ビリーの証言ではなく、彼女の述べた事実のせいにしようと決断したのだ。

最後にマッティを証人に呼び出した。私たち――彼と私――は彼の車に対する愛について話した。マッティは私が彼のことを「油まみれのモンキー（修理工）」と呼ぶのは完全に正しいと思っている。彼は法廷に向かって誇らしげに、車の塗装の資格を持っていると述べた。彼に手の指関節の傷は落ちてきたギアボックスにより負ったものだということを説明させると、彼がそれをあまりに見事にやってのけたので、私は胸が張り裂けそうになった。なぜかと言うと、それは治安判事を軟化させ、彼に同情させはしたが、だからといって、彼の犯罪歴にもう一つ記録が加わることを止めはしないからだ。

私は最終弁論を行った。治安判事が退廷した。陽射しのなかで待つ間、マッティはチョコレートのかかった丸いパンを、子どもにしかできないような食べっぷりで、むしゃむしゃと次から次へと食べていた。最後の一つのチョコレートが唇について固まっていた。リアムのほうは適度な距離を置いてぶらつき、タバコを吸いながら薄笑いを浮かべていた。全員が法廷に呼び戻された。マッティ以外の全員が無罪放免になった。だが、マッティはあくまでモーリーンが証言した事実により、いや、それは私たちの打ち立てた事実といってもいいのだが、有罪になったのだ。ビリーの言ったことは信じてもらえなかったが、誰かが彼にひどい暴行を加えたことは確かなので、さぞかし口惜しい思いでいるだろう。重要なのは、私たちの認めた事実が、彼の証言にある事実よりはるかに軽いものであったことだ。パンチを一発だけ。ビリーが主張した、全身の骨がぐにゃぐにゃになるほどの暴行ではない。それはマッティにとっては、より軽い刑を意味する。刑務所には行かなくてすむだろう。私の自尊心はぐらついたが、すでに自分を正当化してもいた。

帰路の丸三時間、リアムの態度は癪《しゃく》に障《さわ》った。『ワン・ニル』（一対ゼロの意味。シンガーソングライター、ネイル・フィンの曲）を歌い、私を指差して「負け犬、負け犬」と囃《はや》し立てる。次には嘘くさい哀れみをかけ、「きみは実に、実によくやったよ」などと言って見下す。私はただ言われるに任せているしかなかった。乗換駅のグランサムでギンスターのベルセルクを三つ、勝利の祝いとしておごってやった。

彼は最初の二つを立て続けにたいらげた。私は三つ目も食べるよう、おだててけしかけた。

「三つは自信がないな、アレックス。まだ二つが胃にどっしりこたえてる」

最終的に三つ目を食べ始めたので、私はものの数時間もしないうちに仕返しが完遂するであろうことを確信した。だが、報復の味は期待したほどに甘美ではなかった。スケグネスでの経験で、はたして私にこの仕事をやっていく能力があるのかどうかを自問し始めたからだった。

第二章　質疑応答の場

四、下級弁護士に下級犯罪

ノーザンプトンでの勝利

質の高い裁判所もあれば、ノーザンプトン治安判事裁判所のようなところもある。駅から排気ガスのこびりついた環状道路を行けば、中古車センターや、閉業して板を打ちつけた商店や、今にもつぶれそうなベーカリーを通り過ぎながら、すでに心は沈んでいく。一人前のバリスタになって四ヵ月がたっていたが、私はまだ一度も訴訟で勝利を収めていなかった。ただ勝てないのだ。それが心をむしばんでいく。アッシジの聖フランチェスコさえもが、私が弁護したら破滅するだろう。私はノーザンプトンが嫌いだ。公正を欠くかもしれないが、私はそこの治安判事裁判所を、地方の狭い視野に立った、重要性の低い裁判所だと一蹴《いっしゅう》して嫌っている。そこでは私の依頼人は毎回有罪になった（私たち弁護士がどんなに自分本位に考えるか、わかるだろう？　私たちは被告人と自分自身の両方に「私」という主語を使う。構文上、私たちは一体だ——私は逃亡車の運転手だった、私は間違ってコカインのパイプに火をつけ、恋人を殴ってしまった、そして、ふたたび有罪になった、という具合に)。ソリシタが法廷の外で待っていた。元気と諦念《ていねん》が魅力的にミックスした人物だ。双方のくったくのない微笑《ほほえ》みとは裏腹に、彼も私もすでに負けを知っていた。私は依頼人にまだ会ってもいなかった。

　ウォルトは痩《や》せぎすで、神経質そうで、手の指の数ほども歯が残っていない一九歳の若者だ。九歳のときに母親が出ていったので、しばらく児童養護施設に暮らした後、やはり親に遺棄された友達といっしょに住み始め、互いに面倒を見合った。彼らの人生に登場する大人といえば、国の補助金の小切手を現金化する職員と警官だけだった。一年前の夏のある暑い日の午後、ウォルトと友人たちがたむろする家に麻薬捜査のガサ入れがあった。ジェファーソン・チャイトという野蛮で知性のない警官がパトカーから降りてきた。彼は地元の若者にいやがらせをすることを人生の使命としていた。家の裏で声がするのに気づいた。草の生い茂った裏庭では、若すぎる母親がビニールプールではしゃぐ小さな子どものグループを見守っていた。楽しそうだ。ウォルトと仲間は全員失業中で、時間が有り余っているので、母親としゃべりながら子どもたちが遊ぶのを眺めていた。

　暑い家の中でのジェファーソンの捜索は無駄に終わった。手ぶらで、顔の汗を拭《ぬぐ》いながら出てくる彼の姿は傍目《はため》にも滑稽《こっけい》に映った。少年たちは笑い、何やらささやきあった。大麻すら見つからなかったのだ。ジェファーソンは手の出しようがない。

「お前ってば、頭のおかしい変態かよ？」ウォルトがあざ笑った。

このひと言にジェファーソンは理性を失った。いやしくも警察官であるこの俺様をからかうとは何事だ？　ジェファーソンはつかつかと庭を抜けて、通りに戻った。もう少しでパトカーというところで、庭から呼びかける声がした。「いつかボコボコにしてやるからな、ジェファーソン。汚い黒んぼのろくでなし、ニガー！」

これには我慢ならなかった。猛スピードで引き返すと、何人かの少年たちは庭の塀を飛び越え、ウォルトは家の中に逃げ込むところが見えた。ジェファーソンはその言葉を吐いたのが誰かは見えなかったと認めながらも、ウォルトに間違いないと言っている。過去数年間に幾度となくウォルトと関わった経験から、声でわかったと主張している。

ウォルトを見つけるのは簡単だった。子ども用の二段ベッドの下に、体がはさまった状態で隠れていた。「ベッドの下から出て来い」。彼は命令した。ウォルトはてこでも動かない。ジェファーソンは身をかがめて出てくるようけしかけたが、ウォルトは動かなかった。

報告書によると、細部にこだわるジェファーソンは次に「ＰＲ24」を取り出したと言っている。インターネットでざっとサーチしたところ、ＰＲ24というのは警官の使う棍棒《こんぼう》の製品名だった。24はその長さが二四インチであることを示している。事情聴取中、彼は一貫してそれをＰＲ24と呼び、けっして棍棒とは呼んでいない。彼は棍棒フェチなのではないかという疑いが頭をもたげた。彼は棍棒に執着している。彼の手の中で、それは正義の執行人になった。

ウォルトが出てくるのを拒絶したので、ジェファーソンは棍棒、いや、PR24で彼の腕を打った。それでもウォルトはじっとしていた。ジェファーソンがふたたび殴ったので、ついにウォルトは観念した。出てきた彼は、治安維持法セクション四Aにより起訴された。それは人種差別的発言により膨らまされた軽犯罪だ。セクション四Aを証明するのは簡単だ。訴追人はただ、被告人が相手に「苦しみ、不安、または悲嘆」を引き起こそうと意図し、「脅し、虐待的または侮辱的な言葉や行動の使用により、その人物に（または、そこに居合わせているいないに関係なく、ほかの誰であっても）苦しみ、不安、または悲嘆を引き起こした」ことを証明すればいいだけだ。セクション四Aはかわいそうなウォルトのようなクズをしょっぴくための、オールマイティの違反行為なのだ。

ウォルトは、ジェファーソンに向かってボコボコにしてやるなどとは絶対に言っていないし、ニガーとも呼んでいないと言い張っている。ウォルトの悲嘆は、自分の言うことは信じてもらえないという点にある。「いっそのこと、罪状を認めようかな。どうせ誰も信じてくれないに決まってるから」と言っている。自分の口から出た言葉は信じてもらえないだろうという理由で、被告人が罪状を認めたくなるのはめずらしいことではない。ウォルトは私と同じで、それまで一度も勝ったことがない。彼の犯罪歴はエンドレスだ。私はこれまでの人生であらゆる小さな幸運を手にしてきたのに、彼にはそんなものは一つも与えられなかったのかもしれない。だが、その日の午後、私たちは運命共同体となり、互いのために闘った。ウォルトのために代弁することは正しいと感じられたし、必要だとも感じた。恵まれた者が、たとえ私のように無能な人間であっても、何ももたない者を代弁できるシステムがあることが、突然、とても頼もしく思えた。私はロンドンの金融街で金を儲《もう》けることも、大企業の払う税金をほんの少し減らしてやることもできたかもしれない。しかし、代わりにこの国の司法システムは、社会がみんなに軽蔑《けいべつ》せよと教えている誰かのために私を立ち上がらせたのだ。

証言の有効性は、信頼性、正直さ、正確さの三つに基づいている。無論、このカテゴリーは互いに影響を与え合うので、もし証人（訴追側の証人であれ、弁護側のそれであれ）について、これらの一つにでも疑いを投げかけることができれば、ほかのカテゴリーについても内側から蚕食《さんしょく》することができる。素人裁判官の治安判事はおそらく警察官が嘘をついているとは思わないだろうから、警察官の正直さを攻撃することから始めるのは、めったに最良の方策とはならない。そこで、ジェファーソンの証言の土台を揺るがすために、彼の警察官としての立場ではなく、むしろ彼の行動の信頼性を綿密に調べようと決意した。ジェファーソンの弱点は彼のPR24に対する愛だ。それはこのショーの主役になるだろう。問題はもはやウォルトが有罪かどうかより、なぜジェファーソンがそれほどまでに彼を叩《たた》きたかったかになる。

私「問題の言葉を聞くなり、庭に走って戻った。そうですね？」

ジェファーソン（以下、J）「そのとおり」

私「ウォルト以外の少年は全員、裏庭の塀を飛び越えていったのですね？」
Ｊ「はい」
私「彼らを捕まえようとはしなかった？」
Ｊ「ええ……たぶん。あの子たちが誰だかはわかっていましたし」
私「ウォルトは家の中に走り込んだ？」
Ｊ「はい」
私「彼のほうがずっと捕まえやすかったのですね？」
Ｊ「彼があの罵《のの》り言葉を吐いたのです」
私「どうか質問に答えてください」
Ｊ「はい。でも、それが？」
私「あなたは家に突入した。そのとき、防刀ベストを着けていましたね」
Ｊ「ええ」
私「催涙スプレーも握っていました」
Ｊ「自衛のためですよ。身に危険が迫る可能性があると思ったのでね」
（ジェファーソンは体重が一〇〇キロ近くある。ウォルトはせいぜい六五キロだ）
私「それが、報告書の中であなたがＰＲ24と言っているものも手にしていた理由ですか？ 自衛のためというのが？」

Ｊ「そうです」
私「法廷に向かって、ＰＲ24が何であるかを説明してください」
Ｊ「警察官用の棍棒です」
私「ウォルトを二段ベッドの下に発見しましたね？」
Ｊ「はい」
私「公判に先立つ聞き取りで、あなたはそのとき怯《おび》えていたと証言していますね」
Ｊ「はい」
私「ウォルトはベッドの下にはさまっていたのですよ」
Ｊ「いいえ」
私「ベッドの下にいたのでしょう？」
Ｊ「はい」
私「半ばはさまった状態で、ほとんど身動きが取れなかった」
Ｊ「いいえ」
私「ベッドの下にはさまっている、体の大きさがあなたの半分しかない少年を恐れたと、あなたは本気でこの法廷に向かって言っているのですか？」
Ｊ「彼は私を突いたのです」
私「突いた、彼が？　足首をですか？」

Ｊ「突いたんだ」
私「いや、あなたはただ彼を叩いたのでしょう？　あなたのＰＲ24で」
Ｊ「彼は突いてきた」
私「あなたが彼を叩いたのは、そうしたかったからです。激怒していたからです」
Ｊ「違う」
私「大男のあなたが、ＰＲ24で少年を叩いたのです」
Ｊ「自分の身を守ってたんだ」
私「ベッドにはさまっている少年からですか？」
（ジェファーソンはこの質問に答えない）
私「さあ、正直に言いなさい。怒っていたから少年を叩いたのだと」
Ｊ「それは違う」
私「彼に『頭のおかしい変態』と言われたから」
Ｊ「いいえ」
私「頭のおかしい変態だと」
Ｊ「いいえ」
私「彼にそう呼ばれたとき、ばかばかしいとは思いませんでしたか？」
Ｊ「ほかにもいろいろ言われましたので」

私「あなたはウォルト一人のせいにして、彼をＰＲ24で殴った。それは彼しかそこにいなかったからですね？」
Ｊ「いいえ」
私「いいですか？　あなたに教えてあげますが、彼の罪はただ生意気だったことだけなのですよ」

今回だけは、反対尋問の間にもウォルトはカッとならなかった。問題の言葉を大声で叫んだのは自分ではないという、彼サイドの説明を行った。いかにもノーザンプトンの住民らしくマーケットタウン（ノーザンプトンはマーケットタウンとして知られる）風の髪型をして、ロータリークラブのネクタイをした平べったい顔の三人の治安判事は、黒人の警察官（ノーザンプトンの警察では少数派）の肩をもつか、ウォルトの言うことを信じるかの選択を迫られた。

私はまたもや敗北を覚悟していたが、彼らは戻ってきてウォルトを無罪にした。ウォルトと私のどちらがより驚いただろう？　私たちは共に負け犬だったのに、今回は勝ったのだ。これはウォルトにとって重要な意味をもつ。生まれて初めて何かに成功したのだ。冷静さを失わなかったおかげで、彼は自分の言うことを信じてもらえた。たとえそれが一度きりの午後であっても、幾分かの自負心を発見してくれたのではないか？　人生を建て直すきっかけになってくれるだろうか？

それはわからない。だが、私が正義の実現をただ目撃しただけでなく、それに力を貸したことだけは確かだった。いろいろあったが、結局これは私にもできる仕事なのではないかと、初めて思った。

チェンバーに戻ると、この成功が諸刃の剣であったことを発見した。ノーザンプトンで私と組んだソリシタは私の成功に心底驚いたのか、以来、私をノーザンプトンに呼び戻し続けたのだ。

数週間後にウォルトの件で訴追側のバリスタだった女性にばったり会った。彼女によると、棍棒を持った警察官ジェファーソン・チャイトは私の反対尋問にはなはだしく気分を害され、公訴局に文書で不満を訴えたそうだ。それは私が刑事司法界で受けた最高の、そして唯一の賛辞だった。一瞬、この私はノーザンプトン警察で最も恐れられている男なのではないかという気がした。成功と賞賛に気をよくした私は、明らかにもっと重みのある難しい事件を扱う準備ができていると感じた。すなわち、陪審裁判を扱えると。

五、陪審裁判についてのありそうもない話

陪審制はイギリス司法の華

陪審裁判の仕事の何がそんなにいいのかって？　報酬は低いし、名声をもたらしてくれるわけでもないし、間違っても私たちをより魅力的で面白い人間にはしてくれない。オックスフォードやケンブリッジを第一級学位で卒業した人たちは、そんなものは目指さない。彼らは商法関連の訴訟を専門とするチェンバーに入り、神のおぼしめしを得て、七桁《ななけた》の所得（日本円で軽く一億円以上）に突き進む。彼らの時間は法廷には費やされない。巨大な頭脳をもつ彼らはチェンバーに座ってウバ鮫《ざめ》がプランクトンを吸い込むように情報を吸収し、次にそれらをシナプスに通過させ、洗練された法的主張が頭から金属的なチンという音とともに落ちてくるのを待つ。

もし彼らが法廷に行くことがあるとすれば、それは王立司法裁判所（控訴院や高等法院が置かれ

ている建物。中央裁判所施設ということもある）内の隠れ家のような部屋で、裁判官の前で不正な銀行取引を念入りに調べるためだ。それはまたとてつもなく長くかかる。悪名高い例としては、時給一〇〇〇ポンドもの料金を請求できるある商法専門の大物勅《ちょく》撰《せん》弁護人*は公判の開始までに八〇日を調査に費やした。まだ一人の証人喚問さえ始まっていないのに、すでに八〇日も！彼の依頼人である銀行は気にしない。どうせ支払うのは株主なのだから。だが、そんなことを陪審員の前でやってみるがいい。裁判官にけしかけられて、彼らは私たちの脚でも折りかねない。

商法と公文書（株式、信託、遺言書）を専門とするバリスタたちは、刑法のバリスタたちを頭の悪い従兄弟《いとこ》というとらえ方をしている。彼らからすれば、私たちは下級の仕事や人形劇のない、法律家というよりむしろドタバタ喜劇の駄馬なのだ。『パンチとジュディ』（パンチとジュディは夫婦で、イギリスの代表的人形劇）程度の殴り合いしか扱う能力がある。私たちの仕事、すなわち陪審員による裁判には、派手で天文学的な報酬が得られる商法関連の争議にはない重要性や神秘性がある。

市中にいるごく普通の人々に刑事裁判の場面を描いてもらうと、裁判長と陪審員、バリスタ、そして被告席にいる被告人の姿をスケッチするだろう。陪審裁判とそこに登場する人々の服装は、私たちの集団的潜在意識のなかに存在している。もし、もう少し詳細を付け加えるように

*原注　勅撰弁護人（QC）は絹の法服を着るため、シルクと呼ばれる。

いわれたなら、彼らは、神が雲の上から見下ろすように法廷の高い位置に裁判長が座しているヴィクトリア朝風の法廷の情景を描くだろう。それは刑事裁判のバリスタなら誰もが最終的に目指すベイリーの第一法廷にかなりよく似たものになると確信する。

　私はオックス・ブリッジにはとても手が届かなかったし、試験官をうならせたことも一度もない。それがたぶん一九八六年の会社法に没頭するという高収入の楽しい道を選ぶ代わりに、おろかにも第一法廷で闘う道を目指した理由だったのだろう。別にヴィクトリア朝風の壮麗さに憧《あこが》れたわけじゃない。刑事裁判のバリスタのなかにはまともな収入を捨てて例の奇抜な衣装を選んだという人も多いが、私はあのくだらないウイッグと法服など、いつ捨てても惜しくない。私が惹《ひ》かれたのは、仰天のどんでん返しを引き起こす証拠が提出されていくにつれ、傍聴席からの叫び声や、意味深な沈黙、激しい感情の爆発や諦《あきら》めきった無言が繰り広げるドラマなのだ。刑事裁判の法廷が面白いのは、さまざまな人間の姿こそが、そこでやりとりされる通貨だからだ。そこでは、真実を露呈する細かい点に鋭い目を据えて、半面の真理、悲劇、悲運、哀れな嘘、救いようのない愚かさ、底なしの強欲や、自己抑制の喪失が丹念に調べ上げられる。

　ほかの国々の司法制度もそれぞれ興味深い設定や物語を提供してくれるが、イギリスのコモ*ン・ロー（判例法、不文法）は聴衆を、それもただの聴衆ではなく、投票権のある聴衆を呼び入れるという離れ業をやってのけた。陪審員なくして真のドラマは生まれない。ただ一人の裁判長が座しているだけなら、数人の証人を呼んできて、一つか二つ法的議論をし、判決をドキドキしながら聞くだけだ。陪審員がいるということは、刑事法廷が構成と登場人物とプロットに情熱を注ぎ込んだ一種のショーを催さなくてはならないことを意味する。真に華麗なドラマは第一法廷の木製パネルとスタッコ仕上げの壁の中ではなく、市井《しせい》から無作為に引っ張って来た一二人の人々のために上演される高潔な劇場の中にこそある。

私はその一二人の人たちのためにバリスタになった。陪審員がいれば、この私でさえ勝つチャンスがあると思ったのだ。私はずっとミュージックホールの歌って踊れるスターに、つまりジェームス・キャグニー（アメリカの俳優）に憧れていた。だが、生まれるのが六〇年遅すぎたのはいうまでもなく、音痴のうえに不器用だったので、こんな男にとっての最後の希望は刑事法廷という舞台だった。それは私が見つけることができた、ミュージックホールに最も近い性格の仕事場だった。

バリスタは（ギャラを取れる歌手も同じだが）レパートリーと独自の表現スタイルをもちながらも、アドリブもできなくてはならない。さまざまな場面に即興で対応し、ジョークを言い、観衆に息をのませ、涙を流させ、そしてもし絶体絶命の窮地に立たされたなら、めくるめく説

＊原注　コモン・ローは、ヨーロッパの伝統的なローマン・ロー（ローマ法）の対概念となるイギリスの司法伝統を描写するのに使われる言葉である。コモン・ローと呼ばれるゆえんは、それが君主の権威をバックに、地方の規則や習慣に優先し、すべての人に適用されるからである。コモン・ローはまた、議会が定めた法ではなく、裁判官の判決が確立されて判例となり、将来の裁判がそれに従うことを前提とした法である。

得力で法を論じなければならない。これをうまくやってのけるには、リスクや賭《か》け事が好きであることが絶対不可欠だ。なぜなら、法廷では私たちはみんな賭け事師で、運に左右される勝負で腕を試したがっているからだ。裁判はパラシュートなしで未知の場所に飛び降りるようなものだ。立ち上がって陪審員に向かって演説するときに、みぞおちに広がる不快で不健全な恐怖を楽しむようでなくてはならない。予測のつかない証拠の魅力を愛さなくてはならない。勝敗の分かれ目となる最後の質問をせよと冷ややかに勧める頭の中の執拗《しつよう》な声に、喜んで従うようでなくてはならない。

陪審制は、私たちにも依頼人にもまったく借りのない無作為に選ばれた聴衆の前で、とてつもなく大きなものを賭けて演じられるリアルライフのドラマである。一見、それはクレージーなシステムだ。一二人はただイギリスに五年暮らし、犯罪歴がなく、誰が見ても正常な人間であるというだけの条件で選ばれている。これは本当に、判断に偏りのない裁判官がすべての証拠を審査するヨーロッパ大陸諸国の制度よりいい制度なのだろうか？　もっと重要なのは、より公平なのだろうか？　コインを投げるよりましなのだろうか？

実のところ、陪審制の神秘とパワーの大部分が、私たちのそれに対する信頼のなかに存している。それは何かを表明し、私たちが住んでいる社会と、私たち自身を定義する。陪審裁判はイギリス（またはアメリカ、オーストラリア、ニュージーランド、カナダ……）の国民としての私たちの権利になっただけでなく、圧政的な国家から個人の自由を守る不思議な防護壁になった。ウイリアム・ブラックストンは一七六五年に著した刑法と訴訟手続きに関する本の中で、陪審制の重要性を次のように述べている。

陪審制はこれまでも、そしてこれからも永遠にと私は信じるが、イギリス法の栄光であるととらえられるだろう……それは、資産や自由や自身が、隣人であり自らと対等でもある人たち一二人の全員一致の同意以外の何ものからも影響を受けないということを、あらゆる臣民が楽しみ、もしくは所望することができる最も超越した特権である。

二五〇〇年後の現在も、私たちの陪審制に対する半宗教的な信頼は揺らいでいない。サダカト・カドリは著書『裁判：その歴史、ソクラテスからＯＪシンプソンまで』（*The Trial: A History, from Socrates to O.J. Simpson*）の中で、私たちの信頼の源は陪審員そのものにあるのではなく、それを取り巻く報道にあると述べた。一般市民から構成される陪審員による裁判は、その名が示すとおり、公衆の審査にさらされる。一七世紀までは面白い裁判はパンフレットや新聞に書き立てられ、一般市民はそれをむさぼるように読んだ。当時、人々は一家揃って弁当持参で裁判の見学に出かけていた。正義は人々の見ているところで執り行われたのだ。

ローマ教皇インノケンティウス三世によるキックオフ

陪審制の正確なルーツについてははっきりしないし、意見の分かれるところだ。それはイングランドとフランク王国の過去のどこかに絡み合って存在する。ある情報を男性何人かで検証し、それが真実であると認証する——ということで起源を探れば、明らかにはるか昔にさかのぼる。暗黒時代には神への宣誓者（jurant）であるがゆえに陪審員（jury）と呼ばれた人たちが、土地の境界線についての揉《も》め事を解決したり、所定の土地の家畜の数を認定したり、犯罪の被疑者の名前を明らかにしていた。一〇六六年以降も、ノルマン人はアングロサクソン人の「陪審員が告発する制度」を存続させた。この時代の陪審員たちは被疑者の名を挙げはしたが、有罪か無罪かの決定は行わなかった。それは神判もしくは決闘裁判に委ねられていた。

陪審制のルーツははっきりしなくても、その刑事裁判への移行についてははるかに正確にわかっている。一二一五年、ローマ教皇インノケンティウス三世と第四ラテラン公会議は、聖職者たちが（当然だが）料金を取って神判を仕切ることを正式に禁止し、それにより神判を廃止した*。神判の一つの方法は、赤く焼けた火かき棒（容疑が弱い場合には、少し冷めたもの）を被疑者の手のひらに押し付け、それから包帯を巻く。数日後にその手を調べ、もしきれいに治りつつあればその人物は無罪。もしそうでなければ、手のひらの火傷どころではない拷問が待ち受けていた。決闘裁判は、有罪か無罪かを判定するために一般的に認められていたもう一つの方法であったが、大多数の人々にとっては実行不可能で、すでに廃止の方向にあった。だが、一八一九年に、異常なまでに綿密に準備をした上訴者が、文字どおり自分の装甲手袋を投げつけて決闘裁判の権利を要求するという事件が起きて初めて、決闘裁判は正式にイギリスの法令集から除外された。

神判や決闘裁判が廃《すた》れると、それに代わる新しい方法が必要になった。ヨーロッパ大陸の国々はローマ人の教会法に基づく法律の導入でその空白を埋めたが、イングランドでは、教会法の「死刑に値する犯罪の被疑者は、二人の目撃者がいるか、自白があった場合にのみ有罪にできる」というルールに嫌気がさして、導入を留保していた。そのルールは、理論上は裁判官の横暴さやミスを防ぐために存在していたのだが、現実には、自白を引き出して有罪判決を確定するために、裁判官が「医学的証拠」という拷問を認めていることを意味した。なかでも脚を強打してその傷口に熱湯をかけるというのは、訴追人から証拠審査の負担を取り除いてくれる信頼性の高い方法だった。イングランドが代わりに選んだのは、一二一九年の勅令により告知された、陪審員による裁判だった。この新しいシステムは必ずしもヨーロッパ大陸諸国の方法ほど野蛮でないというわけでもなかった。被疑者が罪状認否を拒めば、それは陪審員や裁判

＊原注　ラテラン公会議は、堕落した罪人である人間に、はたしてつまらない世俗的な問題について神の仲裁を求める権利があるかどうかを問題とした。

所の権威を認めていないことを意味したので、すぐさま投獄され、翻意しなければ圧死するまで重石をのせられた――これは「過酷な苦痛」として知られている。

一三世紀の陪審制は今日のものとはまったく異なる制度であった。当時の陪審には、被疑者を起訴するかどうかを陪審員が決める起訴陪審（大陪審の原型で、イングランドでは一九三三年に廃止となったが、合衆国では継続中）と、陪審員が公判で審理を行う小陪審の両方があった。二つは完全に別の集団ではなく、しばしば起訴陪審のメンバーも審理に加わった。彼らはただ評決を下すだけでなく、事件の調査もすれば、公判で質問もした。陪審員は地元から選出されていたので、隣人として被疑者が何者かを知っており、ある意味、犯罪調査をしたり、被疑者の性格を判断したりするには打ってつけだったのだ。評決は、事件についての知識よりも既成事実がベースに下されていた。証拠や証言といった概念はまだ存在していなかったのだ。陪審員は争点となっている問題において正しい答えに達する責任を負っていた。彼らはかなり寛大で、公判の約四分の一しか有罪の評決に至らなかった。

振り子は起訴へと振れる

最初のうち、「国王の平和の破壊」の罪を別にして、起訴は市民によってもたらされる私的な問題だった。私人訴追は一九世紀まで続くのだが、一四〇〇年代に早くも国は被告人を無罪にする傾向にある陪審にいらだち、しだいに（政府の政治的利益に関わる）起訴の重要性に関心を抱くようになった。やがてチューダー朝の興隆と同時に起きた一六世紀の国王裁判所の拡張により、徐々によりいっそう組織化した刑事訴追システムが出来上がっていった。重要な改革は治安判事の導入だった。治安判事は地方のジェントリーから選ばれた。今日とほぼ同じで、治安判事は比較的重要でない犯罪を審理し、よりシリアスな事件は国王の巡回裁判所が国中を回って裁いていた。治安判事の最も重要な役割は、かつては起訴陪審の特権だった公判前の調査を行うことにあった。これは、事件の真実の解明については、もはや陪審員に依存しなくてもいいことを意味した。治安判事は捜査と逮捕の令状を発行でき、訴追側証人の公判への出席を要請し、勾留中の人々を公判まで再勾留する権利を有した。彼らは中立的な調査員ではなく、被告人を有罪に導くよう私人訴追を助けた。

このように訴追側の職権はセミプロ化しつつあったにもかかわらず、被告人は代弁者をもたなかった。被告人側証人の公判への出席を要請するのは、完全に裁判官の裁量に任されていた。ほとんどの被告人が一人きりだった。起訴の内容も知らされず、誰が訴追側の証人なのかさえ、彼らが被告人を糾弾するために公判にやって来るまでわからなかった。

一九世紀までは、被告と原告の対決が刑事裁判の目玉だった。陪審員はむしろ弁護人の暗号のような言葉より、訴追側の申し立てに対する被告人自身の言葉による自然な応答を評価した*。特に被告人が潔白である場合には、彼らが話している間に何か不思議なことが起きると一般的に信じられていた。一八世紀の法学者ウイリアム・ホーキンスは、被告人が言葉で我が身の潔白を証明しようとするときの飾り気ない正直な自己弁護に、「特別のテクニックは必要ない。良心ゆえに罪を犯すことができない人物の率直で飾らない振る舞い、すなわち素朴さと純真さは、……他人の問題を弁護する最上級の雄弁より人の心を打ち、説得力がある」と述べている。

私は被告人が信じてもらえたかどうかは、「素朴さと純真さ」などという魔法より、むしろその人物がどのくらいよい印象を与えたかにかかっていただろうと推測する。教養のある流暢《りゅうちょう》な人物や生まれつきの役者は、口下手で無教養な人より、信じるに足る誠実な人物だと思われる可能性が高かった。能力がどうであれ、ともかく速く話す必要はあった。今日と違い、当時の陪審裁判は猛スピードで進行したからだ。被告人は通常一五分かそこらで審議され、有罪を宣告されていた。陪審員はしばしば各ケースに対する評決を頭のなかに留めおきながら、一度にいくつもの審理をこなしていた。

裁判官VS陪審――政治的駆け引き

ピューリタン革命後には、政治的な動機をもつ裁判官と独立精神に富む陪審の間の相克が、陪審裁判に古くから存在していた構造的亀裂をより広げる結果になった。それは要するに、事実認定において、どちらに最終的な権限があるかという問題だった。裁判官か、それとも陪審員か？　確かに陪審員は何が事実であるかを決定する。問題は、彼らが誤っている可能性があるかどうかだ。たとえ彼らの判断が証拠の重さに反していても、その決定は覆せないものなのだろうか？　それとも、誤った評決は事実上の嘘であり、したがって裁判官が罰することのできる偽証行為なのだろうか？　疑わしい評決をした陪審員に対して罰金が科せられた例がないわけではない。

陪審裁判の核心にあるこの矛盾を解決したのは、二人のクエーカー教徒――提督の御曹司のウイリアム・ペンと生地屋《きじや》のトーマス・ミード――の裁判だった。王政復古でチャールズ二世が即位すると、彼の新政府はさっそくチャールズが首長であるイングランド国教会の権威を回復させるべく行動を起こした。彼らの採った政策のなかでも最も圧政的なものは、非国教徒が五人以上のグループで礼拝することを禁じるコンヴェンティクル条令だった。違反すれば絞首刑か流刑になる大罪だ。一六七〇年八月、この条令が更新されることになった。ペン、ミードと約四〇〇人のクエーカー教徒は条例への反対運動として、グレースチャーチ・ストリートのホールで祈りの集会を開く計画を立てた。だが、彼らが到着すると、ホールには鍵《かぎ》が掛かっていた。ペンはこの機に乗じて、集まった人々相手に路上で演説を始めた。警察が彼に飛びかかった。

＊原注　被告人は偽証罪を犯したせいで魂が地獄の業火で永遠に焼かれる運命にならないよう、宣誓証言することを禁じられていた。この法律は一八九八年に刑事証拠法が通過するまで廃止されなかった。

二週間後、彼とミードはベイリーで裁判にかけられたが、罪状はコンヴェンティクル条令に対する違反ではなく、無秩序な群集に向かって演説をすることを禁じるコモン・ローに対する違反だった。争点は信教の自由か権威主義的国家管理かという異例のものになった。熱狂的な王党員のロンドン市長サイモン・スターリングと記録裁判官トーマス・ハゥウェルが裁判官を務め、同時に訴追人も兼ねていた。ペンとミードの言い分は、路上で演説はしたが、暴力を誘発したわけではないので違反行為はしていないというものだった。

これは誠に不快な裁判であった。公判が開始される前に、ペンとミードが法廷で帽子を取らない（クエーカー教徒の奇癖）という理由でハゥウェルが重い罰金を科したときに、すでに基本姿勢は示されていた。弁護士としての訓練を受けたペンは公判の大部分を法廷の地下の穴蔵で過ごすことになったが、それは彼が不心得にも抗弁をしようとしているという理由でハゥウェルが閉じ込めたからだった。訴追側の証人たちはあまり優秀ではなかった。彼らはペンとミードが群集に向かって説教をしていたのは覚えていたが、その内容は思い出せなかった。証人喚問の終わりに、陪審団は評決に達することができなかった。八人は有罪を、四人はエドワード・ブッシェルという陪審員の説得で無罪を推したからだ。討議を続けて裁判官の要求する有罪評決を出すべく、陪審員たちは退廷させられた。しかし、戻ってきた彼らは、記録裁判官と市長に悪い知らせをもたらした。ブッシェルが陪審員長に選ばれていたのだ。しかも、さらに悪いことに、ペンに対しては路上で演説をした罪で有罪（コモン・ローのもとでは違反行為ではないが）、ミードに対しては無罪の評決に達していた。同公判の筆記録には「市長と記録裁判官は、両者とも憤慨のあまり理性と礼儀の限界を完全に超えてしまった」とそっけなく記されている。

当時、もし評決に達することができなければ、陪審員たちはまとめて牢獄《ろうごく》に入れられ、食べ物も水も、蠟燭《ろうそく》さえも与えられなかった（評決を出すまでは陪審団をばらばらにできないという決まりは一八七〇年まで廃止されなかった）。記録裁判官のハゥウェルは歯ぎしりをしながらだっただろうが、「紳士諸君、法廷が承認できる評決を出すまで、あなたがたに解散はない。それまであなたがたを、肉、飲み物、火、タバコなしで投獄する。だからといって、法廷を罵《ののし》ることなど考えてはならない。私たちは神の助けにより評決を得るであろう。もしくは、あなた方は飢えるであろう」と言えるまでに平静さを取り戻した。

かくして、その脅しを耳の中に鳴り響かせながら陪審員たちは被告人とともにニューゲート刑務所に放り込まれ、すこぶる不快な夜を過ごすことになった。

翌日、法廷は再招集をかけたが、陪審団は主張を曲げなかった――ペンはグレースチャーチ・ストリートで演説をした、ただそれだけだと。気に入らない、と裁判官は怒鳴った。陪審員と被告人はまたぞろニューゲートに送り返された。翌日、陪審団は評決の内容を変えたが、それは市長や記録裁判官の望んだ方向への変更ではなかった。ペンとミードの両被告人を完全無罪にしたのだ。二人の裁判官は烈火のごとく怒った。ハゥウェルは〝不当な評決〟を提出したという理由で、陪審員全員に巨額の罰金を科した。しかも、すぐに支払わなければ終身刑に処すと告げた。ブッシェルとほかの三人の陪審員は支払いを拒絶。即刻、ふたたびニューゲート送りとなった。

ニューゲート行きは単に幽閉ではなく、長期的には死刑にも値した。当時の刑務所には監獄熱（きわめて悪性の発疹《はっしん》チフス）や赤痢が蔓延《まんえん》していた。八〇年後の一七五〇年には特別に感染力の強い伝染病が発生し、ニューゲート刑務所で公判を待つ収容者の五分の一と、「裁判官二人、裁判所のさまざまな職員、ロンドン市長」や「それほど大物ではないが、バリスタ、二〜三人の学生……ほかにも仕事や好奇心でそこを訪れた四〇人あまり」が命を落としている。だが、ブッシェルは死ななかった。

獄中生活も二ヵ月半に及んだころ、首席裁判官のヴォーガンがブッシェルの人身保護命令を審問した。それは、勾留の合法性を検証するために、当事者の身柄を裁判所に提出させる手段であった。ここでヴォーガンの下した「陪審員が誠意をもって行動したなら、裁判所は評決のいかんで彼らに罰金を科してはならない」という結論は、イングランドのコモン・ローの将来に大きな影響を及ぼす裁定の一つとなった。ヴォーガンは、自分の見聞きしたことを神に誓う証人と、このような証人の宣誓証言から自らの知力と能力により推測し結論できると宣誓する陪審員とを、はっきりと区別した。言い換えれば、証人の知っていることと、陪審員が信じることの間には根本的な違いがあるということだ。

ヴォーガンの裁定がきわめて重要なのは、それにより、裁判官が処罰を与えるという脅しで評決を左右できなくなり、したがって、国が不都合な人間を好きなように投獄できなくなったからだった。多くの場合、証拠に対する見解において陪審員は裁判官に同意し、さらに法の適用の仕方についても裁判官の指示を傾聴するかもしれないが、彼らはそれに縛られはしない。有罪無罪の決定は陪審の領域であり、彼らのみの領域である。たとえ証拠が被告人の有罪を指し示していたとしても、陪審員はその受け入れを拒絶できる。ヴォーガンは陪審員に、法律の条文や証拠の重みがどうであれ、自らの良心に反すると判断すれば、その論証を無視するパワーを与えたのだった。以降、陪審は抑圧的な国家による略奪から個人を守る防護壁であるとの理念が保証された。それは今日まで引き継がれている信条である。

弁護士のあけぼのと厄介なルール

しかしながら、ヴォーガンの裁定は、一六七八年のカトリック教徒による国王チャールズ二世暗殺計画が捏造《ねつぞう》された「カトリック陰謀事件」の見せしめ裁判からも、また、国王ジェームズ二世に対する蜂起《ほうき》を率いたモンマス公（チャールズ二世の庶子）の支持者を罰するために裁判官ジェフリーが開いた「血の裁判」からも、人々を守りはしなかった。このような恐怖裁判は腐敗と絶対王政とそれを黙認する司法の表出だと見なされ、部分的には名誉革命や、議会至上主義の再要求への弾みとなった。名誉革命のもたらした根本的な変化には、刑事裁判制度に長期にわたって深く影響を与えることになる裁判所の改革も含まれていた。チャールズとジェームズ両国王のもとで行われた司法による殺人への対応として一六九六年に通過した反逆罪法は、史上初めて被告人に弁護側の証人を呼ぶ権利を与えた。また、これは私の利己的な見地から重要なのだが、反逆罪で起訴された被告人に、弁護人に代弁してもらう権利を授けた。しかし、それから長い間、この改革の効果はまったく表面化しなかった。この法令が、弁護人の聴取する権利を反逆罪の裁判のみに制限していたからである。

それが提供したのは、弁護人が被告人の代わりに公判に現れるというコンセプトへの法的な足がかりだった。この法令は潜伏細胞のような働きをした。いったん議会が法のなかに先例を定着させると、裁判官は弁護人の聴取の権利を徐々にほかの重罪の起訴にも広げていいと感じた。現実には、大多数の裁判が依然、弁護士抜きで訴追され弁護されていたが、一七八〇年になって初めて、反逆罪法の開けたドアを通っていた弁護士の細流が大きな流れになった。

訴追と弁護の両サイドにプロフェッショナルな弁護士が登場したせいで、裁判官と陪審員という昔の立役者はゆっくりと背景に押しやられていった。裁判官は法廷の議長を務める影響力の大きなレフェリーではあるが、だんだん受動的になっていった。陪審員たちもまた、質問をしたいという気も失せて無言になった。かつては間違いなくショーの主役を張っていた被告人さえ、きらりと光る脇役に甘んじるしかなくなった。気づくと、中立の立場にあるとされる裁判官よりも偏った立場にある弁護士たちが刑事裁判を仕切っていた。それは穏やかな反乱だった。

弁護士が数々のルールをもたらした。一八世紀初めまで、証拠についての正確な概念は確立していなかった。依頼人を助ける証拠は採用し、役に立たない証言は除外して弁護を展開するうちに、さまざまな訴訟の判決から、証拠についての一群のルールが確立されていった。「公判の最中に証人が事実や意見の証拠として述べた証言以外の発言」である伝聞証拠を証拠とは認めないルールが確立したのは、この時期以降だった。

両極から活発にそれぞれの自説を展開する負けず嫌いの弁護士たちは、真実の追求を目的とする裁判を必然的に土台から揺るがした。弁護士たちはウイリアム・ホーキンスと違い、宣誓証言において「素朴さと純真さ」が被告人を有罪判決から救うとは信じていなかった。彼らは訴追側証人の証言の正当性に挑戦し、崩さなければならないと考えていた。弁護士が登場した結果、裁判は二つの対立する説の激しいぶつかり合いになった。なかでも証人に対する反対尋問ほど、裁判の敵対的な本質を具現する場面はない。刑事訴訟の弁護士の最初のスターとなったウイリアム・ガローは反対尋問の目的を次のように述べている。

被告人の弁護人として立つ私たちに許されているのは、私たちが思いつく質問により陪審員の観察力に訴え、証拠に対し不信を抱かせるよう尽力することである……。

ここでキーとなる言葉は「証拠に対して不信を抱かせる」であり、ここには証人自身も含まれている。反対尋問のパワーについてのガローのこの控えめな表現は、まったくもって率直でない。彼の手にかかると、それは破壊的な武器になった。『オールド・ベイリー開廷記録』に残る、路上強盗の原告ウイリアム・グローブとのやり取りに、その容赦《ようしゃ》ないスタイルが記録されている。グローブは被告人ジェームズ・ウィングローブから強盗の被害にあったと申し立てていた。そしてその話の真実性を高めるために、ほかにも二人の男がやはりウィングローブに強奪されたと地元の治安判事に訴えていると主張した。

ガロー　「その二人の男は誰ですか？　彼らについて少し話してください」
グローブ「ここにはいません」
ガロー　「どんな仕事をしている人たちですか？　ムーンライト（密輸入者）なのではありませんか？」
グローブ「ムーンライトではありません」
ガロー　「密輸業者なのではありませんか？」
グローブ「知るかぎりでは、そうかもしれません」
ガロー　「それで、彼らは強盗にあったと、あなたに言ったのですね？」

グローブ「はい」
ガロー「彼らはミスター・ウィンググローブを告訴しましたか？」
グローブ「告訴の意味がわかりません」
ガロー「わかっていらっしゃるでしょう。あなたは告訴にかなり慣れている。そのあなたの仲間の二人の密輸業者はこの被告人を告訴しましたか？」
グローブ「彼らは私の仲間の密輸業者ではありません」
ガロー「あなたの友人ですか？」
グローブ「友人ではありません」
ガロー「彼ら、つまりこの二人の男は、ミスター・ウィンググローブを強盗罪で告訴しましたか？」
グローブ「はい、彼らは告訴しました」
ガロー「発言を変えないでください、マスター・グローブ」
グローブ「どう言っていいかわかりません」
ガロー「では私が教えてあげましょう。宣誓して、これらの二人の男は翌日に治安判事の事務所を訪れてもいないし、ウィンググローブは彼らに強盗を働いた男たちの一人でもなかったと言えばいいのです」

ガローはグローブに二人の男は告訴などしなかったことを認めさせた。ガローの信頼性を破壊し、嘘つきとしてさらし者にしたうえで、ガローはそのような訴えを起こした動機の解明に移った。すなわち、路上強盗を有罪判決に導く証言に対して支払われていた法定報酬である。

ガロー「ご存知でしょうが、誰かを絞首刑にして四〇ポンドの金を得るなんてことは、普通に起きることではありません。あなたはステインズのコックで、有罪判決をもたらした場合の報酬について、誰かと話していませんか？」

グローブ「一〇〇回でも質問をしてください。知ってることはお答えします。いえ、報酬のことなどけっして何にも。あそこにはいました。あそこで彼らは報酬について尋ねていました。そのー、いっしょに飲んでましたので、これは正直に言いますが、私は報酬のことなど何にも知らないと言いました。そんなことはいっさい話していません。報酬のことなどけっして口にしてません。それだけは言えます。何の報酬についても、何も言ってません」

この時点までにグローブは戯言《ざれごと》をくどくどとしゃべる死のスパイラルに落ち込んでいた。彼の答えは的外れだった。彼にダメージを与えたのは、ガローが質問の形で持ち出した四〇ポンドの報酬の話だった。ガローは引き続き、やはり強盗にあったと訴えているグローブの息子に攻撃の矛先を向けた。

「四〇ポンドの報酬で、何色の服を買ってもらうことになっていたのですか？」彼は質問した。

「あなたのお父さんは、自分の話に口裏を合わせたら新しい服の上下を買ってやると約束したのではありませんか？」

こういったやり取りを読んでいると、グローブを追いつめて告訴を取り下げることを認めさせるに至るガローの声に、辛らつな皮肉が聞き取れる。ガローのような弁護士は、今日同様、金のためにどちら側にでもついた。彼らの多くが当てにならなかった。彼らを買ったつもりでも、彼らは必ずしもその人の側につき続けはしなかった。当時のソリシタは、バリスタに訴訟摘要書と料金を送り、受け取ってもらったのに、公判に現れなかったとぼやいている。摘要書の受理を確実にするには、前払いで追加の依頼料を支払うしかなかったのだ。

このような仕事のやり方に、意地の悪い反対尋問と証拠をめぐる策略が加わるのだから、ガローが現れる前から、すでに刑事訴訟のバリスタの評判が悪かったのも無理はない。一七六四年に配布されたパンフレットには、法律を学ぶ学生たちに「単なるオールド・ベイリーの弁護士という名と地位が、いかに不面目に響くか」と警告している。一九世紀半ばの『ロー・タイムズ』はさらに率直だ。「世界は……知っているし、昔から知っていた。〝オールド・ベイリーの弁護士〟というのが、不名誉と醜行の代名詞であることを」

私はそういった中傷を賞賛の言葉として受け取る。危ない橋を渡るのは、しばしば無罪放免を勝ち取る唯一の方法なのだ。一八世紀や一九世紀の初期には、賭けられているものは今日よりはるかに大きかった。判断を誤れば、依頼人はただ刑務所に行くだけではすまず、絞首刑にされた。ガローは単に並外れて有能な弁護士だっただけではない。法についての議論を展開しながら、黙秘権と、何ぴとも有罪が証明されるまでは無罪であるという仮定を確立するのに重要な役割を果たした。これは今日、私たちが公正な裁判の本質とするコンセプトである。

ガローのグローブに対する反対尋問の論旨にはきちんとした下地があった。当時、盗賊を捕まえることを生業とする盗賊捕方は、報酬目的でよく人をはめていた。それは腐敗した無節操な行為だが、当局は有罪判決を得られるので見て見ぬふりをしていたのだ。

最も悪名高い盗賊捕方は、人々を騙《だま》して窃盗に加わらせていたマックダニエルとその一味だ。窃盗の被害者もまた、彼らの一味だった。カモが窃盗を行ったあと、被害者は警察にカモを密告し、公判ではカモに不利な証言をする。カモが有罪となり、絞首刑になると、彼らは報酬を手に入れた。マックダニエルとその一味の犯行は最終的にはばれたが、当局は彼らを殺人罪で告発することはできなかった。だが、偽証罪で有罪になり、さらし台にさらされ、一人は石を投げられて死に至った。

弁護士は不公平をなくす職業だった。けれども、彼らが必ずしも貧しい人たちを助けたわけではなかった。一七五七年、エレナ・エッドエイカーズは債券の偽造罪という重罪でベイリーで裁判にかけられた。なぜ弁護士に代弁してもらわないのかと尋ねられた彼女は「ポーターを雇う六ペンスすら残っていないのに、弁護士の費用などどうして払えましょう。もし私が死ぬことになるとすれば、それは私が貧しいからです。仕方がありません」と嘆いた。彼女は絞首刑になった。法的助言を受けたなら、彼女は命を落とさずにすんだだろう。偽造罪の場合、訴追側が二種類の起訴状を用意することは割合知られている。一つ目は偽造をした罪で死刑が科されるが、二番目は意図をもって偽造紙幣を使用したという罪で、アメリカ大陸の植民地への流罪となる。被告人が二番目の起訴事実に対し有罪答弁をしたなら、訴追側は一番目については証拠審理をしなかった。

一九世紀には、刑事司法制度の専門職化が加速度的に進んでいった。弁護士たちは証拠についてのより複雑なルールの間をたくみに舵取《かじと》りしていった。新しく組織化された警察が犯罪捜査を乗っ取り、犯罪を発見するテクニックを開発し、その精度を高めていったが、それは証人と書類の増加を意味した。こういった傾向のドミノ効果として、公判はどんどん長くなっていった。一八〇〇年、ベイリーでは一つの法廷で一日に二〇件の公判をこなしていた。司法は敏速だったのだ。公判の時間が長くなることは、司法制度が機能しなくなる危険性を意味した。その結果、陪審裁判は制限しなくてはならないと決断された。議会が介入し、治安判事裁判所で即決裁判手続き（陪審員なし）で裁くことができる違法行為の数を大幅に増やす法令を次々と通過させていった。

切り分けますか?

司法の車輪を回転させ続けるもう一つの方法は有罪答弁だった。一九〇〇年代までは、エレナ・エッドエイカーズを救えたかもしれない、訴追側と弁護側との間でたまに行われる取引以外では、有罪答弁はまれだった。裁判官は当時の教育により、被告人に弁護人がついていない場合、被告人が法律に熟知していないことにより不利益をこうむることがないよう努めることが自分たちの職務だと信じていた。実利的な現実が古い原則を侵食し始め、一九世紀後半にはすべてが変わった。裁判官は被告人が起訴事実を認めることを願い、罪を自白する者には量刑の軽減という形での褒美《ほうび》を与えることで自白に動機を与えるようになった。この褒美は今日では法律で正式なものとなっている。被告人の誰もが、もし有罪答弁をすれば、最大で量刑の三分の一を減らすことができると知っている——それが刑務所に入るか入らないかの違いを生むこともある。訴訟が陪審裁判となる率は、過去二〇〇年の間に九〇パーセントから今日の二パーセント程度にまで低下した。

被告人がバリスタの業界用語でいうところの「完全なワル」でないかぎり、有罪答弁は刑事司法の世界で「訴訟を切り分ける」と呼ばれる取引により実現する。これは実に言い得て妙な表現だ。エキスパートの手が証拠にナイフを入れ、双方が同意できる割合に切り分ける場面を想像してほしい。具体的な例を挙げよう。あるバリスタが住居侵入窃盗とオートバイの窃盗で起訴されている被告人の弁護を引き受けているとする。彼は公判の初日に裁判所にやって来た。訴追側のバリスタがバーで卵料理とベーコンを食べている。弁護側バリスタは彼ににじり寄って言った。

「この訴訟、切り分ける気はありませんか?」

訴追側が答える。「何を提供できますか?」

「オートバイの窃盗を不起訴にしてもらう代わりに、住居侵入窃盗に有罪答弁するというのは?」

訴追側バリスタは卵料理の残りを揚げパンでぬぐい取りながら、この提案を検討した。「これではどうでしょう」と、彼は口に食べ物を含んだまま言った。「住居侵入窃盗に関するすべての事実（たとえば、念入りな計画をしたという証拠など。これは量刑を重くする）を提出すれば、オートバイのほうは取り下げますよ」

弁護側はにやりとして言った。「それでいきましょう」

この時点ではまだもう一つ、決定的に重要な仕事が残っている。彼らはそれぞれの依頼人を、この取引に同意するよう説得しなくてはならない。訴追側バリスタは公訴局を、弁護側バリスタは被告人を。

訴訟を切り分けるときには両サイドが共に得をしなくてはならないという、ゆるい協定がある。各サイドが得をする分量は、事件を取り巻く状況や、バリスタの交渉力によりさまざまだ。訴訟の切り分けは、しばしば前出の例にあるように、被告人が主となる罪状を認める代わりに、軽いほうの訴えを取り下げてもらうことを意味する。

ほかのよくある切り分けは、両サイドが事件について同意した事実を記述し署名した「有罪答弁の論拠」に基づいて、被告人に有罪答弁させる方法である。裁判官は必ずしもそうする義務はないが、この論拠を判決の判断基準にする。被告人の見地からすれば、これは犯罪の重大性を最小化し、予測される量刑を軽減するために作成される。こういった取引は常に法廷の入り口で行われる。目の前に迫った公判がいかに弁護人と被告人の心を結束させるかには、驚くべきものがある。

公正さとは「今なお進化する問題」

証人の数が増え、書類が過去にないほど大量になったからといって、裁判が突然公正になったわけではなかった。バリスタは以前にも増して訴追し、また弁護していたが、相変わらず殺人罪で起訴された者さえ弁護人がつかないケースがあった。公的資金から弁護料を支払うシステム（法律扶助）が登場したのは一九〇三年で、そのあとでさえ、正義のためにその金を使っていいかどうかの決定は裁判官に委ねられていた。すべての刑事裁判に法律扶助が導入されるのは一九四九年まで待たなければならなかった。

一九世紀末から二〇世紀初頭にかけて大西洋の両側に登場したクラレンス・ダローやエドワード・マーシャル・ホール、エドワード・カーソンなどの偉大なバリスタは、やがて文書偏重で技術官僚的でさえあるタイプの弁護士に取って代わられた。公判自体も同様に変化した。華麗な弁論は、作成費の高い図表や文書上の議論に取って代わられた。公判で行われていた作業の多くが、公判の外で行われるようになった。刑事訴訟のバリスタが、法曹界のヒエラルキーの頂点に立つ金持ちの商法専門バリスタのようになる危険性はないとしても、一五年前に比べると、私たちはずっと彼らに近くなっている。それは必ずしも悪いことではない。もう五時間の弁論を聞く集中力を持ち合わせた人間などいないのだから。しかし、刑事訴訟のバリスタの仕事は本質的には変わっていない。それはガローの時代と同じで、依頼人を無罪にすることだ。今日それをするには、かつてもそうだったが、裁判官と陪審員がこちらの言うことを信じたくなるよう仕向けなければならない。

私は刑事訴訟のバリスタが、特に国政に関わる人たちの間で、今なお醜行と不名誉の評判を得ていると考えたい。私たちは依頼人を無罪放免にし、有罪判決率を下げて、政府をいらだたせている。政府は陪審裁判の数を減らすことで仕返しをしようとしたが失敗した。このような試みにもかかわらず陪審制度が存続したのは、その重要性が持続したからだ。残虐な事件が起きたとき、大衆は犯人の血を求めて吠《ほ》えるかもしれないが、だからといって評決を下す陪審員に対する彼らの支持は揺るがない。陪審制度は裁判に新鮮さと精神の独立性をもたらし、司法を隠し立てのない公の場に引きとめる。

正義の追求は落胆の連続という意味で、得体の知れない魔物狩りに出るようなものかもしれない。現在の、すなわち二一世紀初期の裁判では、公正な裁判を保証する手段としての訴訟手続きに重心が置かれている。だが、公正さというものは、元上級法官貴族のビンガム卿《きょう》が言ったように、今も昔も「絶え間なく進化する問題」だ。今日それは、被害者とその家族、被告人、一般大衆の三者間の公正さを含む「利害の三角」と描写されてきたものを意味する。真の公正さを実現するには、訴追側と弁護側が平等であることも必要だ。両サイドに事件をよく把握している優秀なバリスタ、各サイドの利害をうまく調停できる裁判官、そして最後に、ブッシェルのように、誰かにいわれたことではなく自分が正しいと思うことを行う、精神の独立した陪審員が必要だ。

陪審裁判がイギリスのコモン・ローの時代がかった権利だというのは、一七世紀に陪審が自由の砦《とりで》だったというのと同じく神話にすぎない。けれども、陪審裁判に参加することにより、これらの神話をどうにかして真実にするのに力を貸せないものかと思う。私はダロー、マーシャル・ホールやカーソンのような偉大な弁護士たちの名に恥じないように生きたい。私には彼らのような才能はないかもしれないが、彼らにも負けない弁護士としての自負心がある。バリスタという集団の一部として、私も正義に積極的な貢献ができると考えたい。思い上がっているって？　確かに。でも、もしほんの少しの自惚《うぬぼ》れと、勝つための無慈悲な意志を持ち合わせていたなら、ほんものの陪審員のいる法廷こそが、その人の生きる場だ。

六、夢の棚

幸運は誰の手に？

午後五時ごろになると、見習い部屋の住人たちはへたり始める。当然ながら、最初に壊れるのはリアムだ。ほかのメンバーと違い、降参してしまったことに対し、彼は正直だ。「もう、これ以上、我慢できない」と宣言し、足を踏み鳴らしながら階段を上がっていく。

数分後、摘要書を持たずに戻ってくる。

「どうせハーロウ少年裁判所に行かされるに決まってる。いつだってハーロウ少年裁判所だ」。べそをかく。

みんなは気づかないふりをして、これ見よがしに書類に穴をパンチしたり、古い摘要書を今までにないほど複雑な結び目でとじたりして、無言でその時間を耐え忍んでいる。そのうち一人また一人と、下手な言い訳をつくって上に上がっていく。私は真実を認めるくらいなら、たとえどんなに恥ずかしい言い訳も――「ちょっとクソをしてくる」とか、「オナニーの時間だ。すぐに戻る」とか――いとわない。真実とは、若手のクラークが翌日のための摘要書を並べておく、郵便室の棚を偵察に行くことだ。見習いにとってはその棚がすべてだ。それは私たちの「夢の棚」なのだ。私たちだってお偉い勅撰弁護人たちのように、悪名高い殺人犯を弁護したり、サイコパスを訴追したりしたい。

その日の午後、上に行ったのは私が最後だった。専用の郵便物分類箱から取り出した手紙を読むふりをしながら棚の近くをうろうろし、片目をカメレオンのように旋回させて、喉《のど》から手が出るほど欲しい殺人や陰謀やテロ計画などの摘要書を探して棚の上に視線を送る。正直いって、私の現実である郊外の治安判事裁判所や軽犯罪でさえなければ、何でもいい。「どうか、ハーロウ少年裁判所でありませんように」。私は祈った。そこでは、出口で被告人とその家族から唾《つば》を吐きかけられるという危機をかわさなくてはならない。そのうえ、運の尽き果てた日には、駅まで戻るバスの中で脅迫されるのだ。

そう、そんな感じで私が郵便室でぐずぐずしていると、やっと摘要書が到着し始めた。マムタはスネアスブルック刑事法院での二つの判決を獲得した。二つだよ！　おれにだってできるのに、と心の中でぼやいた。リアムは紅潮し、せせら笑いをして、罪状認否と訴訟管理の聴聞《ちょうもん》会《かい》の摘要書を私の前で振った。それはおいしい仕事だ。

「見ろよ、アレックス。これは間違いなく、切り分けになると思うな。この書類の多さを見ろ。この摘要書の仕事は五〇〇ポンドにはなる。お前はきっとハーロウ少年裁判所行きだ。お前が社会の底辺のやつらの唾にまみれているとき、おれはまだベッドの中ってわけさ」

彼は正しい。必ず誰かがハーロウ少年裁判所に行かなくてはならない。それは死の天使のように、何ぴとも避けることはできない。どうして刑事法院に行くのが私ではないのか？　私のどこが悪いのか？　私はそこで、年齢や地位に関係なく、すべてのバリスタが屈する不安に襲われた――クラークたちに嫌われてるんじゃないか？　私にはバリスタの仕事に必要な能力がないと思われているんじゃないか？　彼らは正しい。私にはこの仕事をする能力がない。私はみじめな落伍者《らくごしゃ》だ。

すでに誰もいなくなった六時半になって、白いリボンで縛られた薄っぺらいフォルダーが届いた。これは何だ？　弁護側の摘要書には普通、ピンクのリボンがかかっている。

「サザック刑事法院での公判ですよ、サー。訴追です」。クラークが言った。

私にとっての初めての陪審裁判で、しかも訴追だ。夢の棚は冗談が好きだ。興奮が体のすみずみまで溢れたが、あくまで表面は冷静さを保った。ありがたがっている顔なんかするな。これが生まれつきの権利でもあるかのような顔をするんだ。すると、クラークはもっとこんな仕事をくれるだろう。リアムはどこだ？　あいつに自慢したい。一秒後、すっかりしょげかえったリアムがドアを開けて入ってきた。彼の摘要書は間違って配られていたのだ。結局、リアムはハーロウ少年裁判所行きになった。私は彼の顔の前で刑事法院の摘要書を振り、『海賊ブルモドキ』（*Captain Pugwash* ジョン・ライアン著）のテーマを口笛で吹きながら水兵のジグを踊った。

初めての陪審裁判だ！

家に着くと、先ほどの興奮はどこへやら、残っているのはひんやりした現実のみ。欲しかった摘要書を手にしたとしても浮かれていられるのは三〇秒だけで、すぐに準備にかかり、頭を抱え、ドジを踏まないよう万全を期さなくてはならない。

問題の事件だが、そもそもショーディッチ警察署で夜勤と昼番の警官が交代する早朝五時から六時の間に、ハックニー地区が無警戒になることに地元の末端麻薬売人が気づいたことからすべては始まった。丸一時間、売人たちは早朝スペシャル割引でけっこうな量の取引をしていた。ロンドン警視庁から当区内に送り込まれていた二人の若い警官が、この一時間の空白に気づいた。翌朝、彼らは売人たちのそばに覆面パトカーを止めた。驚きの要素は完璧だった。彼らが車から降りてきて、義務づけにより警官の帽子を被《かぶ》るまで、売人たちの誰一人、彼らが警察の者だとは気づかなかった。売人の一人は大股《おおまた》で道路を駆けていった。あっという間に彼は素早く動く小さな点以外の何ものでもなくなった。もう一人は隠してあったヤクを飲み込んだ。

そしてもう一人のオリーという名の少々オツムの弱い若者はどうしていいかわからなかった。走るべきか、飲み込むべきか、それともヤクを放り投げるべきか。選択肢が多すぎた。まず投げようとし、次に飲み込もうとし、その間もずっとツイストダンスの高速バージョンで逃げようとしていたが、最終的にヤクの入ったバッグを閉まっている店の方へ放り投げた。

警官の一人が、それが着地するのを見た。「今投げたバッグの中身はなんだ？」と質問した。

「知らないね」

悪い答えだ。「言質《げんち》」と彼らが呼ぶそれは、被告人の口から直接出たものなので非常にパワフルな証拠になりえる。何も言わないか、もしくは「バッグって？」ととぼけるのが正しい対応だ。バッグの存在を認めることは、オリーがその中身が何であるかを知っていたことを陪審員に発見させる小さなステップ以外の何ものでもない。その中身というのは売るために包装されたコカインで、それにより彼は第一種薬物の販売目的での所持により有罪になり、長期の実刑判決を免れない。

摘要書を受け取った翌日、私は法廷に座り、いかにもこんなことは前にもやったことがあるといったふうを装っていた。だが、敵側バリスタは私が初心者であることを見抜いていた。「あなたが座るのはあっちよ、新米さん」と私に恥をかかせた後で、彼女は付け加えた。「ところで、私、彼の言質について徹底的に論じるわよ」

私は徹夜して冒頭陳述を準備した。それは陪審員に対して行う事件の概要の説明であり、オリーの自供に近い言質を中心に、慎重に組み立てていた。この言質は訴追側にとってよりも弁護側にとってより重要だ。オリーは古典的な「罠《わな》だ」という言い逃《のが》れのバリエーションの一つを使っていた。彼は警察が麻薬を仕込んだと言う代わりに、ほかの売人の一人が麻薬入りバッグを投げたのに、警察は彼に罪を被せていると主張した。

弁護側は「バッグの中身は何か」という質問は、当該警察官がオリーは違法行為をしたに違いないと疑っていたという十分な根拠になると主張した。もし警察官がそのような疑いをもっていたなら、いかなる質問をする前にも被疑者に黙秘権の告知をしなくてはならない。告知の文句は「何も答える義務はありません。しかし、今質問されて答えないことをのちに法廷で証言するようなことがあれば、あなたの弁護にとって障害になるかもしれません。ここでのあなたの発言は、あなたにとって不利な証拠として裁判所に提供されるかもしれません」である。この警告を怠ることは警察官の職務規範に対する違反なので、オリーの言質は証拠から除外されるべきである。

これに対し、私はたどたどしくこう反論した。告知を怠ったのは確かに規範に対する違反ではあるが、それはこの言質を公正でないとして証拠から除外するに足りるほど重大な違反ではない。これに対し、裁判官は正しく異議を唱えた。

「ミスター・マックブライド、あなたはこの法廷に向かって、自明の規範違反により引き出されたこの言質を除外すべきでないと本気で言っているのですか?」

「え？」晴れの初舞台を見学させるために父と母を招待したことを後悔するのに忙しくて、うまく答えられない。つかえながらもう一つ「えーと」を絞り出すと、私の賢明な進行を当てにしている事件担当の警察官に、母が「あの子、これをやるのは初めてなんです」と無邪気に言っているのが聞こえた。

オリーをバッグと結びつける言質が除外されると、彼が警察で述べたばかばかしい作り話にも説得力が生じた。それはこんな話だ。彼は恋人の家からバスでルコザーデ（飲料）を買いに行ったが、店が閉まっていたので、店の外で二人の男と立ち話をしていた。警察に逮捕されるまで、麻薬のことなど何も知らなかった。

反対尋問で、弁護側は警察の真実性に疑いを投げかけようとした。警官の一人はバッグが店の近くに落ちるところを見たが、もう一人は見ていない。並んで立っていたのにおかしいと。矛盾は証人の信頼性を損ない、陪審員の心に疑念を植えつける。陪審員はたとえ警察が本当のことを言っていると思っても、確信がもてなければ無罪にしなくてはならない。私に必要なのは実証できる嘘であり、それを発見できる最後のチャンスはオリーに対する反対尋問だった。陪審員の前にも置かれている、彼の警察での取り調べ報告書を流し読みしていると、彼が恋人の家の番号を思い出せないと言っているのに気づいた。

私　「彼女の家の番号を思い出せないそうですね？」

オリー「はい」
私「それはあなたが数字に弱いからですか？」
オリー「はい、すごく」
私「本当に？　取り調べ報告書の七ページを見ますと、店に行くために乗りついだバスの番号を、三〇、二五六、二四三と正確に言ってますね。あなたは数字に強い」
オリー（顎《あご》を掻《か》きながら）「んー」
私「恋人の家から飲み物を買いにそこに行ったのではなかった。だから嘘をついた。そうじゃありませんか？」

オリーがどう答えようと関係なかった。彼が嘘をついていたのがばれた今、陪審員たちは、彼が麻薬を売っていなかったとしたら、いったい何を隠そうとしているのかと自問するだろう。一時間後、陪審員たちは戻ってきて、有罪の評決を告げた。裁判官は四年半の実刑判決を下した。打たれ強かっただろう？　私は負けずに闘い続けた。刑事法院のジェイク・ラモッタ（世界ミドル級元王者のボクサーで、宿敵シュガー・レイ・ロビンソンと六度戦った）だ。

私の汚点のない履歴は長くは続かなかった。犯罪者と警察官が私のガラスの顎を打ち砕こうと列を作って待っていたなんて知るよしもなかった。私はまさに「夢の棚」の悪意ある誘惑に屈しようとしていた——その味を一度覚えたら、フラフラになったボクサーよろしく、もう一度だけ勝ちたいと命取りのパンチすらあえて受けてしまう。

　浮かれきってチェンバーに戻った。クラークたちは私の成功には興味がない。電話は鳴り続け、手の空いたバリスタは新たな摘要書を手に並ばされる。栄光に浸る時間はなかった。誰かが前日にしたことなどに関心をもつ人間はいない。すべては明日何ができるかだ。というわけで、そこに戻るということは、また新しい仕事を意味した。若手のクラークが摘要書でいっぱいになった箱を持って入ってきた。次も刑事法院の仕事を期待した。薄い紙の束を手渡された。最後のページには、私が最も目にしたくない言葉があった――ハーロウ少年裁判所。

第三章　立証

七、ハーフタイムを通過

凪の時間

ジャクソンは薬物を常習していた。友達も全員、常習者だった。彼らの悩みは定期的に薬物を買う金がないことだった。この経済的苦境を脱するために、彼らは車のショールームを襲う計画を立てた。オランウータンさながらの長い腕をした長身痩《や》せ型のジャクソンは、スレッジハンマーでガラスを叩《たた》き割る役を与えられた。少しでも技術のいる仕事は彼には任せられないと、誰もが思っていた。数日後の夜、ジャクソンがタイミングを見計らっていた間、共犯者たちはミニバンの後ろに身をかがめていた。この仕事はスピードが成功と失敗の分かれ目だ。ジャクソンは隠れていた場所から一気に飛び出し、ショールームに向かって、大股《おおまた》で駆けていった。肩の上にスレッジハンマーを弓なりに振りかざし、板ガラスの窓めがけて振り下ろす。ガッシャーン。ガラスは幾千の細かい破片となって飛散した。ビルの警報機がガーガーわめきだした。仲間が飛び出してきて、ガラスの波間を飛び跳ねていく。突然、手の届くところに現れたワックスをかけられたばかりの最高級車に、彼らは茫然自失になった。ポカーンと口を開け、きらきら輝く車体をただ見つめている。なんというセレクション！　選択肢が多すぎる。どれを盗めばいいのか。「ポルシェにしろ！」魔法を破るように誰かが叫んだ。「そうだ、ポルシェだ」

不運なことに、ちょうどそのとき、たまたまパトカーが現場を通りがかった。ショールームの中にいた者たちは現行犯で逮捕された。ポルシェのレザーシートに座るどころか、ドアの取っ手に手をかける間もなく、彼らは手錠を掛けられた。ジャクソンを含む外にいた数人は、コカインをゲットする夢が勢いよく遠のいていくなか、遁走《とんそう》した。近くの茂みに飛び込み、這《は》って逃げようとする彼らを、警察のフラッシュライトが一人また一人とすくい上げていく。ジャクソンが最後の一人だった。警官は泥とガラス片にまみれた彼を隠れていた場所から引っ張り出した。それからは科学捜査研究所（以下、科捜研）の仕事だ。ジャクソンのセーターに付着したガラス片とショールームのそれを照合させ、警察の急襲時に彼が現場に非常に近い場所にいたという状況証拠と合わせれば有罪判決が取れる。

警察の留置所の内も外も知りつくしたベテラン犯罪者のジャクソンは、取り調べでは賢明に黙秘を通した。したがって、起訴は証拠に頼るしかなくなった。これは十分に公平だ。訴追側が起訴するのだが、それに足る理由が合理的な疑いを超えていると証明する義務は彼らにのしかかる。しかし、それにはまず、証拠に基づいて違法行為の内容を立証しなくてはならない。これを立件という。もし立件できなければ、被告人は何も答えなくていい。

訴追側の仕事には、被告人に弁明させるよう追い込んで、陪審員の注意を被告人の言い分に潜む欠陥に向けさせることも含まれる。被告側の論理は、訴追側の冒頭陳述はすんだが被告人がまだ被告席に立っていないときに、しばしば一番強力に見える。訴追側にとって被告人にしゃべらせて自己弁護させることは常に賢明な策だ。というのは、被告人のビッグマウスが墓穴を掘り、弁護側に考えられないほど大きなダメージを与える可能性がかなりあるからだ。

バリスタの仲間内の言葉では、公判を訴追側の冒頭陳述終了まで押し進め、弁護側のそれに移ることを「ハーフタイムを通過する」という。ハーフタイムは時間での線引きではない――訴追側の陳述はほぼ毎回、弁護側のそれよりはるかに長くかかる。それは航路の中間地点であり、訴追側の陳述が終わって、弁護側のそれが始まる前の、裁判官が「訴追側は陪審員が評決を検討できるほど確固とした説を打ち立てるに十分な証拠を並べただろうか?」と自問する一時的な凪《なぎ》の時間である。

公判の間、訴追側は裁判官のこの質問と同じ質問を、ただしもっと不安にかられながら、絶えず自分に問い続ける。なぜなら、訴追側バリスタのベーシックな技量はハーフタイムのラインを無事超えられるかどうかで計られるからだ。公判の最後に陪審員が戻ってきて無罪を告げても、誰も彼を責めはしない。ただ陪審員を説得するに足りる証拠がなかったのだ、私のせいではない、と自分を納得させられる。ところが、陪審員が審議に入る前や、弁護側が陳述を行う前に裁判官が公判の維持を不能としたなら、それは完全に彼のせいなのである。噂《うわさ》は駆けめぐる。あっという間に、アンダー・イレブンのサッカー試合をハーフタイムまで持ちこたえさせることすらできない無能者との烙印《らくいん》を押されることになる。

公判を維持することは一般に考えられているほど簡単ではない。それは羊のようなもので、常に新手の奇抜な死に方を考え出す。たった今、万事順調に進み、証人は次々と現れては去り、陪審員はせっせとメモを取っていると思っていると、次の瞬間には、裁判官からさほど重要ではないが欠くことのできない書類か何かを忘れていると叱責《しっせき》を受け、大急ぎでチェンバーに取りに帰る羽目になる。つまり、これが基本的なポイントなのだ——起訴し、立件し、合理的な疑いを超えて事件を立証するのは、陪審員の前に証拠を正しい形で提出するという非常に高い専門的能力が要求される仕事なのである。集中力を欠くと何かを忘れ、気づいたときには単純明快な起訴が棄却になり、こちらは間抜けに見え、弁護側のバリスタは満面の笑顔という羽目になる。

訴追人がついに立ち上がってショールーム襲撃事件についての冒頭陳述を始めたときには、ジャクソンだけが抵抗していて、ほかの全員はとっくに有罪を認めていた。セーターに付着していたガラス片とショールームのガラスは科捜研によりテストされた。二つは完全に一致した。ジャクソンの全身を覆っていたガラスの小片は、彼が窓を叩き割ったときに浴びたものでしかありえない。訴追側バリスタはより大きな効果をねらって、スレッジハンマーを振り上げた。冒頭陳述を終えると、彼は事件を扱った警察官を含む何人かの証人を呼び出した。警察官はセクション九のいくつかの記述を読み上げた。それはジャクソンの取り調べの公表とスレッジハンマーの事件現場から警察の保存庫への移動を扱う記述で、当事者全員の合意により証拠に組み入れられた。

身の縮む思い

訴追側バリスタがついに陳述を終え、腰を下ろした。彼の仕事は終わったのだ。私は頭を掻《か》いた。何かを忘れているという気がするが、何かわからない。こんなことじゃだめだと思った。もう立派に一年の見習い期間を終えたことを証明するバリスタの資格認定証を獲得しているのだから。

「ミスター・マックブライド」。裁判官が私を逡巡《しゅんじゅん》から呼び戻す。「ミスター・マックブライド、依頼人を呼びますか?」

ジャクソンを被告席に立たせたがっている。証言をするジャクソンがひどい証人になることは確実だ。気が進まない。そのとき、はっとした。待てよ、心の中で言った。ちょっと待てよ。

訴追側のバリスタは、ジャクソンの服に付いていたガラス片がショールームのものであることを確認する科学捜査官からの報告書を読み上げていない。現場から最初にサンプルを採取した警察官からの報告書もなかった。訴追側の冒頭陳述は証拠の提出ではなく、事件の要約にすぎなかった。証拠という観点からすれば、それは単なる主張にすぎない。何も証明していない。冒頭陳述をするときの訴追人はディケンズの『クリスマスキャロル』に出てくる「未来のクリスマスの幽霊」のようなものだ。彼はこれから起きるかもしれない（確実に起きることではなく）ことのあらましを述べる。科学捜査官や警察官からの報告書がなければ、ガラス片がショールームのものであるという証拠はない。それはただの割れたガラスだ。

弁護で勝利を収めるには、二つのベーシックな方法がある。一つは陪審員がその事件は合理的な疑いを超えるほど立証されていないという結論に達した場合である。すなわち、訴追側から提示された事実が、被告人が起訴事実にある罪を犯したと証明できるほど十分ではないと判断された場合だ。二つ目は、どんなに事実には説得力があろうとも、証拠上もしくは法的に、訴追を無効にできる問題点がある場合だ。どちらもいい方法だが、法的議論で無罪にするほうが満足感ははるかに大きい。なぜって？　それは頭脳の勝利だからだ。そのとき、ほんの束の間、法は意のままになる。法を呼び出せば、今回に限り法は私の言うことを聞き、鉄砲水が峡《きよう》谷《こく》をほとばしりながら流れるがごとく、周りのすべてを破壊しながらやって来る。それには最強の訴追さえも押し流される。被告人は法の水の怒濤《どとう》から飛び出し、上下逆さまの世界から抜け出して持ち上げられ、誰にも何も答える必要のない自由な身となって安全な土地にそっと降ろされるのだ。

　ジャクソンの唯一の希望であり訴追側の大きな不安の種である、法の世界のデウス・エクス・マキナ（突然現れて強引な解決をもたらす人物）は、「答えるべき事件はない」という決定の請求だった。起訴棄却の要請（訴追側の陳述後に行われるので、「ハーフタイムの要請」とも呼ばれる）は、陪審員を有罪評決に向かわせるに足るだけの証拠がないという法的な提議だ。この場合、裁判官は無罪放免を言い渡さなければならない。私の要請にはシンプルさという利点があった。すなわち、警察官と科学捜査官からの報告書がない以上、ジャクソンのセーターに付いていたガラスがショールームのものだという証拠はない。私の言い分はしっかりした根拠の上に立っているとは思ったが、確信はもてない。法のパワー、その卓越性の一部は、その気まぐれさにある。法を訴追側の頭上に呼び寄せ、「しめしめ、うまくいったぞ」と握りこぶしを手のひらに打ちつけ、その介入を熱く要求しても、当の法はさざなみを立てることさえしてくれなくて、ただ静寂にのみ見舞われることがある。

　私は立ち上がり、提出されるべきガラスの出どころを証明する文書のリストを挙げて、証拠に関する訴追側の不備について説明した。訴追側バリスタがそれに対する応答を始めた。必要な文書を提出するために再審請求をするものとばかり思っていたのに、彼はしなかった。できなかったのだ。事件を担当した警察官が報告書を手に入れるのを忘れ、訴追側バリスタも公判開始までそれに気づかなかったのだ。裁判官はしぶしぶ私の要請を受け入れるしかなかった。

訴追は頓挫《とんざ》した。罪あるジャクソンは罪なきジャクソンになった。彼は歓声を上げ、拍手を始めた。裁判官は石のように冷たい表情をしている。悪者の勝利を喜ぶ人間はいない。留置所に戻りながら、彼が興奮して看守に「危機一髪だったぜ、まじ」と言っているのが聞こえた。彼が愛用のコカイン用パイプと再会するのもじきだろう。私が去るときも、まだ彼は歌っていた。

裁判所から下る道の真ん中あたりで、私は自分への褒美《ほうび》に、スポーツマンシップには反するが、勝利の雄たけびを上げることを自分に許した。「はっ、はっ！　あの訴追側のバリスタめ、こっぴどく痛めつけてやったぜ。こてんぱんに叩きのめしてやった。よくもあんなドジが踏めるもんだ。のーたりん！　なんてアホウだ！」シシュフォス（ギリシャ神話の登場人物で、地獄で山頂に大石を持ち上げる罰を受けたコリント王）よろしく悪戦苦闘のあの能なしジャクソンよりまだアホだ。「あんなチョンボ、おれは絶対やらないね」

そのとき、正直であることにこだわる記憶力が、私を数ヵ月前に連れ戻した。窃盗犯の訴追をしていた私は、弁護側が私の弁論の心臓部に杭を打ち込む準備をしているところを不安な気持ちで見守っていた。

「ここにある明細書から――」彼は私の重要な証人に答えを要求した。「起訴状にある金額が盗まれたと言えますか？」

おい、さっさと〝はい〟って言えよ。私は祈った。

「いいえ」。証人が答えた。

捜査に当たった警官と私はその公判の準備に何日も費やしていた。ロンドンを縦横に駆け回り、あちらこちらの必要書類を追跡し、証人をかき集めた警官の努力はすべて水泡に帰した。私がこの事件の立件にあった致命的な穴に気づかなかったからだ。

「もう一度」。裁判官が言った。

「いいえ」。証人がおどおどと繰り返した。

女性裁判官は私の方を見てかぶりを振りながら、無味乾燥な率直さでもって言い放った。

「ミスター・マックブライド、こんなに準備不足がはなはだしいケースは初めてです」

彼女のその言葉がよみがえると、思わず身が縮み上がった。陪審員が笑い始めたときの心痛と羞恥《しゅうち》を思い出すと、ふたたび縮み上がった。さあ、裁判官よ、おれのケツを蹴《け》ってくれ。いくらでも蹴ってくれ。内心、私は今にも死にそうな気分だったのだ。

八、証拠の重さ

物的証拠は芝居の小道具だ

裁判で最も重要なのは証拠だ。訴追しているときは、あるものをどうやって証拠にしようかと考えるのに持ち時間の大半を費やし、弁護しているときには、どうやってそれを証拠から除外しようかと頭をひねる。公判に持ち込まれることが許されたすべてのものが証拠である。口頭証言は別として、その最も普通の形態は、有形物と定義される物的証拠である。書類、音声記録、野球のバットなどはすべて物的証拠と見なされる。

「陪審員のみなさま、ここに野球のバットがあります。訴追側は被告人Xが被害者Yの睾丸《こうがん》を打つのに、このバットを使用したと主張しています」

物的証拠は訴追側の味方だ。単純で、理解しやすく、相互作用的だ。陪審員は自ら手で触ることが可能で、その材質を評価し、重みを感じ、そのバットでキンタマを叩かれたときの痛みを想像できる。物的証拠が派手なものであればあるだけ陪審員は喜び、それだけ利用価値は大きくなる。裁判が劇場ならば、物的証拠の品々は小道具だ。訴追側のバリスタは、いい役者はみんなそうだが、小道具を我が物とし、それに喜びを見出し、最大限活用しなくてはならない。ここでは事件現場で警察が発見した物的証拠《オブジェ・トルヴェ》について考察するにあたり、なかでも最も説得力がある証拠と見なされることが多い二つを重点的に取り上げたいと思う。それは現場の付着物と監視カメラである。

DNA神話、しかし完全ではない

数年前、私はサイモンとサムという二人の一〇代の少年を加重窃盗で訴追した。窃盗犯が捕まるのはめずらしい。統計の数字を見ると、完全に犯人に分《ぶ》がある。ロンドン警視庁による住居侵入窃盗事件の検挙率はわずか一三パーセントにすぎない。ということは、平均的な泥棒でも一〇回に九回近くは処罰を免れているということになる。このなかからどうしようもない麻薬常習者を除くと、そこそこ有能な泥棒にとって、すでに明るい材料であるこの低い検挙率はさらにぐんと下がる。麻薬常習者ではなかったが、幸いにもサイモンとサムは有能からは程遠い若者だった。彼らが捕まったのは、ドジなサムがあろうことか押し入った家にスタンガンを残してきたからだった。

窃盗の犯行時に銃器、模造銃器、爆発物、そのほかの違法武器を携帯していたなら、加重窃盗の罪になる。サイモンとサムはそれぞれ一本ずつ、軍事オタク用三文雑誌の後ろのページからオーダーしたスタンガンで武装していた。法律上、スタンガンは違法の武器に分類されるかもしれないが、実際にはとても武器といえるような代物ではない。ただのおもちゃだ。スタンガンでは砂ネズミさえ静止させることはできない。脅威という点では、ミスター・キプリング

（イギリス家庭の六〇パーセント以上がここのケーキを購入しているという）製のフレンチ・ファンシー・ケーキといい勝負だ。だからといって、それで彼らの罪が少しでも軽くなるわけではないので、このわかりきった事実をくどくど説明して陪審員を混乱させる気はない。別にこの若者たちの肩をもつ気はないが、彼らはスタンガンを使用するためではなく脅すために携帯していた。法廷のタングステン・ライトのもとではちゃちに見えるかもしれないが、正直、もしサイモンとサムが夜中の三時にそれを振り回しながら家に侵入してきたら、誰しもその性能を甘く見るようなリスクは冒さないだろう。私だって、そんなことはしない。

粗悪品であろうがなかろうが、そのスタンガンは私の小道具だから最大限に利用する。ほぼすべての物的証拠が、袋に入れられてラベルを貼られる。陪審員に見せるときは、必ず彼らの目の前で警察官に袋を開けさせるようにしている。そのほうが、ドラマ性がより高まるからだ。証拠を提示する警察官が袋を開けるための道具を持っていることをあらかじめ確かめておくといった、いくつかの準備をしておく必要がある。体重が一〇〇キロ以上もある警官が、一四歳の子どもが使うようなロックナイフの入った袋をうまく開けられないでいるのを見守るほど、訴追側の威厳を致命的に傷つけるものはない。だが、何より大事なのは、法廷で警官に証拠の品を取り出すことを要求する前に、彼が実際にそれを持ってきていることを確かめることだ。そうでないと、警官ともどもピエロに見えてしまう。

私　「どこでその偽造紙幣を発見しましたか？」
警官「被告人のベッドの下です」
私　「その紙幣を押収しましたか？」
警官「はい、しました」
私　「その紙幣を、今、提出することはできますか？」
警官「はい、できます」（目の前に置いている証拠品の入ったダンボール箱の中をまさぐる）「あれっ？」（箱を上下逆さまにする。ない、箱の下にもない）「えーと……」（手をポケットに入れる。宝物の栃の実をなくした少年のようにポケットをひっくり返して振っている）「ウォルサムストウ署に置いてきたようです」

私たちは現場に残されていたスタンガンがサムのものであることを知っていた。科捜研の検査により、スタンガンから発見されたＤＮＡのサンプルが全国ＤＮＡデータベースに収められていたサムのプロファイルと一致したからだ。ＤＮＡプロファイリングは次のように行われる。まずＤＮＡのサンプルが、事件現場に残された付着物――何であれ人間の身体の一部分――から抽出される。次に被疑者からサンプルを採取する。研究所で科学者が酵素を使ってそれぞれのＤＮＡサンプルを短く、さらに短くカットしていく。これらのＤＮＡの断片は長さにより分別されたあと、ゲルの中に電磁的に誘導される。すると小さな分子量のものは、重いものに比べて遠くまで進む。この遊動距離の差でできたパターンがゲルから皮膜に転写される。次にこの皮膜に放射性プローブが加えられ、Ｘ線撮影によりバンドパターンのＸ線記録が作成される。現場の付着物のＤＮＡと被疑者のＤＮＡは、比較材料としての二つのＸ線記録を得るために、それぞれ別のゲルに通される。一つのバンドが一致したとしても、二組のＤＮＡの源が同じである証明にはならないが、徐々により正確な鑑定を確立していくことができる。たとえば、あるコンビネーションのバンドは四人に一人が所有しているとする。だが、次のコンビネーションにより、一六人に一人、さらに六四人に一人というふうに、一致する確率はどんどん小さくなっていく。最終的に、これを繰り返すことにより、ある程度サンプルの質がよければ、ほかの誰かがまったく同じＤＮＡプロファイルを所有する確率が一〇億分の一にまで精度を高めることが可能だ。

陪審員の前で証拠袋を開けるとき、その中身が科捜研の検査を受けたものなら、なおさら効果的だ。くだんの裁判では、見事なまでに役者根性のあるベテラン捜査官が、どうすればそのスタンガンから最後の一滴までドラマを搾り出せるかを知り尽くしていた。彼は廷吏にビニール製手袋の箱（法廷の常備品）を持ってこさせ、それをわざとゆっくり手にはめて、私に「さて、陪審員のみなさん、科捜研の検査の過程でこのスタンガンの表面には有毒な物質が付着しています。それで、警察官は手袋をしているのです。証拠品を手にとって調べることを希望される方には、廷吏がビニール手袋を提供します」と言う間を与えてくれた。

まもなく、陪審員たちは北ロンドンのディナーパーティでフォアグラの皿を回すように、わざとらしい無頓着さでもって、スタンガンを受け渡した。

サムのスタンガンは、化学物質を振りかけられ、公式のものと見られるステッカーが貼られていることで、DNAの証拠によりいっそうのインパクトが加わっていた。陪審員はサムが盗みに没頭するあまり、そのガンをうっかり取り落としてしまう場面を頭に描く。科捜研によるスタンガンの検査は訴追側の徹底した姿勢を示し、一瞬で深いレベルの効果をもたらした。科捜研の数々の備品に囲まれると、私たちはプロフェッショナルに、あえていわせてもらうとエキスパートに見えた。何よりも、そのスタンガンが取り扱いや検査や袋詰めの過程で、儀式のようにうやうやしく扱われたことが、陪審員の信頼感に訴える。私たちはもはや事実をねじ曲げた自説を売りつけようとする不公平な訴追人ではなく、犯罪捜査の謎解きに客観的な科学を使用するプロなのだ。

『犯罪現場調査』(Crime Scene Investigation) や『死人を呼び戻す』(Waking the Dead) などのテレビ番組のおかげで、私たちはDNAの証拠を受け入れている。かつて、ティーンエイジャーの少女たちの前で自慰行為(二〇〇三年性犯罪法セクション六六に違反。二年以下の実刑)をしたがる男を訴追したことがあった。彼は公園で少女たちの下校を待ち伏せし、飛び出し、自慰をして逃げた。彼の男としての能力を見物させられた少女二人が、彼の精液がどこに飛んだかを見ていた。少女たちは一瞬でその証拠的価値を理解した。そして、警官がやって来たとき、まっすぐに犯罪付着物のもとへ導いた。天晴《あっぱ》れだった。DNA鑑定により公園の自慰男が判明したただけでなく、この男が数ヵ月前にナイフで脅して及んだ強姦罪《ごうかんざい》まで連鎖的に解決した。

DNAは犯罪捜査を一変させ、何年も手がかりのなかった犯罪の解決を可能にする驚異的な証拠材料だ。ゆえに、それは人々に一〇〇パーセント信頼できるという印象を与えている。でも、それは間違いだ。DNAは繊細で、簡単にダメージを受ける。あらゆる日用的なもの、たとえば家庭用薬剤、土、湿り気すらDNAを腐食させ、正確なデータの採取を困難にする。さらにそれは汚染されやすい。犯罪現場の一〇パーセントは不注意にも捜査官自身のDNA混入により汚染されている。研究所さえも安全ではない。研究員のDNAが咳《せき》やくしゃみ、吐息の水分に含まれて送り出され、被疑者のそれと混じってしまうのだ。DNA鑑定がますます精巧になっていくにつれ、このようなリスクも増大した。今では、取り上げたペンに残る五個から一〇個ほどのごく少量の細胞からでもデータを作ることが可能になり、これは「低コピー数解析」と呼ばれている。危険なのは、DNAプロファイリングが魅力的でしかも最先端のものであるため、私たちがそれから得られる結果を批判的に見ることなしに受け入れてしまうことだ。

北アイルランドで起きたオマー爆破事件の公判で、研究所の技術者は手袋もマスクも帽子も着用していなかったことが判明した。サンプルに付いていたラベルも剝《は》げ落ちていた。警察官は犯罪現場でサンプルを採取するときに保護衣を着ていなかったのに、法廷では着ていたと証言した。裁判官はこういった初歩的なミスにショックを受けた。しかし、彼を真に怒らせたのは、ごく少量の遺伝情報を拡大して〝一致〟を作り出すDNA低コピー数解析というプロファイリング技術だった。科学者たちが自信をもって引き出した結論を、裁判官はせいぜい推論にすぎないと考えた。一見、非常に説得力のあったものが、裁判官の意見では、価値のないものだったのだ。

審問が被告人にとって公平なものであるためには、DNA証拠を正しく分析できることが決定的に重要だ。科学捜査と確率が組み合わさったDNAが証拠となる事件は、経験豊かなバリスタをも迷わせる。そして、もしバリスタが証拠の悪影響を理解していなかったら、どうしてそれを陪審員に正しく説明できるだろう？　一番大事なのは、DNAの一致は必ずしも二つのサンプルが同じ人物のものであることを証明してはいないという点だ。それは単に、二つのサンプルが同じ人物のものである可能性が高いという状況証拠を提供しているにすぎない。二つのサンプルが同一人物から来る確率――統計学者に「ランダム発生率」と呼ばれるもの――を、どうすれば最も正確に説明できるかに、これまで法廷は取り組んできた。

私は一度も数学で合格点を取ったことがない。数学の資格認定をもっているかと誰かに尋ねられるたびに、恥ずかしいことに嘘を言ってきた。だから私は『英国における性犯罪、法と実務』（*Rook and Ward on Sexual Offences*）のDNA証拠に関する章で、なぜDNA証拠について容易な思い込みをすることが危険であるかを明瞭簡潔に説明してくれた、バリスタで数学者のグラハム・クック氏に心から感謝している。

クック氏は架空の例を用いてDNA証拠の扱いについての基本原則を説明している。

眼鏡をかけた左利きの男が女を襲ったとする。二五パーセントの男が眼鏡をかけ、一〇パーセントの男が左利きだとすると、男性人口の二・五パーセントが両方の特徴を備えていることになる。これは、発生確率または希少性では四〇人に一人である。容疑者が左利きで眼鏡をかけているとする。これは、その容疑者が無罪である可能性が四〇分の一であることは意味しない。単にその容疑者と、まだ判明していない真犯人が、ほかの四〇人に一人とともに同じ特徴をもっていることを意味するにすぎない。

こんなことは当たり前だと思われるかもしれないが、驚くほど簡単に犯してしまう間違いなのである。証人の科捜研捜査官の言葉がかなり理解しにくいものであること、そして出てくる数字が膨大であることの二つがその主な理由だ。

以下は証言記録にある、実際の証人の言葉である。

「もし、このDNAが実際にミスターXのものであれば、ミスターXのプロファイルとの一致は当然得られます。

しかしながら、もしこのDNAがミスターXのものでなくて関係ない誰かほかの人のものであったなら、ミスターXのプロファイルとの一致は偶然によるものということになります。もしDNAが関係ない誰かほかの人のものであったときに、ミスターXのプロファイルと一致する確率は一〇〇万分の一であると算定されます。

　この算定をほかの表現で言い換えるなら、このDNAがミスターXのものであれば、無作為に選んだほかの関係ない人々のものである場合より、一致はほぼ一〇〇万倍起きやすいと言えます」


　実にわかりにくい、確かに。でも、これは、このDNAがミスターX以外の誰かのものである確率がたった一〇〇万分の一だということは意味していない。なのに、そうであるような推断を述べるのは、いわば訴追側を（ミスターX以外のものである）可能性が一〇〇万分の一しかないという考えに導いてしまうので、「訴追人の誤信」を犯すことになる。実際には、男性の人口を二〇〇〇万人だと仮定すると、確率が一〇〇万分の一の場合、約二〇人がまったく同じDNAプロファイルをもっていることになる。したがって、DNA証拠のみを根拠としたなら、ミスターXが犯人である可能性は二〇分の一なのだ。

　今日では、プロファイルが完全に一致する確率は一〇億分の一程度になっている。私と違い、グラハム・クックはそんな目もくらむような数字にも簡単には気《き》後《おく》れしない。ふたたび二〇〇〇万人の人口に話を戻そう。今回、DNAの無作為な発生率は一〇億分の一である。ということは、そのグループの中に同じプロファイルをもつ人は五〇分の一人いるという計算になる。もし一年に二〇〇〇回の裁判があれば、そのうち四回に、被告人と同じプロファイルをもつ人物がもう一人存在することになる。もしDNA証拠のほかには何も頼るものがなければ、各人（四人の倍の八人）が有罪である確率はまったく同じである。したがって、二回の裁判で無罪の人が有罪判決を受けることになる。

サムのケースではこの巨大な数字はひとまず置いておいて、DNA証拠が示すのは「彼が問題のスタンガンを触ったことがある」ということだけであり、犯行現場のアパートにいたことも、窃盗をしようとしていたことも示唆しない。被告人を決定的に有罪に導くものは、さまざまな種類の証拠の相互作用だ。そこでサイモンの登場となる。彼はサムと同時起訴されているので、二人は同じ計画に参加していたというのが訴追側の、すなわち私の言い分だ。二人は親友で学校も同じだったとすでに認めている。二人の関係についてのこのような一般的事実だけでなく、サイモンが割れた窓ガラスに指紋を三つ残していたので、二人はアパートに侵入するにあたりガラスを叩き割ったのだと、私は主張した。

私の申し立てはかなりいい線行っている。スタンガンにはサムのDNA、窓ガラスにはサイモンの指紋。窓ガラスの破片に指紋が残っているのは有罪を示すかなり有力な材料だが、必ずしもサイモンが窃盗に加わったことは証明しない。実際、ただの好奇心にかられた見物人で、すでに割れていた窓ガラスに触れてしまったが、アパートには入らなかったというのがサイモンの言い分だった。法的には、住居に侵入していなければ、住居侵入窃盗で有罪にはならない。したがって、核心となる問題は、サイモンの指紋が窓ガラスのどちら側にあったかだ。見分けは難しい。科学捜査は罪を犯した者を有罪にするのにとりわけ優れているが、ほかにも、たとえば古きよき図解――抜群に優秀な物的証拠――のような、忘れてはならないローテク手段もある。優れた図は千の言葉にも勝る切り札になる。事件に関する報告書のなかに、私は犯罪現場捜査官の描いた、窓ガラスの上の指紋の位置を示す図を発見した。割れたガラスは部屋の窓枠台の上に引っかかっていた。その図は割れたガラスをきれいにはめ直していて、サイモンが注意深くガラスを窓枠から取り除いたことを示していた。したがって、彼は見物していた少年ではなく、侵入しようとしていた泥棒だ。私は陪審員に選択肢を与えた。サイモンはその部屋の窓枠台でベートーヴェンの交響曲第五番を練習していたのだろうか？　それともそこに侵入しようとしていたのだろうか？

訴追側の勢いは今では泡立たんばかりだ。サイモンはすでに有罪の排水口の中へくるくる回りながら落ちていったし、サムもそのまわりを回りながら、どんどん穴の縁に近づいている。彼を這い登らせるのは口惜しい。スタンガンに自分の指紋が付いていたことについて、サムはそれに一度だけ触ったことがあり、そのとき、数回スイッチを入れたからだと主張している。彼にとって残念なことに、私たちは彼の母親から、この嘘を見事にあばく証言を獲得していた。

捜査の過程で、事件担当の警官はサムの母親を呼び、次のような質問をした。

「サムが家の中に持ち込んだもので、あなたがいやだったものはありませんか？」

「ええ」。彼女は答えた。「先が尖《とが》った、黒い柄の付いた四角いものです」。これはスタンガンを見事に描写していた。彼の母親は息子を有罪にする小さなひと突きをうっかり提供してしまったのだった。

陪審員はぞろぞろ出て行き、不当なほど短い時間で戻ってきて、二人に有罪の評決を下した。少年たちは判決の日に法廷に戻ってくるまで、保釈されることになった。事実上、彼らにとってこれは初犯だったので、刑務所送りになる可能性はない。

判決を聞きに戻った。ところが、サイモンとサムの姿がない。弁護側のバリスタも、二人がどこにいるのかを知らなかった。もし逃亡したとしたら、いったいどこへ？　彼らは一文無しの子どもだ。裁判官は逮捕状を発行した。数日後、フェルタム少年鑑別所で見つかった。彼らは明らかに有罪判決にもひるむことなく、また一からやり直したようだ。前回の失敗は銃を持っていなかったせいだと結論し、どうにか本物の銃を二丁手に入れて実弾を込めた。そして強盗が頓挫したあとで、ズボンの前部分に銃を突っ込んで地下に隠れているところを発見されたのだった。

融通の利かない監視カメラ

陪審員は監視カメラが好きだ。彼らにとって、それは理論のバズーカ砲さえかなわない、この世に存在する最高の物的証拠である。なぜそんなに好きかというと、それが彼らに探偵ごっこをするチャンスを与えてくれるからだ。公判の大部分において、陪審員は一方的に証拠を提供されるまま、ただおとなしく座っているしかない。ところが、監視カメラのテープが再生されたとたん、彼らは主導権を握る。バリスタからも裁判官からも自由になり、私立探偵フィリップ・マーロウになりきるのだ。監視カメラが再生されている間、彼らは自分自身の漆黒のフィルム・ノワール（一九四〇〜五〇年代にかけてつくられた、退廃的な雰囲気をもつアメリカの犯罪映画）のなかで、一九歳のローレン・バコールに首にしがみつかれながら、ラッキー・ストライクを吸っている。

バリスタも監視カメラを好きなはずだ。それはもみ殻から小麦を選り出してくれる。これのおかげで、もうパブにいた酔っ払い全員の当てにならない支離滅裂な証言になど頼らなくていい。監視カメラをちょいと回せば、法廷に向かって「陪審員のみなさま、ご覧のとおり、これはただのパブでの喧嘩《けんか》です。勝者は今、被告席にいます」と言える。被告人Xは原告Yをグラスで殴ったかもしれないが、それは原告Yが被告人Xの鼻柱に頭突きを食らわした後だ――どっちもどっち、五分五分だとわかる。

現実には、バリスタは監視カメラを好きではない。というのは、事実はめったにそれほど明快ではないからだ。むしろ監視カメラは腹立たしい代物だ。弁護側にいるときには訴追人に頼んで見せてもらわなくてはならないし、訴追しているときには、警察にうるさく言って、現場まで取りに行ってもらわなくてはならない。そして警察官は、襲われた店や、子どもが所持品を強奪された駅に行く。すると監視カメラが次のようであったことを発見する——。


スイッチが入っていなかった。

壊れていた。

あさっての方を向いていた。

再生できなかった。

フィルムが入っていなかった。

すでに消去されていた。

カメラごと、なくなっていた。

二秒ごとのコマ送り録画になっていて、肝心の場面を逃していた。

または、これが一番よくあるケースだが、画面の質があまりに悪く、証拠としての価値があるものは何も映っていなかった。


たとえイギリスに西欧のどの国よりも多くの監視カメラが設置されていて（イギリス国内にある監視カメラの個数について公式な数字はないが、数百万台であることは確かだ）、あらゆる種類の潜在的悪行をこっそり嗅《か》ぎ回っているとしても、監視カメラによって解決される犯罪は全体のわずか三パーセントにすぎない。

だからこそ、私はパブで喧嘩をした依頼人のジャイルズにとって不利な証拠の開示を求めて、裁判所内の公訴局の部屋に押しかけていったときに、訴追人が楽しそうに「監視カメラがありますよ」と言っても心配しなかった。じゃりじゃりした背景をぼやっとしたものがうろつく場面のコレクションを見せられるのを待った――これらのぼやっとしたものは何をしているところだろう？　誰に対して？　これはパブでの喧嘩なのか？　それともドイツ表現派の舞踏だろうか？　交尾中の穴熊か？　想像にお任せという感じですね。

訴追側の女性バリスタが再生ボタンを押した。画像はレイザーのように鮮明だ。彼女が振り返って微笑《ほほえ》んだ。「新しいカメラなんです」。嘘じゃなかった。そのカメラは単に澄み切った画面を映し出していただけでなく、問題の騒動が展開している間中ずっと、あたかも映画撮影技師の指導でも仰いだかのように、ぐるっと回ったりズームしたりしていた。誰がカメラを操作していたにせよ、その人物には構成に対する生まれつきのセンスと、喧嘩の山場を見つける才があった。画面のど真ん中にいるのは、アクションに移る寸前の上半身裸の依頼人ジャイルズだ。彼の獲物は逃げようとしたが、動きがのろすぎた。ジャイルズは彼の顔にパンチをお見舞いし、カメラがクローズアップすると、勝ち誇ってそのひょろ長い腕を見えないカメラに向かって曲げ伸ばしした。「おれを有罪にしろ、今！」というプラカードを掲げているも同然だ。読唇術師は、「もう一発、食らいたいか？」という彼の勝利のおたけびを読み取るだろう。

ジャイルズの左フックは、パブの外にいた酒飲みたちに火をつけた。だが、一〇人ほどの馴《な》染《じ》み客が、紳士よろしく、この乱闘を収拾した。『クライムウォッチUK』もこのビデオにはかなわない。アメリカのリアリティ・テレビショー『コップス』（警官）よりもいいくらいだ。この番組は、一九九〇年代に社会の底辺層が口髭のパトロール警官に正当に棍棒《こんぼう》で殴られる場面を記録して、この種の犯罪ドキュメンタリーに高い基準を設置した。訴追人が私の方を向いて、目で「もういいかしら」と尋ねた。はい、十分です。なぜ今回初めて監視カメラが役に立つというのに、私の味方ではないのか？　ああ、人生とはなんと不公平なものよ。

どうやってジャイルズを弁護しようかと考え込んでいるうちに、傷害罪と闘争罪で起訴されたレグという男を弁護したときのことを思い出した。監視カメラの画面に初めて現れたとき、レグはTシャツに夏用のショートパンツ、ゴム草履《ぞうり》という、喧嘩にはあまりふさわしくない格好で警察の車から降りてきた。背中で手錠をかけられ、警官二人に付き添われていた。このケースでどうして監視カメラがそんなに面白いかというと、警官の目撃証言と私（陪審員はいうまでもなく）の目に映るものの間にあまりに大きなギャップがあったからだ。警官は自分が到着したときにレグが抵抗したと主張した。画面で見るかぎり、彼は抵抗していない。さらに警察は、レグがもう一人の警官の足をすくってつまずかせようとしたとも主張した。画面からは彼がそうしたかどうかははっきりしないが、彼を逮捕しようとした警官が次に行ったことは議論の余地がない。レグを乱暴に壁に押し付けて、後頭部の上で手錠をかけたので、レグは痛みのあまり体を二つに折らなくてはならなかった。なぜそうしたのかという質問に対し、当の警官はレグが脚を蹴り上げるのを防ぐためだと答えた。監視カメラの画面は、これをはっきりと否定していた。レグは蹴り上げてなどいなかった。

監視カメラは拘置所の中でさらに活発になった動きを映し出した。レグは牛の肋肉《あばら》のようにそこに運び込まれた。レグは手錠の片方の鍵《かぎ》がはずされたとたん、自由になったほうの手で、警官の一人をつかんで振り回した。その警官が逃げると、別の一人をつかんだ。レグを監房に入れることに必死だった彼らが、今はそこから出るのに必死だ。長い乱闘の後で、レグはまだ最後の一人にしがみついている。警官の一人がもう一度監房に入り、前腕でレグの首の部分を壁に押し付け、身動きできなくさせた。レグが押し返そうとしたので、その警官はレグの顔を二度殴った。呆然《ぼうぜん》としているレグを、なおも首を押し付けたまま、監房の隅まで引っ張っていった。レグにできることは一つしか残っていなかった。頭を前に倒して、警官の肩に噛《か》みついたのだ。大騒ぎになった。大勢の警官が押し寄せた。袋叩きにあい、レグは床に倒れた。ここぞチャンスとばかり、警官たちは監房から逃げ出したが、最後の一人がお決まりのように、ベルトをつかまれぐいと監房に引っ張り込まれた。

なんとか無罪を勝ち取るためには、レグが歯を警官に食い込ませたのは正当防衛であったと陪審員を説得しなければならなかった。これを納得させるためには、警官たちの対応が違法であったことを認めさせる必要があった。ビデオテープの最後の最後に、役に立ちそうな部分を発見した。正規の制服に身を包んだ機動隊がレグの監房に入り、彼の指紋とＤＮＡサンプルを力ずくで採取していた。顔の見えない国営暴力団vsたった一人の市民という図は、まさしく陪審員に無罪を選ばせるかもしれない種類のものだ。だが、裁判官は、機動隊員が監房に入ったことは今回の起訴には関係がないので、証拠として受け入れられないとの裁定を下した。前半の部分で十分だというのか？ レグにできることはただ、陪審員を信じることだけだった。幸運なことに、陪審員は戻ってきて、無罪の評決を下した。

話を戻して、公判のどの部分がジャイルズを助けることになったかって？ 監視カメラは彼にとって致命的だ。ほら、鮮やかなテクニカラーの画面上で、彼が誰かの顔を殴っているのだから。しかし、監視カメラがレグにとっては助け舟になりかけたことを思い出し、私は念を入れてテープのすべてを見た。またもや最後の最後の部分、フィルムが終わったかに見えた後に、ふたたび画面が動き出した。そこには、警察がジャイルズの共同被告人であるデイヴを逮捕しようとする場面が映っていた。警官はデイヴを商店の正面に押さえ付けて動けなくしておいてから、つかんで床に叩きつけた。デイヴの恋人が中を割って入ろうとすると、警官は彼女もまた床に叩きつけた。起き上がりかけた彼女を、デイヴを逮捕しようとしていた警官がブーツで蹴り倒した。そのとき、私の目の前に浮かんだのは、レグのテープにあった機動隊突入の場面だった。弁護側のほかのバリスタたちにもこの部分を見てもらった。見終わったあとで、私たちはデイヴと彼の恋人が警察を不法逮捕と暴行罪で訴えない代わりに、すべての起訴を取り下げるよう要求した。

これには一つ小さな問題があった。このカップルの不法逮捕はジャイルズとは何ら関係がない。八〇〇メートルほど離れた高架下で起きたジャイルズの逮捕は規範どおりに行われていた。訴追側がカップルに対しては起訴を取り下げても、ジャイルズに対しては継続するのではないかと心配だった。なんといっても、彼は完全に有罪なのだ。ところが、驚いたことに訴追側はこちらの提案を受け入れ、ジャイルズと彼の友達は自由の身になった。「証拠は少なければ少ないほどいい」というのが弁護の黄金律《おうごんりつ》だが、事実が訴追側の証人の証言内容と一致しないことを暴く証拠は別だ。監視カメラはたいてい役に立たないが、役に立つときには錬金術のように鉛を金に変えてくれる。ただ、それを発見するためには、フィルムにあるすべてのコマをふるいにかけなくてはならない。

九、犯人識別

「一〇〇〇人のなかからでも見つけられます」

一二月の黄昏《たそがれ》がヴィクトリア・ストリートに立つアドルフ・ベックのまわりにたち込めてきた。彼のむさ苦しい部屋があるアパートの建物までは、ほんの数歩だ。髪に白いものも混じり始めた初老のベックは、金こそあまり稼げなかったが、刺激に満ちた人生を送ってきた。ノルウェーで生まれ、長じて船員になったが、数年後にアバディーンに落ち着き、船舶のブローカーになった。その地で開花した歌手のキャリアが彼をモンテヴィデオに連れていった。くしくもウルグアイは内戦中で、戦いに参加した彼は今も痕《あと》の残る傷を腕に負った。ブエノスアイレスに移り、船舶のブローカーと歌手という二つのキャリアを維持した。一八七四年にはペルーに居を移し、リマに劇場を建てる夢を温めた。その夢は実現を見なかった。一〇年後、彼は借金を抱え、ロンドンに暮らしていた。

ベックには嘘と無限の魅力でもって、人々から金を巻き上げる驚異的な才能があった。家賃を何ヵ月分も滞納していたにもかかわらず、家主から一六〇〇ポンド（現在の一〇万ポンドに相当）もの借金を引き出すことに成功していた。けれども、彼にはその説得力に見合うだけの商才はなかった。手を出したものすべてが泡と消えた。最終的な破滅は、まったく鉱石の出ないノルウェー鉱山への投資がもたらした。一八九五年には一文無しになっていたが、ヴィクトリア・ストリートにたたずむ彼の姿から、そんなことを想像できる人はいなかっただろう。彼はヴィクトリア時代の裕福な紳士のような装いをしていた。黒い絹のラペルの付いたパリッとしたコートに銀の柄の傘。ベックは身なりに気を使った——整った口髭と上品な白髪まじりの髪だけが、彼に残されたものだったが。

オティリー・メッソニエは数軒先の百貨店アーミー&ネイビーから出てくるなり、すぐに彼のトレードマークともいえる洒落《しゃれ》た身なりに気づいた。「サー、私、あなたを存じ上げてますわ」。彼女は面と向かってベックに言った。ベックは彼の住む建物で仕事をする歯科医のことを言っているのかと尋ねた。違った。彼女がベックを知っていたのは、彼が彼女から腕時計二本と金の指輪数個を騙《だま》し取った男だったからだ。その糾弾の言葉を耳にするなり、ベックは通行人や車の間を縫うように逃走した。メッソニエはあとを追った。二人は共に警官を目指したが、先に着いたのはベックだった。彼はこの女につきまとわれていると訴えた。メッソニエは三週間前にこの男に騙されて貴金属を奪われたのだと反論した。ちょうど今のようにその時もパリッとした身なりをして、さきほどいた場所と同じヴィクトリア・ストリートで彼女を呼び止め、「レディ・エヴァートンではありませんか」と声をかけられたという。メッソニエは一介の音楽教師にすぎない。ベックはウィルトン卿だと自己紹介した。二人の会話ははずみ、彼女は翌日に彼を自宅に招待した。

次の日、約束の時間に現れたエセ貴族のウィルトン卿は、彼女には音楽の才があり、数ヵ国語が話せるので、友人たちと行くコート・ダジュールの旅についてきてほしいと申し出た。彼女は受け入れた。次に彼は、その旅と彼女の新しいステイタスには彼女の手持ちの宝石では不十分なので、もっといいものと交換してやろうと持ちかけた。彼は彼女が南仏で必要になる新しいドレスを買うための資金として四〇ポンドの小切手を切り、彼女の腕時計二本（このうち一本はくすねた）と指輪二個を持って帰っていった。彼が去るなり、メッソニエは小切手を現金化しようとした。まもなく彼女はその小切手が偽物であるだけでなく、そこに書かれている銀行が存在すらしないことを発見した。

メッソニエの説明が十分に説得力のあるものだったので、ベックはロチェスター・ロウ署に連行された。三週間前に彼女がそこの警官に伝えていた犯人の描写とベックのそれはぴったり一致した。やはり彼に騙されたデイジー・グラントという女性と、メッソニエの召使のメアリー・ハーヴェイが、彼を識別するために呼びつけられた。七人の面通しの列の中で、白髪交じりなのはベックだけだった。驚くべきことではないが、グラントとハーヴェイは二人ともベックを識別した。警察にとってはこれで十分だ。ベックは起訴され、勾留《こうりゅう》された。女性たちがエセ貴族に貴重品を騙し取られたという話は新聞ネタにもってこいなので、マスコミが飛びついた。粋な詐欺師についての報道が出るなり、同じく彼の被害に遭った女性たちが大勢、ロチェスター・ロウ署のドアをくぐった。明らかに彼は仕事に精を出していたようだ。彼女たちのほぼ全員が、自分を騙した詐欺師としてベックを識別した。

同年（一八九五年）六月に騙されたケイト・ブレークフィールドは八人の中から彼を選び出し、「あの男だったので、とても満足しています」と語った。四月に被害に遭ったミニー・ルイスはベックを一四人もの中から識別した。「彼を犯人だと言ったとき、みじんの迷いもありませんでした」と、のちに法廷で証言している。三月に騙されたジュリエット・クルースはウェストミンスター署の中庭をうろつく一八人の男たちの中から彼を見つけ、のちに「中庭に一歩足を踏み入れるなり、即座に彼がわかりました」と証言した。まだある。ファニー・ナットは被害に遭ってから丸一年も経過していたにもかかわらず、ベックが犯人であると確信するがあまり、法廷で「一〇〇〇人のなかからでも見つけられます」と言った。

捜査が終了するまでには、ヴィクトリア・ストリートでのオティリー・メッソニエによる最初の識別は、警察官を含む少なくともさらに一二人の証人により再確認されたが、彼らのほとんどがベックの識別には絶対的な自信をもっていた。警察は彼を一〇件の窃盗罪と詐欺罪で起訴した。ベックは窮地に追い込まれた。彼女たちが被害に遭ったと言っている日付には、信じてもらえそうなアリバイはなかった。それにともかく、これほど多くの証人のみんながみんな間違っているなんてことが、あるはずがないだろう?

また捕まる

だが、この事件にはとても変わった側面があった。まず問題の詐欺師には独特のやり口があった。彼はウィルトン卿、ウィルトン、またはウィロービーのどれかを名乗り、ぴかぴかの洒落者の服装をしていた。女性たち全員が分厚い金張りの時計、銀の柄のステッキ、山高帽、絹のラペルのコートに気づいていた。彼の被害者たちもまた、特徴あるカテゴリーに属していた。ほぼ全員が貧しい独身女性で、女優、ミュージックホールの芸人、音楽教師などの、上流の暮らしに憧《あこが》れながらも、それを手に入れる手段をもたない人々だった。彼の〝貴族〟の称号はそういった女たちを一マイル先からでも見つけ出した。それは実にうまく考え抜かれたターゲット・グループだった。なぜなら、彼女たちの多くが、事情聴取での巧みな表現によると「お金のために男の方と会う」ことで収入を補っていたからだ。したがって、彼女たちはただ大きなことを約束してくれる男に弱かっただけでなく、まったく面識のない人と話すことにも、また、もしそうする価値があるなら自宅に招待することにも慣れていた。

ウィルトン卿が彼女たちに長々とした作り話は、効果的どころではなかった。先制攻撃もまた完璧な落とし文句だった——「失礼ですが、レディ・エヴァートンではありませんか?」「先日の舞踏会でお会いしませんでしたか?」または もっと直接的な「なんて可愛らしいお御《み》足《あし》をしておられる。何か楽器でもなさっておいでですか?」(答えはイエス。彼女はマンドリンを弾く)。そんなふうに、まず彼女たちの注意を引いておいて、次に自分の巨万の富について語る。リンカンシャーに一〇人の庭師を雇っている邸宅があるほか、ロンドンのブロンプトン・ロード付近にも地所があり、それらが膨大な年収をもたらしていると。ほとんどのケースで彼は家政婦を探していると言ったが、女性たちは、それが住み込みで給料が支払われる種類の愛人を意味することを理解しただろう。彼女たち全員が外国旅行と乗馬のレッスンとパーティへの出席を約束された。夢のようにおいしい話だった。

　こうして女たちを幻惑しておいて、次には彼女たちの服装や宝石の格を上げる必要があると切り出した。そして、いいものと取り替えるために彼女たちの腕時計が必要だとか、ぴったりのサイズの高級な指輪を買うために指輪を預かる必要があるなどと言う。次に信頼できるセント・ジェームズ地区の住所の銀行名が記された小切手を切る。そして一時間後には、伝統と格式を誇るかのカールトン・クラブから、片腕のメッセンジャーが預かったものと新しい宝石を届けに来るから待つようにと言う。そして最後に杖《つえ》を振りながら、ときには馬車代の小銭まで拝借して去っていった。

　この独特の手口は重要だ。ウェストミンスター署に長く勤務していた警官が、一八七七年にジョン・スミスと名乗る男がウィロービー卿という名を使ってほぼ同じ手口で女性たちを相手に詐欺を働き、裁判にかけられたことを思い出した。もしこのウィロービー卿とウィルトン卿が同じ人物なら、それはアドルフ・ベックではありえない。一八七七年はベックがペルーで劇場を造ろうとして失敗した年であり、それを証明する証人もいたからだ。

　一八九六年に開かれたベックの公判で、彼の弁護人は十数年前の有罪判決を証拠として提出しようとした。それが彼の切れる唯一の切り札だったのだ。しかし、ベイリーで上から二番目の重鎮である裁判官のフォレスト・フルトン卿は、驚くべき偶然だが、若きバリスタとして一八七七年の公判で訴追人だったといういきさつがあったが、「その判決は別の固有の問題と関係するもので、陪審員を間違った方向に導くよう意図されている」との理由でこれを却下した。被害者の女性たちはそれぞれ証言をし、ベックは最後まで無罪を訴えていたにもかかわらず、有罪となり、懲役七年の判決を受けた。そのとき、彼は五五歳だった。

ベックは刑務所から当局に事件の見直しを嘆願する手紙を書くという死に物狂いのキャンペーンを繰り広げた。しかし、無視された。刑期も二年を過ぎたころ、一八七九年にジョン・スミスが入っていた刑務所の所長がスミスの資料を見直し、スミスがユダヤ人で、割礼を施されていたことを発見した。ベックは理由を明かされないまま、身体を調べられた。彼の包皮は損なわれていなかった。これは議論の余地のない証拠だ。もしこれらの犯罪が同じ人物により犯されていたのなら、ベックが犯人ではありえない。内務省はこの情報を公判の裁判官だったフォレスト・フルトン卿に回し、どうしたいかと尋ねた。「何もしない」という答えが返ってきた。ただ、この先ベックは二度罪を犯した囚人用の服は着なくていいという指示を出しただけだった。内務省は何も言わずに彼の決断を受け入れた。

ベックは一九〇一年に出所し、以前どおりの無一文生活に戻った。一九〇三年、馴染み深い、巧妙な手口の詐欺事件がふたたび勃発し始めた。ウィロービー卿と名乗る身なりのいい紳士があちこちに出没して女性たちを騙しているという噂が立った。一年後、ポーリン・スコットという名の女性がスコットランド・ヤードにやって来て、オックスフォード・ストリートで出会ったウィロービー卿と名乗る男に指輪と時計を騙し取られたと訴えた。警察はそれが誰かを知っていたので、罠《わな》を仕掛けた。一八九五年のメッソニエによる識別とまったく同じだが、今回は刑事に付き添われたスコットが路上でベックと対面した。「あなたが私の宝石とソブリン金貨を盗んだ男です」。彼女は宣言した。ベックはふたたび否定した。「人違いだ。あなたなど知らない。生まれてから一度も会ったことがない」

彼は逮捕され、起訴され、裁判にかけられた。証人たちは自分を騙したのはこの男だと誓い、彼はふたたび有罪になった。

真犯人、現る

一九〇四年七月七日、二度目の有罪判決から一〇日後、ベックが安全にブリクストン刑務所にかくまわれている間に、本物の詐欺師がついに浮上した。ウィロービー卿と名乗る、高級な服をまとった初老の紳士が、自身の巨万の富をひけらかし、夢のような約束をして、二人姉妹にいくつかの指輪と二・五シリングを渡すよう説得した。

彼が帰ろうとしたところで、姉妹の胸に突然の疑惑が湧き上がった。姉妹が家主にこの男を追跡させると、男はまず宝石屋で値踏みをしてもらってから質屋に行った。警官が呼ばれ、彼は逮捕された。この男は一八七七年の名高いジョン・スミスであることが判明。彼の本当の名は、これも怪しいものだが、フレデリック・メイヤーだった。彼はアメリカで詐欺の腕を磨いて成功を収めていたので、数年間、姿を見せなかったのだ。

スミス／メイヤーの逮捕は悲惨な物語にまるで下剤のような役割を果たした。真実が次々に明るみに出た。さらに多くの女性たちが、彼の犠牲になったと名乗り出た。刑務所所長が割礼にまつわる証拠を内務省に報告していた事実が新聞社に漏れた。世間は憤慨した。そもそも、どうしてこのような冤罪《えんざい》が起きえたのか？　さらに、割礼についての事実が判明したときに、どうしてそれは是正されなかったのか？　数日後にベックは釈放され、両方の有罪判決から放免となった。当初、彼が提供された補償金は二〇〇〇ポンドだったが、新聞のプレッシャーにより五〇〇〇ポンド（現在の金で三〇万ポンド）に跳ね上がった。司法界では首席裁判官に次ぐ地位の記録長官が率いる政府調査委員会が設置された。出席した誰もが気まずそうな顔をしていたが、一八九六年の公判で裁判長を務めたフォレスト・フルトン卿と、六年前にベックを助けるために何もしなかった内務省の面々は特にそうだった。スキャンダルがあまりに大きくなったため、一年後、委員会の調査結果を踏まえて、刑事裁判での有罪判決の確実性を再審査し、将来起きうる誤審を正す目的で、控訴院が設立される運びとなった。

だが、このケースの真の意義は、役所仕事の怠慢さや無能ぶり、また司法界の冷淡な愚かさが公になったことではなく――どちらも目新しくない――、警察官を含む一六人もの人々がそれぞれ別の機会に面通しの列の中からベックを詐欺師として選んだという事実が明るみに出たことだった。スミス／メイヤーの行ったことは、暗い通りで被害者がほんの一瞬しか犯人の顔を見ることができない通り魔や強盗のような犯罪ではない。彼女たちは明るい照明のもと、くつろいだセッティングで、小一時間も犯人と過ごしているのだ。正確な識別を可能にするに十分な時間を共に過ごしながら、全員が間違いを犯した。自分の目を信じるのは自然だし、理にかなってもいるが、自分が見たと正直に信じていることと、実際に起きたことが、まったく別である可能性があるということだ。

記憶の詐術

その理由を知りたくて、私はゴールドスミス大学で識別の心理学的プロセスを研究しているティム・ヴァレンタイン心理学教授に会いにいった。彼のオフィスでコーヒーを飲みながら、まず犯人識別証言との関連で記憶がどのように働くのかをざっと説明してもらった。教授は、記憶というものは自分でコントロールできるものではなく、私たちが見たり聞いたりしたことの意図していない帰結であると描写した。たとえ人の顔や出来事などを意識的に覚えておこうとしたときでさえ、必ずしもそれが可能とは限らない。また、覚え間違いや、実際には起きていないことを思い出してしまうといったことは簡単に起きるのだそうだ。

教授は、いかに記憶が錯覚を起こしやすいものであるかを説明するのには、記憶の三段階を理解することが重要だと言った。第一段階は「記銘」(コード化)と呼ばれ、感覚が脳へ物理的に入力するプロセスである。少しでも記憶が成立するためには、人は対象に注意を払わなければならない。人間にとって、平均的な街の通りの環境は喧騒と混乱のるつぼであり、頭に流れ込んでくる入力情報を理解するためには、見えるものと聞こえるものの整理を行わなくてはならない。したがって、知覚は私たちが感知を期待しているものに左右される。なぜなら、期待なくしては見ているものを判読できないからだ。二人の目撃者がまったく同じものを見ていたとしても、それは完全に異なる方法でコード化される。一人は対象人物を恐ろしいと感知するかもしれない。すると対象人物の威圧的な動作や体の大きさを誇張したバージョンがコード化される。一方、もう一人は同じ対象人物をポケットの中をまさぐっているただの通行人として感知し、そのようにコード化するかもしれない。

記憶の第二段階の「保持」も一筋縄ではいかない。私たちの記憶はただ整理用キャビネットに収まって、いつでも必要なときに引き出せるよう待機しているわけではない。シンプルな記憶すら複雑きわまりない構造をしており、脳のさまざまな場所に保存されている。そのせいで、記憶の最後の段階である「想起」は、行き当たりばったりの当てにならない作業になってしまうのだ。通常、想起は場所や、人の見かけや、私たちの人生におけるある特別な時間などといったきっかけを必要とする。たとえば、海辺への旅行について考え始めると、そういった旅行の記憶が詳細によみがえり、それはまたほかの思い出へと連結していく。想起のきっかけは、それらが記憶をコード化したときの前後関係を再構築するので機能するのだ。前後関係を復旧させるテクニックは、それなくしては思い出せない記憶を引き出すことができる。子どもの目撃者に対して警察がよく使う認知面接は、子どもの心に、彼らが思い出させようとしている日のある状況や背景を復元しようとする試みである。この場合、目撃者にその日の朝から晩までを語らせる。すると無関係な記憶が重要な記憶を引きずり出すきっかけとして働く可能性がある。

記憶を引き上げるのに、私たちはまた、眠っている「記憶痕跡《こんせき》」の始動も行う。神経回路上にある一連の連絡通路である記憶痕跡は、脳のいろんな場所に運ばれた記憶の部分的なひと塊《かたまり》である。記憶の引き上げはかなり見境がないので、ある出来事を思い出すときに、始動させた記憶痕跡が誤帰属や誤認をもたらす危険性がある。たとえば、あなたが友達に海辺の旅行について話しているとしよう。あなたがその友達と二人で前回そこに行ったときにホタテ貝を食べたことを思い出す。友達はいや、それは違う、それは前回ではなくて前々回だと言う。あなたはそれについて考え、友達が正しいと納得する。あなたは同じ前後関係のもとにある二つの記憶を混同したのだ。実は私たちはこれを頻繁に行っているのだが、自分の記憶が間違いかどうかをテストする方法はない。

誤認は識別証言の信頼性の薄さを際立たせる。ヴァレンタイン教授はその例として、彼が研究対象とした、ナイトクラブの外での暴行事件を目撃した人物が法廷で犯人を指差すように言われた場合を挙げた。その証人は傍聴席にいる被害者の方を向き、指差した。裁判官はあっけに取られた。証人に犯人識別を再度行うよう指示すると、証人はふたたび被害者を指差した。これを専門用語では「情報源誤帰属」という。同じ記憶から密接な関係にある二つの役を引き出そうとした目撃者が、攻撃者と被害者を混同したのだ。これの最も悪名高い例は、オーストラリアのバリスタで識別の専門家でもあるドン・トムソンのケースだ。

ある日、トムソンは弁護する依頼人に会うため警察署に行った。カウンターにいた警官は、強姦犯のモンタージュ写真の顔を思い出し、彼を逮捕した。トムソンは震え上がった。状況はさらに悪化する。モンタージュ写真の情報源となっていた被害者が、警察の用意した面通しの列から、強姦犯としてトムソンを選り出したのだ。幸運なことに、トムソンには確固としたアリバイがあった。強姦事件が起きた日時に、彼はテレビのライブ番組に出演して、市長や警察署長と、こともあろうに犯人識別と誤審について討論していたのだ。犠牲者の女性がトムソンを識別したのは、強姦されたときにちょうどテレビでその番組を観ていたので、彼女の脳がトムソンの顔を強姦犯の顔に移送したのだった。

その女性は自分は正しいと言い張り、自らの証言のもつ説得力になんら疑いをもっていなかった。もしトムソンに絶対的なアリバイがなかったら、または彼が高名なバリスタでなかったらどうなっただろうと考えるとぞっとする。どうやって無罪を証明できただろう？　犯人識別が非常に強力できわめて危険であるのは、それがしばしば反駁《はんばく》不可能で、間違えられた被疑者に「私じゃない」と言う以外に自己弁護する方法を残さないからだ。アメリカの「イノセンス・プロジェクト」（DNA鑑定で間違って有罪とされた人を救うためのNPO組織）でDNA鑑定により無罪が証明された死刑囚の四分の三が、目撃者の犯人識別により間違って有罪判決を受けていた。

一九七〇年代には、またもやアドルフ・ベックのケースのような、複数の証人による誤った犯人識別に基づいた誤審が相次いだため、法官議員のデヴリン卿を議長に別の委員会が設置された。彼の報告書は、識別証言のみに基づいた裁判は例外的な状況下でのみ許可されるべきであり、もし例外的な状況が存在しない場合は、裁判を中止すべきであると結論している。デヴリン卿の委員会は、識別の正確さを評定するのは不可能である以上、識別による立件は制限すべきであると助言した。彼らはまた、犯人識別のやり方に関して規範を設けるべきだとの提案もしたが、政府はこれを無視した。有罪判決の数が減ることになる議案に同意する大臣はめずらしいので無理もないが。

最終的には、控訴院がターンブル事件と呼ばれた裁判で、被告人が識別に異議を申し立てたときの識別証言の扱いについての指針を設けたので、この問題にけりがついた。この指針は次のような司法指導という形で陪審員に通達された。

――識別の証拠により被告人を有罪にするときには特別に慎重になる必要があると警告する。自分なりに確信している目撃者は、結果的に説得力のある証人になるかもしれないが、それでもなお間違っている可能性はある。間違いはまた、証人の知っている人物や、親しい友人や親戚を認識する場合にすら起きうる。したがって、犯人識別が行われた状況を念入りに調べなくてはならない。証人は犯人だと識別した人物を目撃したとき、どのくらい観察する時間があったのか？　どのくらい離れていたか？　そのときの明るさはどうだったのか？　観察を邪魔するものはなかったか？　証人はその人物と以前にも会ったことはあったのか？　だとしたら、どのくらいの頻度で会っていたのか？　もしたまにしか会ったことがないなら、相手を覚えていた何か特別の理由があるのか？　目撃したときと、警察での識別の間にはどのくらいの時間が経過していたか？　目撃者が最初に警察に与えた犯人の描写と、被告人の外見に際立った違いはないか？

この指針は、いかにコモン・ローが、裁判官の陪審員に対する指導という形で、証拠が公正に扱われるよう修正しようと努めているかを示す典型的な例だ。それはまた、司法が一挙両得を狙う方法でもある。理論的には裁判官が危険性について警告しているかぎり、陪審員は犯人識別の証拠を手にすることができるからだ。

無実の人間を有罪にしてしまう不正確な識別に対する防衛策として、この指針が実際にどのくらい効果があるのかは一考の価値がある。ターンブルの指針をベックのケースに当てはめたとして、指導を聞いた陪審員はベックを無罪にする気になっただろうか？　メイヤーが女たちに詐欺を働いていたときに、彼女たちはじっくり彼を見ていた——ほかの多くの識別のケースより、はるかにしっかり見たはずだ。明るさは十分あり、妨げるものもなかった。メッソニエは路上で彼を発見した。メイヤーによく似たベックは、証人が記憶のまだ新鮮なうちに警察に届けたときのすべての重要な特徴と一致していた。識別のクオリティとしては、これ以上望めないほどいい。ファニー・ナットが「一〇〇〇人のなかからでも見つけられる」と言ったように、女たちは自分たちなりに絶対的な確信をもっていたので、非常に説得力のある証人だった。証拠のすべての重みを考慮すると、どうして陪審員が疑うことなどできただろう？　ただし、ベックを弁護したバリスタが気づかなかった矛盾もいくつかある。最初に犯人像を描写したとき、メッソニエを含む数人の証人が、詐欺師の顎《あご》のラインに小さな傷痕があったことを覚えていたが、ベックにそれはなかった。何人かの最初の描写では、詐欺師はベックよりかなりずんぐりした体型をしていた。さらに、いくつかのケースでは、証人が詐欺師に会ってから警察に犯人識別をしに行くまでの間には長い時間が経過していた。たとえ弁護側がこういった点を有効に使っていたとしても、それでもすべての証人がベックを犯人だと言っただろうし、それほど多くの人たちの識別が一致しているのに、誰がその正確さを疑っただろう？

ヴァレンタイン教授は自信たっぷりに犯人識別をした目撃者の六～七パーセントが間違っていると推測している。これはかなり小さい数字に思えるかもしれないが、面通しの列に呼ばれる目撃者が一人増えるごとに、六～七パーセントずつ、この確率は増えていく。もし五人の目撃者がいたとしたら、そのうち一人が確信をもって間違った識別をする確率は、各目撃者の間違えるリスクが加えられていくので、三〇〜三五パーセントになる。ということは、面通しの列をできるかぎり公平なものにしたとしても、九人の目撃者を呼べば、そのうち一人は間違った人物を選び出すことになる。

イギリスは犯人識別の手続きの分野では世界のリーダーかもしれないが、さらに改良する方法はある。警官は簡単にしかも無意識のうちに面通しの結果に影響を与えてしまう。いやしくも科学的テストの名に値するテストであれば、テストする側とされる側が共に何が正しい選択かを知らない状態で行うダブル・ブラインド方式で行われるべきだ。ヴァレンタイン教授はこの改良方法を提案したそうだが、今もって採用されていない。過去三〇年間、法廷の振り子は被告人のほうに振れ続けてきたが、今それは止まったようだ。犯人識別証拠はほかの何にも増して、「罪ある者を弁護する理由の一つは、罪なき者を確実に無罪にすることである」と教えている。

一〇、情報開示

警察が乗った？

八月の朝の暑い静寂が、じき破られようとしていた。「赤いおんどり」との別称がある短くて太い大槌《おおづち》を握る二人の警官が、静かに一、二、三とカウントして、ドアを叩き破った。三度目のバン！　という音とともに彼らは中に入っていた。二人に続いて、ほかの警官たちが一気になだれ込んだ。ベッドの中でまどろんでいた二〇代前半の黒人女性リンダが音に気づき、起き上がった。彼女のかたわらのイスで眠っていたマイケルという名の一〇代後半の少年は、何が起きているかをはっきり知っていた。麻薬の売買で手に入れた札束をマットレスの下に突っ込みながら、「手入れだ」と言った。数秒後には、警官たちが寝室にいた。「警察だ。動くな！」

翌日、私は涙ぐんでいるリンダに会った。彼女の夫と二人の幼い子どもは、彼女がマイケルとともに第一種薬物の販売目的による所持で起訴され、勾留されたことを知らない。リンダは麻薬の売人にも常習者にも見えない。健康的に太り、前科もなく、警察で調べたときにも薬物使用の反応は出なかった。私の最初の仕事は彼女に保釈を獲得してやることだ。裁判官は私の申請を聞き、彼女のジャマイカのパスポートを提出することを条件に、保釈を許可した。だが、これが問題だった。リンダはパスポートを提出できない。なぜなら、それはクロイドンのルナー・ハウスというビル（ルナティック・ハウス〈精神病院〉のあだなで広く知られている）の中にある内務省の奥深くに埋もれて、ビザのスタンプが押されるのを待っているからだ。このままでは彼女はおそらく数ヵ月、いや有罪になれば数年間、拘束されかねない。

リンダの嘆きは慰めようもないほどだ。そもそもそんなふうに勾留される羽目に陥ったのは、余分なお金が必要だったからだ。リンダの生粋のイギリス人の夫は、常々、彼女が家計に貢献していないことに引け目を感じるよう仕向けていた。彼女はパートタイムの美容師をしていたが、それではたいした金にならない。もっと収入を増やそうと決意した。折も折、友達のコーラルが、田舎《いなか》での手っ取り早い儲《もう》け話に誘ってくれたのは、もっけの幸いだった。コカイン常習者のコーラルは、高い薬物代を稼ぐために売春婦として働いていた。リンダは夫に内緒でコーラルの家を訪ねた。名目上は、彼女の婉曲《えんきょく》な表現によれば「売春婦の髪の毛を直す」のが仕事だった。最初の数日は順調に運び、リンダはがんがん稼いだ。彼女はコーラルのアパートに滞在していたが、金儲けに聡《さと》いコーラルは麻薬と交換にコカイン中毒者たちも自宅に泊めていた。リンダは当然ながら、儲けた金を下着の中に隠していた。三日目に、それにはちょっと驚いたそうだが、普段は朝寝坊のコーラルが麻薬仲間といっしょに早起きして、外から鍵を掛けて出ていった。きっとすぐに戻ってくるだろうと思い、リンダはふたたびまどろんだ。次に気づいたときには、そばに立つ警官に見下ろされ、部屋のあちこちに散らばった麻薬と、下着の中の金について質問されていた。

警察が室内の捜査中にどこで何を発見したかを記録した家屋捜査帳を見ると、奇妙な点が見つかった。ヘロインとクラック・コカインの包みがベッドの上と周りにばらまかれていたのだ。どこの売人が麻薬をそんなふうに無防備に置いておくだろうか？　他人の密売所では、誰もが自分の麻薬はキャッシュのように、目につかない場所に隠しておく。コーラルが出かけた直後という、警察が到着したタイミングもおかしい。偶然にしてはできすぎている。もし警察がその部屋に手入れをしようと準備していたなら、なぜコーラルのいる時間を狙わなかったのか？　何か臭う。考えうる結論はただ一つ。コーラルがリンダとマイケルをはめようとし、警察がそれに乗ったのだ。

刑事裁判では、訴追側が事件を申し立てるので、彼らには事件を立証する必要がある。裁判をする以上、被告人が自分の立場をうまく弁護できる可能性がなくてはならない。それを実現させる方法はただ一つ、被告人が訴追側の主張の内容とそれを取り巻く事実について熟知していることだ。証人が法廷に現れて告発し始めるまで、被告人が自分は何の罪を問われているのかをまったく知らなかった時代は終わった。訴追側による申し立て内容の公判前開示なくしては、公正な裁判を行うことは不可能である。この開示を仕切るのは訴追側なので、何を開示して何を開示しないかは彼らの決断に委ねられる。だが、これは必ずしも、訴追側が自分たちに都合のいいものしか開示しないことは意味しない。初回の開示には従わなくてはならない次のような司法基準がある（司法基準は常に適用される）。

訴追側は以下のような訴追材料であれば、被告人にすべて開示しなくてはならない……訴追側の被告人に対する申し立てを不利にする、もしくは被告人の抗弁の助けになる可能性があると合理的に判断できる場合。

ちょっと待てよ、と思われるかもしれない。この国の裁判制度は対審システムではなかったのかと。訴追側が弁護側の主張を助け、自分たちの主張を損なう可能性を生じさせるのでは、対審とは言い難《がた》いのではないか？　確かにそのとおり。私たちのシステムには、それなくしてはシステムがうまく機能しない重要な審議的特徴がある。公正な裁判は、訴追側が正義を自分たちの利益より優先させて初めて可能になる。これは両立しえない。訴追側は相手を厳しく攻め立てながらも、同時に相手に自分を叩かせるための棒を渡すだけでなく、自分の最も弱い部分まで教えるのだから。

これには一つ、「開示される材料は事件と被告人側の弁護に関連性のあるものでなくてはならない」という重要な但し書きが付いている。弁護側は、網を海底に引きずりながら航行して、あらゆる軟体動物や這い回る生物を引き揚げる流し網漁のトロール船のような操業はできない。したがって、材料に事件との関連性がない場合や、単に中立的である場合には、訴追側は開示する義務はない。

関連性のあるなしに両陣営が意識を向けることにより裁判の効率をさらに高めようと、前保守党政府は被告答弁書の制度を導入した。訴追側の開示のように、この被告答弁書も対審制度よりむしろ審議システムに沿うものである。公判で審議されるべき争点を絞り込むために、弁護側は早々と自分たちの主張を書面にし、署名するよう求められる。これは義務ではないが、これを行うことには大きな利点がある。というのは、これがきっかけとなって訴追側に新たな材料を開示させ、訴追側が提出していなかった特定の材料を要求することが可能になるからだ。

関係者すべてに秘密がある

リンダの弁護人である私の仕事の一つは、彼女の被告答弁書の草案作りだった。「はめられた」――すなわち、警察の黙許のもと、コーラルにより偽の証拠で犯人に仕立て上げられたというのがリンダの主張だが、これを証明するには、まずコーラル自身についてと、コーラルと警察の関係をできるだけ多く発見するしかない。コーラルは情報提供者（業界用語で、秘密の人的情報源 Covert Human Intelligence Source または略してＣＨＩＳ）なのだろうか？　だとしたら、どのくらいの報酬を得ているのだろうか？　連絡シート（情報提供者と警察の間であった接触の記録）には何が記されているのだろう？　表面的には、もしコーラルが情報提供者ならば、コーラルは手入れに参加したことになる。それは訴追側の開示すべき秘密だ。

リンダはこういったことになかなか集中して取り組めなかった。子どもたちが恋しくて、家に帰りたがっていた。そうこうするうちに、彼女の運が急に上向いた。内務省にパスポートの返却を要求することになる保釈の条件を再検討するよう、私は裁判官に願い出ていた。すると裁判官も、内務省はおそらくパスポートを見つけられないという点に同意し、リンダを保釈してくれたのだ。リンダは天にも昇る気持ちだ。ところが、金欠問題に心が奪われている彼女は、自分かもしくは夫がコーラルの部屋に立ち寄って、マイケルがマットレスの下に隠した金を取り戻してもいいかと訊《き》いた。「気は確かですか？」私は言った。「そんなことをしたら、とんでもないことになりますよ」

その金はそこに留まることになった。

リンダの被告答弁書に対する訴追側の反応は新たな材料開示ではなく、裁判長を相手に「公益のための免除（ＰＩＩ）」の聴聞《ちょうもん》を行うという通告だった。弁護側抜きで行われるＰＩＩヒヤリングでは、訴追側が事件に関連性があるので本来なら開示しなくてはならない情報を、公益のために保留する許可を申請する。もしコーラルがCHISなら――そうに違いないが――その事実は明らかにリンダの弁護に関わってくるので開示されなければならない。だが同時に、警察の情報提供者は保護されなくてはならない。でなければ、犯罪に対する闘いは著しく困難になるからだ。その情報が開示されなくても、被告人が開示された場合と同じくらい公正な裁判を受けることが出来るかどうかを判断するのが裁判官の仕事だ。その開示なくして……と裁判官は自問する……はたして弁護側は、コーラルはCHISで、リンダははめられたのだという説を効果的に主張できるだろうか？

開示の欠如《けつじょ》により裁判が頓挫するのは、特に大きな情報の場合、けっしてめずらしくない。私が弁護したある重大な詐欺事件では、大きな株式公開会社内でリベートを潤滑油として受注を与えたり獲得したりしていたとして、複数の人間が訴えられた。受注により利益を得た会社の男は、契約を与えてくれた女性に四二、〇〇〇ポンドの腕時計を贈っていた。さらにその二人はいっしょに出張し、六〇ドルのブラジル製Tバック下着（彼にではなく、彼女に）を含む小さなプレゼントを互いに大量に贈り合っていた。ロンドン郊外に戻ったのちも、彼らは浪費を続けた。豪邸のお化粧直しに数十万ポンドを注ぎ込み、Tバックの女性は豪華な厩舎《きゅうしゃ》の側面に渦巻き文字の金のイニシャルを取り付けた。すべてがおかしな事件だったが、訴追側がすべての必要書類を関係した会社から入手できたと裁判所に保証することができなかったので、不起訴になった。

リンダのケースは違った意味で複雑だ。関係するすべての人に秘密がある――リンダは夜間の副業を夫に隠しているし、マイケルは隠し金を持っているし、警察はスパイのコーラルとグルだ。私は何が起きているかを推測はできるものの、具体的な事実はわからないし、またこの先も発見することはないだろう。なぜなら、裁判官は警察とコーラルとの取り決めを開示するよう命令したのだが、すると訴追側が起訴を取り下げてしまったのだ。勝負は引き分けだった。関係者全員がそれぞれの生活と秘密を守らなければならなかった。

裁判所を出た私は、最後にもう一つ、私をいらいらさせている謎があることに気づいた。マイケルの金のもとに一番に到達するのは誰だろう？　警官を含む多くの人に可能性がある。ひょっとしたら、誰もまだ手に入れてなくて、今もそこにあるのかもしれない。これがバリスタのつらいところだ――いろんな秘密を聞かされても、けっしてすべてを知ることはない。

一一、運しだい

どうして警察に知れたのか?

黒のＢＭＷ・Ｘ５が赤信号の前で速度を落とした。一瞬ののちにボルボのステーションワゴンと大型ベンツが、その後ろにぴたりとつけた。白黒チェッカー模様の警官の制帽を目深《まぶか》に被《かぶ》った人影が、ショットガンを手にボルボから降り立った。一続きのなめらかな動作で安全装置をパチンとはずして肩に載せ、Ｘ５の前輪に狙いを定めた。引き金を引く。閃光《せんこう》に続いて、タイヤを撃つために特別に設計されたハットン弾の破裂音が向かいの倉庫に反響した。ＢＭＷのドライバーはそのショックに揺さぶられでもしたかのようにアクションを起こし、ギアをファーストに入れるなり交差点を急発進したので、驚いた警官は銃を取り落としてしまった。ボルボはその銃をひいて、飛ぶようにあとを追っていった。ベンツもタイヤを空転させながらボルボのあとについた。どこからともなく車の大群が現れ、そのヘッドライトが道路脇《わき》にいる警官の上を掃くように通り過ぎていった。一台、また一台と、疾走しながら追跡するすべての車が路上の銃をひいていく。サイドラインに残された警官はそのひん曲がった銃を取り上げ、興奮が闇《やみ》の中に消えていくのを寂しそうに見送った。

この警官が一抹のわびしさを感じていると思うなら、三人の強盗犯がどんな気持ちでいるかを想像してほしい。たった今、まんまと逃げおおせたと信じ、トランクに一五〇万ポンド相当の金塊を積んで浮かれ気分でドライブしていたと思ったら、次の瞬間には、銃を山のごとく積んだロンドン警視庁重火器班全員と特務捜査隊*の隊員数人に容赦《ようしゃ》なく猛スピードで追いかけられているのだ。彼らは不思議でたまらなかっただろう——どうして警察に知れたのだろうか？

二〇分前

ライアンは腕時計を見た。ちょうど午後一〇時一五分を回ったところだ。彼はＢＭＷを袋小路《ふくろこうじ》に入れ、工場の敷地との境界線に沿って走って一番奥に止めた。後部座席にいたクレイグが真っ先に下りた。何か危険なものはないか、辺りを見回す。静まり返っている。袋小路はちょうどいい具合に暗い。工場の壁にある照明の照り返しが唯一の明かりだ。クレイグは黒の目出

＊原注　武装した強盗の摘発を専門とする特務捜査隊（フライング・スクワッド）の名は、一九二〇年の結成時に、隊員たちがロンドン警視庁の管轄区域のどこでも活動する権利を与えられたことに由来する。

し帽をすっぽり被って、スミス&ウェッソンの9ミリ・リボルバーをチェックした。三人目の強盗がトランクの前で加わった。全員が黒っぽいつなぎの作業服の下に樹脂の防弾チョッキを着ている。三人とも半分膨らませたミシュランマンのように、不自然に膨らんでいる。

付近に誰もいないことに満足し、ライアンはボルトカッターを取り出して、境界のフェンスを大きく円状に切り抜いていった。非常ベルは鳴らない。ビルの角の高い位置にある監視カメラは彼らのいる位置をカバーするはずだが、今は違う方角を向いている。三人目の強盗が黄色い粉の入った手押し車を押してきて、フェンスのところでライアンに加わった。ノーマン・ウィズダム（イギリスのコメディアン・俳優）の物まねでもしているかのように、膝《ひざ》を曲げずに歩いている。穴が開くと、三人は手押し車もろとも敷地内に入った。大きな煉瓦《れんが》造りの倉庫の側壁に沿って進んでいく。三分の二ほど行ったところに、内側からしか開かないドアがあった。だが、それは半開きになっていた。リーダーのライアンがそのドアを押し開けた。そこからの道順はビデオで予習していた。だが、念のため胸ポケットから工場内の配置図を取り出して広げた。それは金塊に導いてくれる宝探しの地図だ。

道順を知っていることは絶対不可欠だ。工場内はとてつもなく広く、いくつもドアがあり、廊下や行き止まりの経路があらゆる方向に延びている。簡単に迷子になってしまうだろう。幾度か角を曲がり、天井まであるスチール製の棚の横を通り過ぎると、三人の強盗は防護ドアの前に到着した。ドアの右側にキーパッドがある。ライアンはポケットから携帯電話を取り出し、メールをチェックした。メール上の数字をキーパッドに打ち込んでいく。キーパッドがグリーンに光り、ビーという音がすると、ドアが大きく開いた。

数分後、彼らは溶錬工場のドアの前にやって来た。その向こうでは、一年中、昼夜を問わず、金や銀やプラチナが機械のクズから抽出されている。ライアンは着弾の衝撃で割れて最大のダメージを与えるダムダム弾を込めた357マグナムを構えた。三人の中で一番ナーバスになっているクレイグがそれに従い、スミス&ウェッソンを構えた。ライアンが携帯上の最後のメールをチェックし、ふたたびキーパッドに数字を順に打ち込んでいった。ドアが開くなり、騒音と熱波が彼らに襲いかかった。もう後戻りはできない。

私たちが監視カメラ上に最初に三人の姿を目にするのは、彼らが溶錬工場内に入っていくところだ。つなぎの作業服を着た彼らは、部屋の反対側にいる夜勤の工員たちと、一見、寸分変わらない。工員たちは、自分たちの方に向かって部屋を横切ってくる強盗に、しばらくは誰一人気づかない。監視カメラに、彼らが一人また一人と目出し帽を被った三人の方を見て、不思議そうな顔をしているところが映っている。ライアンとクレイグが銃を構えて前を行く。その後ろから、ノーマン・ウィズダム似が手押し車を押しながら、乱れ敷きの舗道の目地《めじ》に沿って歩いているかのように、よろよろとついてくる。そのとき、ちょうど夜勤のシフトを始めたばかりの工員たちが、目出し帽と銃に気づいた。一人が強盗を指差す。彼らは日勤の仲間たちのジョークだと思っている——溶錬工場での精いっぱいの悪ふざけだと。しかし、目出し帽の男たちにはどこか変なところがある。どこかいやな感じがする。工員たちは笑うのをやめ、互いに顔を見合わせた。これはおふざけじゃない。銃を携帯しているあの男たちは本気だ。

「言うとおりにしろ。そうすれば、誰も傷つかない」。ライアンが言った。抑制は効いているが、必要とあればどんなことでもしかねないシリアスな声だ。

「ここに来い、床の上に」。銃で指し示しながら、クレイグが言った。

男たちは従った。彼らの中から不安げな顔をした大男が貴金属の貯蔵庫を開ける役に選ばれた。運よく、鍵はかかっていなかった。ノーマン・ウィズダム似が監視カメラの視界から消えた。三〇秒後に戻ってきたときには、冷えたばかりの金の延べ棒一五本を積んだ手押し車を押している。

「五分間、じっとしてろ。動いた者は撃つ。英雄になんかなるなよ、お前ら、いいな、英雄はなしだ」。ライアンが警告した。

三人の強盗は来た道を戻っていった。スタートからフィニッシュまで、全部で八分もかかっていない。溶錬工場の男たちが警報を発する前に、三人は車に戻ってトランクに延べ棒を積み込み、すでに金の使い道に思いをめぐらせていた。

テーザー、テーザー

ノーマン・ウィズダム似はバックミラーにチラッと視線を送った。追撃車の先頭にいるボルボがスピードを上げ、彼らの車の後輪にその鼻先を押し付けんばかりに迫っている。ノーマンはすでに体を平らに伏せている。車が丘の頂上を目指して急加速していったときに、もう一度、バックミラーに視線を走らせた。ボルボは今、後部バンパーにぴたりとくっついている。BMWが坂を登りきり、頂上というよりは峰に達すると、三人は車の飛び出しに備えて身構えた。一瞬、すべてが、強盗も、金も、手押し車も、銃も、ボルトカッターも、無重力の中で小躍りした。一秒後、重力の法則がふたたび自己主張する。車が道路に打ちつけられると、目にも明らかに最悪の事態が待ち受けていた。ボルボが傍らにいた。ゲームセット。

降参の合図をして、ノーマンはBMWの速度を一気に落とした。機を得たボルボは前方に進み出て路肩に寄った。後ろから猛スピードで追いついたベンツは、BMWに幅寄せして半分歩道に乗り上げさせた。三台の車は横滑りしながら停止した。警官があらゆる方向からタイヤ目指して発砲したのでハットン弾がBMWのまわりで炸裂した。警官たちが車から飛び出してきた。アドレナリンを体にめぐらせ、強盗のまわりに群れ集まる。一番に車から出てきたのはクレイグだった。ドアを押し開け、ばったりとひざまずき、手で耳のあたりをまさぐるが、その親指にはスミス&ウェッソンが垂れ下がっていた。

「銃を落とせ！　銃を落とせ！」

クレイグは銃を落とした。後方からやって来たブーツの底が彼の顔を地面にこすりつける。

「ほかに何か道具は？」声が聞く。道具とは、警官と悪党の間で使われる、銃を意味するスラングだ。禿《は》げかかって髪が房になったクレイグは、すっかり観念し、自分を哀れむように「持ってない」と答えた。警察の警告に答えながら、惨めったらしく「こんなことに巻き込まれるんじゃなかった。おれにはいい家族がいるのに」と付け加えた。

捕まったときには、警官の間で「著名人」として知られている完全なワルさえもが、家族に思いをはせずにはいられないらしく、後悔とまではいかないまでも、少なくとも人間の弱さを認める言葉を発する。

前線では物事はそれほどスムーズには運んでいなかった。ライアンはマグナム銃を投げ出しはしたが、車から降りるのが少々遅かった。重火器班の警官二人が彼を引っ張り出しにかかった。ライアンにはおいそれと屈する気はなく、警官によると、彼らに向かって反撃を始めた。即座に四人の警官が彼を取り囲み、一人が下から彼の両脚を蹴り上げた。ライアンは膝をついてくずおれたが、生き抜くために身につけた狡猾《こうかつ》さと、フランスの外人部隊に所属していたときに短期間で習得した動作を武器に、抵抗し続けた。警官の手には負えなかった。彼らは手錠をかけることができなかった。

黄色いテーザー銃で武装した重火器班の警官が前に駆け出て、「テーザー、テーザー！」と叫んだ。

まわりに大勢の警官がいるのに、その距離からテーザー銃を使うことは絶対にできない。そこで彼はスイッチをドライ・スタン（乾燥衝撃）モードに切り替え、小さなブルーのライトが点いた部分をライアンの背中に押し当て、五万ボルトの電気ショックを与えた。ライアンは何の反応もしない。警官はテーザーを見て、振ってみた。そんなわけはない。彼はライアンの防弾チョッキが電気ショックを吸収していることを知らない。警官は充電し直して、もう一度ライアンを攻撃した。やはり何も起きない。内務省のガイドラインにより、テーザー銃のドライ・スタン・モードでの頭や首への使用は、人命を救うために「どうしても必要な場合」以外は禁じられている。ショックを吸収しやすい脂肪のあるやわらかい組織に使うほうがはるかに安全なのだ。武装した重火器班の警官たちに囲まれているにもかかわらず、この警官はテーザー銃をライアンの首の後ろに当てて引き金を引いた。電流が体を貫き、ライアンは飛び上がった。警察はその瞬間を捕らえ、彼の腕を後ろに回して手錠を掛けた。*

最後に彼らはノーマンを引っ張り出した。彼はまったく抵抗せずに出てきた。たった今、親友のライアンが受けた手荒い扱いを目撃し、自分はまっぴらご免だと思ったのだ。車から出ながら、彼は言った。「助かったぜ、銃を持ってなくて」

彼がそれを言った理由が、ライアンが重火器班から受けた温かい歓迎を見たからなのか、そ

*原注　警官が使ったテーザー銃はM26という機種だった。二〇〇八年一一月、当時の内務大臣ジャッキー・スミスは、M26をアップグレードしたX26テーザー一万本を警官に支給すると発表した。しかしロンドン警視庁は、市民の警察に対する信頼をむしばみかねないとの理由でこの申し出を断った。

れとも武装強盗での自分の役割を最小限に見せたかったからなのかはわからない。もし後者なら、そんなことを言っても無駄だ。なぜなら、共同の企ての原則として、銃を使用した強盗に加わった誰かが〝道具〟を持っていなかったとしても、その事実は取るに足らず、その人物はほかのメンバーと同罪になるからだ。

ライアンだけが逮捕現場で無言だった。数時間後、病院のベッドに手錠でつながれたまま、テーザー銃の衝撃により失った意識を回復した彼は、見張りの警官に言った。「おれのことをタレ込んだ可能性のあるやつは、二、三人しかいない」

ライアンがチクられたのではないかと疑ったのも無理はない。彼と強盗仲間が夜の一〇時半に一五〇〇万ポンド相当の金の延べ棒をトランクに積んで溶錬工場から逃げているときに、たまたま近くに警察がいたのは絶対に偶然ではない。私だって好奇心をそそられる。

ステート・アンバー（黄信号の状況）

そう、警察は何を知っていたのだろう？　どうやって知ったのだろう？　彼らには特定の品（金の延べ棒）がターゲットにされることも、事件がどこで起きるかもだいたいわかっていた。実はこの内密情報はタレ込みがもたらしたものではなく、犯罪者たちの会話の盗聴から得たものだった。盗聴には二つの方法がある。盗聴器を部屋や車に仕掛ける方法と、もう一つは電話に仕掛ける方法だ。だが、盗聴による情報はけっして完全ではないので、そのギャップを古きよき警官の活動で埋めなければならない。それでやっと、ターゲットとして最も可能性が高いのはロンドン北東部の郊外にある溶錬工場であると推測できるまでに絞り込める。ほかにも考えられるターゲットはいくつかあったが、警官たちはこの推測にかなり自信があったので、自分たちの活動の大半を溶錬工場に集中的に注ぎ込んでいた。

武装強盗のような重大な犯罪を扱う作戦行動では、警察は三つの命令系統のもとに動く。金の指揮官――このケースでは特務捜査隊の警部――が作戦行動全体の指揮を執る。彼は全体的な戦略の責任者だ。銀の指揮官――同捜査隊の警部補――は現場での作戦を担当し、日々の戦略を決断する。彼が容疑者を逮捕すべきときがきたと決断したなら、作戦の指揮権を犯人逮捕の責任者である銅の指揮官――ロンドン警視庁重火器班の巡査部長または警部補――に譲る。

いろいろな意味で、銀の指揮官の仕事が一番重要だ。展開していく成り行きに常時対応していかなければならないからだ。情報をふるいにかけ、いつ、どこで、どのように犯罪が起きるかを予測するのも彼の仕事だ。部屋や電話への盗聴装置のほかにも、彼が自由に使える情報収集手段は数多くある。見張り場所の設置や、潜在的犯罪者への尾行指示、ＣＨＩＳ（秘密の人的情報源）の利用、警察のデータベースの駆使など。

偵察と情報収集の一環として、警察は強盗犯たちが工場へのアクセスに使った袋小路の入り口付近に見張り場所を設置していた。彼らは敷地の境界の全体を見張れるよう、袋小路のむしろ突き当たりに設置したかったのだが、そこにはうまく隠れる場所がなかったのだ。そのせいで、入り口の見張り場所に詰めていた警官にはＢＭＷ・Ｘ５が到着するところは見えたが、それに乗っていた者たちがどこに行き、何をしているかは見えなかった。犯人たちが強盗の仕事を終えるのに八分しかかからなかったことを思い出してほしい。工場に押し入り、セキュリティ装置をすり抜け、工員たちをおとなしくさせ、金の延べ棒を強奪するのに、そんな時間で足りるだろうか？　ＢＭＷに乗っていた男たちが、強盗をするためにやって来たのかどうかさえ警官にはわからない。下調べのために来ただけかもしれないのだ。

さらに問題を複雑にする要因もあった。警察は三人の強盗犯のほかに、手引きをする人間が内部にいるのではないかと疑っていた。そのせいで、彼らの疑いを溶錬工場の管理者にあらかじめ警告しておくことができなかった。それが内部にいる共犯者に漏れて、実行犯に伝わるかもしれないからだ。ちょっと待てよ、それはちょっと危険なのではないか、と読者には言われるかもしれない。一般人の安全こそが警察の最優先課題なのではないかと。ロンドン警視庁のスローガンは「協力してロンドンをより安全な街に」ではなかったか？　武装強盗かもしれない男たち、そんな凶暴な人間に、溶錬工場に押し入る隙《すき》を与えるだけでも、誰の身がより安全になるだろう？　結果的に誰かが殺される可能性だってあるのだ。

これは解消しなくてはならないジレンマだった。強盗を逮捕するのに最も適した、また最も安全な場所は、彼らが工場に入る前の、境界フェンスを破っているときだろう。だが、それは現実的な選択肢ではない。警察には三人が実際に強盗を働こうとしているという確証がないからだ。ただ、かなりの確信があるにすぎない。工場内での逮捕は問題外だ。内部の共犯者に警告してしまうだけでなく、工員たちが十字砲火に巻き込まれ、人質に取られる可能性だってある。絶対に避けなくてはならないのは銃撃戦だ。したがって、特務捜査隊の存在理由である強盗の逮捕と、警察官の職務である工員たちの身の安全確保の間のどこかに、バランスの取れる点を見つけなければならない。結局、強盗事件が起きるという保証はないし、広大すぎて敷地のまわり全体を見張ることも不可能だが、彼らが本当に金の延べ棒を奪おうとしたときに、不意をついて捕まえるのに最も適したポジションについておくことはできる――という妥協に達した。

完全無欠の情報を収集できるパーフェクトな世界でなら、銀の指揮官は固定型プロットと呼ばれる作戦で犯人を逮捕するだろう。固定型プロットのもとでは、一ヵ所に人的資源を集中させるので、強盗の行動に介入したときに最大限のコントロールのもとで逮捕を達成できる。だが、固定型プロットの欠点は、それが固定されていることだ。たとえば、特務捜査隊が隊員たちを溶錬工場の敷地の片側に集中させていたとすると、強盗は別の側から気づかれずに出入りできる。したがって、唯一実行可能な作戦は、必要なときに必要な場所に配置できるよう、武装警官を乗せた車を動かし続ける可動型プロットだった。ただし、これを首尾よくやるのは難しい。可動型プロットでは犯人と思われる者たちが目的の建物に侵入するときに尾行するのだが、もし気づかれたら、作戦はふいになるからだ。

問題の夜、銀の指揮官は指令車に座り、さまざまな見張り場所や車両から刻一刻と送られてくる情報を受け取っていた。だから彼は強盗と見られる男たちが袋小路に車を乗り入れ、しばらく車を止めていたことを知っていた。次に入った電話で、BMWがライトを消したまま猛スピードで袋小路を出ていったことを知った。やつらは下調べを終えたのだろうか？　それとも強盗を働いてきたのだろうか？　迅速な決断を迫られた。自らの勘を信じて、銅の指揮官に逮捕を命ずる「ステート・アンバー」（黄信号の状況）という暗号を無線連絡した。結果的に正しい指令だった。

内部の男

強盗事件が起きてから一〇分後、警備員のフレディは工員の無事を確かめに溶錬工場に入っていった。彼らは三年間、共に働いた同僚だ。彼は工員たちの肩を抱き、励ます言葉をささやき、仕事の一環として、帰宅する工員たちの身体検査を行った。警察が到着したあとは、ことさら協力した。

翌日も彼は何食わぬ顔で出勤し、同僚たちと内部に手引きをした人間がいるのではないかなどという話までした。捜査の手が迫っていることはわかっていたはずだから、それは奇妙な行動だ。警察の没収したライアンの携帯電話には、犯行当日にフレディの携帯電話から送られた、明らかに彼も一味であることを指し示す一連のメールがあった。最初のメールには「あとどのくらい？」、二番目には「一〇分でいいだろう。OK」とあった。三番目のメールが決定的に彼を破滅させる。「暗証番号は21。幸運を。数ヵ月後に会おう」。警察はさらに警備員日誌も入手し、犯行時刻にフレディが警備員室で、敷地内の複数の監視カメラが捕らえた映像を映し出す大きなモニターセットの前に座っていたことも発見した。

結局、フレディは数ヵ月も待つ必要はなかった。ほかの者たちの逮捕から三日後に、警察が彼のもとにやって来た。フレディは、あろうことか、スコットランド在住の恋人を訪問したときに起こした別の刑事事件で審理中の身であった。パブの外でひと悶着《もんちゃく》があったときに、この時ぞとばかり、うまくいかない人生のうさ晴らしに、居合わせた誰かの鼻を噛み切ったのだ。これも立派な事件だが、武装強盗とは違うリーグに属する事件だ。スコットランド人は自分の番の裁判が来るまで待たなくてはならないだろう。

そちらが手の内を見せるなら、こちらも見せよう

武装強盗犯の逮捕は大変結構だが、それではまだ仕事は半分しか終わっていない。彼らを訴追しなくてはならないのだが、そこで私の出番となる。私がこの訴追を率いるって？　とんで

もない！　私は三番手のバリスタ、若手も若手、ウイッグを被った使い走りだ。

複数被告人の公判の準備は大量の時間を食う。事件を組み立てて、弁護側に提出しなくてはならない。追加の調査も当然のごとく必要になる。これが終了すると、今度は強盗だと申し立てられている者たちが、被告答弁書を提出する。リンダのときと同じく、答弁書には各被告人の言い分をもとに作成された申し立てが記されていて、それがまた弁護に関連した訴追材料開示の引き金になる可能性がある。関連性のある材料の中で唯一開示されないのは、前述のように、訴追側が「公益のための免除（ＰＩＩ）」を申請し、それが通った場合である。その材料の開示が、警察の犯罪捜査を可能にしている情報源や手段——諜報《ちょうほう》活動など——を危険にさらす場合に、これは適用される。

四人全員が強盗罪で起訴されたが、彼らの弁護は四人四様だった。

一、クレイグの弁護は「脅迫」だった。刑事訴訟を扱うバリスタのバイブル『アーチボールド』（一九〇年以上の歴史がある。副題は「刑事訴答、証拠、訴訟手続き」）によると、脅迫は「身体的危害を加えられる脅威（場合により、拘禁される脅威も含まれる）があまりに大きいために、被告人と特徴（年齢、性別、ＩＱなど）を共有する、妥当な強さをもつ分別ある人物が、同じ状況に置かれた場合に被告人と同様の行動を取ったであろうと考えられる場合」と定義される。
クレイグは、名高いギャングのアルジーという男にとても返せないほどの大金を借りていたので脅迫されていたと主張。アルジーに金の延べ棒の強盗に参加するか、痛い目に遭うかの選択を迫られたという。

二、フレディの弁護もまた脅迫だが、これにはひねりがあった。ライアンがアルジーを後ろ盾に彼を脅して内部からの手引きをさせたというのが彼の主張だ。初めフレディは断ったのだが、するとアルジーは拳銃を取り出してフレディの両脚の間を撃った。またフレディは被告人の一人が誰かを銃殺したと思い込んでいたので、余計に脅威を感じた。この殺人の話は部分的に真実だ。ノーマン・ウィズダム似はあるティーンエイジャーの殺人事件で裁判にかけられたことがあったが、彼が引き金を引いたことが証明されなかったために無罪になっていた。

三、ライアンとノーマン・ウィズダム似はもっと面白いことを言った。彼らによると、彼らの行った武装侵入は強盗ではなく、溶錬工場の従業員の不満分子たちが企てた窃盗（これだと刑期はぐっと短くなる）にすぎない。ライアンが銃を携帯したのは、監視カメラに映る姿を本物の強盗らしく見せるためだ。だが、最も重要なのは、警察もその計画全体に一枚嚙んでいたという主張だ。武装した強盗犯の派手な捕り物劇が引きつけるであろう報道に、警察は釣られたのだ。ライアンとノーマンによると、強盗事件が発生する場所を知ったのは「よい読み」以外の何ものでもなかったとする警察の主張は、自分たちの関与を隠すための嘘である。警察は密告を受け、あの夜に強盗があることをはっきりと知っていた。警察と溶錬工場を結びつける要《かなめ》となった人物は、ほかならぬアルジーだ。彼こそが銃の供給を含む〝強盗〟を仕掛けた工作員だ。警察は強盗が金の延べ棒を奪って逃げた後に罠をはずして逮捕劇を完遂し、警察絶賛の報道に浴するのを楽しみに待っていた。

これは二つの理由で実に巧妙な弁護だ。まず、アルジーを工作員として起訴されかねない首謀者にしている。次に、彼らの弁護の中心となる、警察がアルジーの行動を知っていたとする主張は、訴追側に開示不可能な材料を開示させるプレッシャーをかける。開示不可能となれば――単に「何か隠していることがあるのでは」という疑念だけでも――評決のために陪審員が呼ばれる前に、公判が中止になる可能性が出てくる。彼らは法が介入してくれることに望みをかけた。これは大博打《おおばくち》だが、人生同様、人は自らの運を作り出す。ライアンとノーマンのこの計算された弁護は、四人の強盗全員に信じられない幸運をもたらそうとしていた。

この強盗事件について特務捜査隊が得た最も重要な情報の一つは、別件の捜査からもたらされていた。こちらの捜査の過程の盗聴で、アルジーが強盗の計画に気づいていただけでなく、それに参加していたことを明らかに認める言葉が録音されていた。仲間の一人と強盗犯三人の逮捕を哀れんだアルジーが「おれはこれに三つ突っ込んだ」と言ったのだ。この言葉はライアンとノーマンの弁護の核心に触れる。というのは、アルジーがこの強盗事件の黒幕だったという、彼らの主張に信憑性《しんぴょうせい》を与えるからだ。「おれはこれに三つ突っ込んだ」というのがどういう意味であれ（銃と実行犯と金？）、アルジーがその三つを調達したということは彼がこの仕事のプレーヤーだったことを意味するのではないか？　もしそうなら、この情報は絶対に弁護側に開示されなくてはならない。アルジーの言葉は被告人の弁護をより微妙な形でも助ける。彼の名前が背景に渦巻くなか、具体的な証拠はないものの、警察が強盗事件のお膳立《ぜんだ》てをしたという弁護側の提案するごまかしが実体を得てきたのだ。これは大いに興味をかきたてられる成り行きだった。

罠を仕掛けることは法で禁じられているが、警察の犯罪への参加は、ある法官議員の言葉を借りると「ある人物に犯罪行為をするよう仕向ける理由が、その人物の悪い特質をあばいて罰するためではなく」、犯罪行為の証拠を得ることが目的である場合には許される。アルジーと協力していたかどうかにかかわらず、もし警察が当該事件に関与していたなら、弁護側は疑いの余地なく公判手続きの乱用を理由に公判の中止を要求するだろう。

被告側の幸運

アルジーの関わっている別件の訴追側バリスタを呼ぶ時期が来た。それも早急に。だが、もし弁護側の連中が彼を見かければ、ただちに何かが起きていると察するだろうから、このバリスタには裁判所の表門を堂々とくぐってもらうわけにはいかない。案の定、翌日、彼はパトカーの後部座席に体を平らにした状態で、人目につかない裏口から入ってきた。待っていた案内人がさっと彼をめったに人の通らない廊下に導いたので、誰かが彼に気づいたときには、すでに満面に生意気な笑みを張り付かせて、法廷の後ろのほうに現れていた。

このバリスタは、当該強盗事件にアルジーはいかなる具体的な方法でも参加していないと裁判官に断言することにより、一見、私たち訴追側を助けたように見えた。つまりこれは「おれはこれに三つ突っ込んだ」という言葉を、弁護側の申し立てを助ける材料ではないというシンプルな理由で弁護側に開示しないですむことを意味したからだ。

そのバリスタは別に私たちを助けようとしていたわけではなく、警察のもう一つの捜査を守ろうとしていただけなのだが、裁判官を怯えさせて、訴追側にほかの秘密を開示せよと命令するのを控えさせるという見事な仕事をやってのけた（彼らはクレイグとアルジーが化粧瓶入りのモルトウイスキーを手に、楽しそうに話しながら通りを歩いている素晴らしい写真を手に入れていた。また、こちらのほうがさらにいいが、盗聴により、アルジーがクレイグに、自分に脅迫されていたという作り話をしろと勧める会話も手に入れていた。残念ながら、私たちはそのどちらも使えなかった）。それでも公判は開かれる可能性があったが、簡単には行きそうになかったし、必然的に警察が一枚嚙んでいたのではないかという弁護側の疑惑はまだ消えていなかった。

強盗たちにとっての二番目の幸運は、特務捜査隊が彼らの計画を知った理由の一つが、電話盗聴からだったことだ。刑事司法の世界で「インターセプト」として知られる電話盗聴は、裁判所が認めないだけでなく、その存在を暗示するだけで犯罪だ。このような厳格なルールが設けられている理由は、諜報機関が何を盗聴できて何ならできないかを一般の人々に発見されたくないからだ。この事実はほかの捜査上の秘密とともに、納得のいかないPIIヒヤリングが絶え間なくある理由となり、警察は何かを隠しているという弁護側の疑惑の火に油を注ぐ。

溶錬工場が強盗のターゲットとなっているとは知らず、ただ「最も可能性の高そうな推測」が当たっただけだという警察の主張も、訴追側を助けなかった。それは法廷で激しく攻撃された。作戦に加わった何十人もの警官が証言台に立ち、「最も可能性の高そうな推測」だったというマントラを繰り返したが、それは法廷に提出されたほかの証拠と矛盾しているように思えた。強盗たちが隠れ家（これは過去数週間、警察が見張っていた）から工場に行くのに取りそうなルートを警官の一人がビデオに収めていたし、さらに警察は溶錬工場の空撮写真と平面図も入手していた。金の延べ棒を収める金庫部屋のドアが開きっぱなしになっていた事実も加えると、弁護側（陪審員は当然のこと）が、警察は完全に正直ではないと結論するのも当然だった。

しかし、私たちにはまだもう一枚、切り札が残っていた。裁判官はあらゆる秘密の材料、すべての録音記録や諜報レポートを見ていた。彼は、警察がアルジーや工場の不満分子とぐるになっていたことを指し示す材料はいうまでもなく、被告人の弁護の助けとなるような材料を、私たちも警察も裁判官に対してはいっさい隠し立てしていないことを知っていた。

銀の指揮官の大失態

公判がのろのろと進むにつれ、私はついにほんの少し楽観的になり始めた。訴追側の弁論は終わりに近づき、弁護側のそれがもうじき始まる。争点は警察からそれて、防弾チョッキを着て武装した男三人が強盗を働いていなかったとしたら、いったい何をしていたのかという点に移っていくだろう。最終的に、陪審員は警察が罠を仕掛けたという証拠はないが、武装強盗の証拠は多数あることに気づくだろう。私たちがしなくてはならないことはただ、残りの警官を証人台に送り込み、座って高みの見物をすることだけだ。私たちの終盤の証人の一人は銀の指揮官だった。公判が訴追側にとってとんとん拍子に進んでいたそのとき、クレイグの弁護人が一見無害な「あなたが初めてアルジーの存在に気づいたのはいつでしたか?」という質問をした。

銀の指揮官は答えた。「強盗事件が起きた時点では、アルジーが何者か知りませんでした。彼のことを知ったのは、その名前が被告答弁書にあったからです」

これが強盗たちに訪れた三度目の幸運だったのだが、あろうことか、それは捜査に当たっている警官の中でも上層部の人間から皿に盛って届けられたのだった。アルジーのことを知らなかったと主張するのはとんでもない間違いだ。無論、警察はアルジーが何者であるかを知っていた。彼は名うての悪党なのだ。捜査の間に作られた監視記録には彼の名前が至るところに登場している。銀の指揮官は発言を訂正しようとした。彼は過去数ヵ月間、PIIヒヤリングに証拠を提出してきた。公開された法廷で彼が言ってもかまわないことと、許されないことがある。彼は誰も欺こうとはしていなかったと思う。ただ頭が混乱したのだろう。だが、それは起き、起きたときには後の祭りだった。真実は明るみに出る寸前となり、それは私にさえわかった。

銀の指揮官の犯した間違いはあまりにも重大だった。というのは、彼はPIIヒヤリングの間に警察がいつ何を知ったかを説明する主たる人間の一人だったので、裁判官は彼を信用せざるをえなかったのだ。それ単独では、銀の指揮官の失言はさほど問題にならなかっただろうが、警察の「最も可能性の高そうな推測」という主張に矛盾する証拠と考え合わせてみると、裁判官は、自分は騙されているのではないかと背筋が寒くなった。弁護側はその機を逸することなく、証人は嘘により陪審員を間違った方向に導こうとしていると主張した。警察は強盗事件に関係のある人物を知っているという、事件にとって鍵となる情報を隠し、自分たちの関わりを隠蔽《いんぺい》しようとしているのではないかと。これははなはだしい非開示であり、したがって、強盗という訴因は公判手続きの乱用と見なされるべきである。私たちは、強盗事件とアルジーについて警察が知っていることはすべて裁判官に提出済みなので、非開示も手続きの乱用もないと反論した。これに対し、裁判官は異議を唱えた。要するに、彼はもはや警察もその延長線上にある訴追側バリスタも信用できなくなっていたのだ。強盗という訴因は窃盗に変更された。強盗犯たちは、いや今では窃盗犯と呼ぶべきだが、窃盗に対し有罪答弁をし、刑期一六年の代わりに六年ですんだ。

表面上は現行犯逮捕だった武装強盗犯は笑みを浮かべて立ち上がった。警察と訴追側にとっては最悪だ。争う余地もないはずの事件が、指の間からするりとこぼれ落ちてしまったのだ。訴追人は、正しくそして公正に、強盗犯たちが従わなくてもよいルールに従ってプレイしなくてはならない。被告人が最良の弁護を受けられることを確実にするルールは、公判を行き詰まらせ、妨害さえする経験の深さや狡猾さに利用される。ライアンとノーマンは自分たちの弁護を、訴追側の弱点を攻撃するチャンスが最大になるよう利用した。武装強盗のような重大犯罪の訴追は常にとりわけ攻撃を受けやすい。弱点を探り当てるには、敏感な鼻とエキスパートのプランニングがあればいい。訴追側がのちに頭をもたげてきて自分の首を絞めるような何かを見逃してしまうということは簡単に起きる。皮肉なことに、状況によっては、罪なき人を無罪にするのを助けるよう設けられた安全装置が、罪を犯した人間に出口を与えてしまうのだ。

訴追側の私たちもひどい目に遭ったと感じていたが、陪審員に比べれば問題にならない。一番貧乏くじを引いたのは彼らだった。四ヵ月も法廷に座って証言を聞き続けた挙句に、彼らに許された決断は、自分のお茶にいくつ砂糖を入れるかくらいだったのだから。

一二、反対尋問

いやな感じ

「頼むよ、ギャビン。二〇を受け入れてくれよ」。二〇とは、対人犯罪法のセクション二〇のことだ。故意でない重傷害罪として知られている。「事実も全部、手柄も全部、分け前も全部やるからさ」

「無理だね。書類を見ろよ、アレックス。ぼこぼこにされたんだぜ。顎の骨を折られてる、二度もだ。これは一八だね」。同法のセクション一八だ。もしくは故意による重傷害罪。

「お願いだ、ギャビン、頼む。この件での裁判はやめておこう」

現時点では、依頼人ヴィクターの起訴罪状をより軽いものに変えるようギャビン（公訴局所属の弁護人）を説得できるなら、私はひざまずくことだっていとわない。彼のブーツにキスだってするし、何だってする。この裁判については、いやな感じがするからだ。膝の皿に釘を打ち込むのがいやなのと同じくらい、この裁判がいやだ。

私たちが争っているのは法のセクションに関する弁護士同士のテクニカルな議論ではない。問題はそれがもたらす結果だ。故意による重傷害罪の最大刑は終身刑だが、故意でなければ最大で五年だ。ヴィクターの場合、終身刑にはならないだろうが、それでも判決に大きな違いが出てくる。もし「訴訟を切り分ける」ことができたら、彼が刑務所で過ごさなくてはならない時間を半分以下にできるだろう。いつものことだが自尊心や、依頼人に対する感情移入やら、競争原理の働く職業上の責務などが混ざり合い、視野狭窄《しやきようさく》となって私の周りに迫ってくる。目指す結果を得るためなら、私はどんなことだってするつもりだ。

かつて私の指導係だったバリスタのお気に入りだったトリックを思い出す。酒場で自分のビールをこぼされたサッカー・フーリガンよろしく、彼は頭突きを食らわそうとでもするかのように、敵対しているバリスタにぴたりとくっついて立った。これはものの見事に功を奏した。だが、私には彼のような存在感はない。私の額はギャビンのタイの結び目にやっと届くくらいだし、声にも、よき師のような北アイルランド風のドスはない。しかたなく効果の薄い甘言に戻った。

「なあ、ギャビン。二〇にしてくれよ。お願いだ。こんなに頼んでるんだからさ。この裁判、したいやつなんていないんだから」

「じゃあ、妨害は？」我慢の限界に達したのか、ギャビンが反撃に出た。「そっちのほうはどうするんだ？　何にも取引材料がないじゃないか、アレックス。おれって、そんなにバカに見えるか？」

ああ、それは起訴状の二番目にある、もともとの暴行事件から一〇日後に起きたと申し立てられている司法妨害のことだ。被害者のホレースはワイヤで止めた顎を、ヴィクターの仲間の一人のバリー（被告人ナンバー2）からふたたび殴られて砕かれた。省略してただ「妨害」と呼ばれる罪状は、バリーがホレースの顔を殴る数秒前にヴィクターがホレースに言ったとされる「警察に行くなよ」という脅し文句に関連している。司法妨害については、ただまずいとしか言いようがない。それは別の日に起きたまったく別の違法行為なので、同時にではなく連続して判決が下され、ヴィクターの刑期をさらに長引かせることになるだろう。ヴィクターの重傷害罪に対する弁明は正当防衛だ。司法妨害に対する弁明は「それはおれじゃない」だ。私もギャビンも彼が何かで有罪であることは知っている。問題はそれが何かだ。

ヴィクターは運が悪かった。警察署にいたソリシタから、ホレースと口論をしているうちにキレたことを取り調べで認めてもかまわないという不適切なアドバイスを受けたのだ。正当防衛を勝ち取るには、先に喧嘩を仕掛けてきたのはホレースで、それに対してヴィクターが使った護身術が度を越えていなかったことを証明しなくてはならない。それが「キレた」ことを認めてしまっては、ヴィクターがユージン（被告人ナンバー3。当該事件でヴィクターのウイングマンを務めたとされる）とともにホレースをただこっぴどく殴っただけでなく、その前に「かなりの重傷」を負わせる意図があったと陪審員に発見させてしまうではないか？　私も心の奥底では、この取引はかなり難しいと知っていたが、少なくとも心のやさしいギャビンは弁護側に相談してくれていた。

この段階で、関係者全員が考慮に入れておくべきは、裁判がときに信じられないくらい不快なものになるという現実だ。これは、ヴィクターのように、被告人に失うべきものが何もないときに特に顕著になる。どうせ堕ちるなら、法廷で罵詈《ばり》雑言《ぞうごん》を吐くだけ吐いてから堕ちてやろうじゃないか、というわけだ。そうなると、陪審裁判がむしろ神明裁判の様相を呈してくる。証言をする証人たちは、小型トラックの後ろに鎖でつながれて引きずり回されているような苦しみを味わう羽目になる。公訴局は普通、このような現実は考慮に入れない。訴追をするかどうかの判断基準は、現実的に有罪判決を得るに十分な展望があるかどうかであって、ホレースが受けるであろう言葉の暴力は考慮されない。

この取り組みは対等ではない

数分後、ギャビンが戻ってきて、取引成立に対する私のかすかな望みの火を吹き消した。彼らは満場の法廷を選んだ。公判は予定どおり開かれる。半時間後、訴追側バリスタが陪審員に対し、事件の概要を説明し、ホレースを最初の証人に呼び出した。弁護人席に押し込められた弁護側バリスタ――ユージンの弁護人と私――は、ホレースの登場を気を揉《も》みながら待った。

法廷に現れる証人に、とろんとした目を向けて、まるで興味がなさそうな様子を見せるバリスタにしばしばお目にかかるだろう。騙されてはいけない。それは演技だ。クールな素振りの下で、私たちは証人(特に被害者)を見たくてうずうずしている。彼らを品定めしたいからだ。この上なく穏やかな公判であっても、証人が法廷に入ってきたときに私たちが自分にする質問は、「この人物より優位に立てるだろうか? こてんぱんにやっつけて、どっちが偉いか教えてやれるだろうか?」なのだ。我ながら、ひどいと思うが。

入廷したホレースを見るなり、私は天を仰いだ。真っ赤なセーターの下から襟《えり》を突き出し、女の子のようなアフロヘアをした、見るからにヤワな一九歳の少年だ。母親は傍聴席の最前列に座って涙を拭《ふ》いている。陪審員の間から同情が湧き上がるのに気づいた。腹話術師のように唇を動かさずにしゃべることができるユージンの弁護人が「やられた」とささやいた。陪審員は『小さな孤児アニー』(ハロルド・グレイの新聞連載漫画からブロードウェイ・ミュージカルがつくられた)のような、みすぼらしくて不運なホレースを見て、次にジョージ・フォアマンと彼よりさらに大きくてさらにワルの兄のような、卑怯でタフなヴィクターとユージンを見た。この取り組みは対等でない。一つアドバイスがある。もしあなたが重傷害罪と司法妨害の容疑で訴えられているなら、再勾留の六ヵ月間、拘置所のジムで体づくりにいそしんではならない。ああ、ありがたい。卑怯でタフなルックスという点では向かうところ敵なしのバリーは、陪審員が入廷する前にさっさと有罪を認めてくれた。

見かけは重要だ。体格だけじゃない。陪審員は態度や表情からも証人の何かを読み取ろうとする。ナーバスになっていないか？　正直に見えるか？　感じがいいか？　そして……無罪に見えるか？　私たちバリスタは敵側の証人が粗野で、うさんくさそうで、見た目にも明らかに不正直そうであってほしいと願う。私が理想とする証人は、法廷の後ろの方でチキンの脚を振る男に気を取られる栄養不良のピーター・ローレ（往年の犯罪映画の俳優）だ。

体格や性格同様、態度や表情の重要性は今も昔も刑事裁判において変わらない。刑事訴訟の公判に弁護士が登場する以前の数世紀にわたって対決裁判があがめられていたのは、原告と被告が真正面から対決すれば、真実は燦然《さんぜん》と輝いて、それを語る証人の顔の上に見まがいようがないほどはっきりと現れると信じられていたからだ。一七二〇年の「ドーセット公爵vs帯職人」の民事訴訟では、裁判官が「反対陣営は相手方の証人に対面し、公の場で尋問する機会を奪われてはならない。なぜなら、今までもそれが常に真実を発見する最も効果的な方法であったからだ」と言明している。

私たちの同類の魂から絶対的な真実が発散すると信じることには魅力がある。同じ人間として、他人の発言の真意を、単に表現の仕方からだけでも読み取れると思えると心が休まるのだ。確かに、私も法廷で被告人がただあまりに正直に見えたために、不利な状況にもかかわらず、突然、彼の無実が疑いの余地のないものになったという経験はある。彼らが特に何かを言ったからではなく、それを言ったときの言い方なのだ。実のところ、証人の態度——声、表情、身振り——から自然と明らかになる証拠に対する信頼は、アングロサクソンの司法権を越えて採用されている。欧州人権条約の第六条第三項第d号には、被告人に尋問をする（質問する）権利や、自分に不利な証言をする証人を尋問するよう要求できる権利を保証している。この条項は、コモン・ローの伝統に染まりきったイギリス人の草案者が、その伝統を広めようと、執拗《しつよう》に推薦したおかげで含まれたものと思われる。

　やはりというべきか、アメリカはいわゆる〝態度と表情の証拠〟の絶対的な信奉国だ。合衆国憲法修正第六条の証人対審条項として知られる条項が、被告人に「自分に不利な証言をする証人と対面する……権利を楽しむ」ことを保証している。連邦最高裁は態度や表情の重要性と証人対審条項をくり返し肯定してきた。最高裁判事のアントニン・スカリアは「コイvsアイオア」裁判の判決文に、「当人に面と向かって嘘を言うのは、陰で言うより難しい」と記している。またアメリカの別の著名な判事は、「原告が被告人と対面したときに、通常の理解の範囲を超えたことが起きる」と言っている。

「態度と表情は証人の信頼性を決定するうえで最も大きな要因となる。裁判官や陪審員にとって、しばしば尋問の間に証人からこぼれ落ちる無数のしるしは、証人の言葉の文字どおりの意味よりはるかに証人の真実性や証言の信頼性に対する判断基準になる」

不器用な弁護士のためのテクニック

証人席で哀れっぽくも弱々しく見えるホレースはまるで正直な証人の見本のようで、しかもまだ口を開いてすらいない。自分たちの証人は聖人で相手方の証人は嘘つきだと自分を説得しなければならないバリスタ以外の誰が彼に同情しないでいられるだろう?

実際には、あらゆる研究結果が一貫して示すように、証人の態度や振る舞いから嘘や真実を見抜くことは、目隠しをしてロバの絵にピンでしっぽを留めようとするようなものなのだ。要するに、純粋な当て推量だ。飾り気のない話し方をする質素な証人は説得力があるが、だからといって真実を語っているとはかぎらない。吃音《きつおん》や手をぬぐうようなしぐさは正直さの証明にはなっていない。あるアメリカの調査研究が、「漏れ出る本性」を顔、体、声の三つの伝達経路に分けて非言語行動の類型を作成した。それによると、人が誰かを騙そうとするとき、最もコントロールしやすいのは顔で、次に体、一番コントロールできないのが声なのだそうだ。相手の視線を避ける、不安そうに鼻を掻くなどといったいわゆる「いかにもそれとわかるしるし」は、その人の話が真実であるかどうかとは関係がない。事実、研究者たちは、ストレスのかかる嘘を言うときには、体の動きはかえって減少することを発見している。面白いことに、嘘の表徴としては声が最も頼りになる。言いよどみの増加、言い間違い、証言するときの声の高さは、手の震えより当てになる。

私がこんなことを知っていても、ヴィクターの助けにはならない。だが、私には一つ自由に使える道具があり、それを使えば、たとえ私のような不器用な者でも、何であれ、真実を探り出せるかもしれなかった。その道具とは反対尋問である。バリスタは反対尋問を心のよりどころにしている。それは私たちの信仰信条だ。一九〇〇年代に法学者のＪ・Ｈ・ウィグモアが「(反対尋問は) 真実を発見するために発明された法的エンジンとして、間違いなく最高のものである」と書いたが、まったく同感だ。ただし、ウィグモアが触れなかった反対尋問のマイナス面は、公判が不快なものになるとしたら、そこからなのだ。

ホレースの反対尋問を始める前に、まず、彼を呼んだ当事者として、訴追側のバリスタが証人の事情聴取報告書を読み上げて再確認しなくてはならない。これは主尋問と呼ばれている。主尋問では、証人と報告書の読み合わせをするのに質問の形がとられる。ここでしてはならないのは証人をある方向へ誘導することなので、質問は「何、なぜ、どこで」などで始まる自由回答式の質問になる。訴追側バリスタの助けで、ホレースは気持ちのいい証言をした。自分の言い分を自然に流れるように述べた。事実に関しては正確で確信があった。蹴られたときのことを話したときには、言語障害により、その効果は倍増した。すでに顎骨が折れていたところをバリーにふたたび殴られたせいで生じたその言語障害は一生治らないだろう。それはヴィクターたちが彼に対して犯した罪の中心テーマのようだった。

ホレースの証言内容は、ヴィクターが数ヵ月前に警察で述べた内容とほとんど変わらなかった。二人は共に、ヴィクターが大麻を売る場所にしていた公営住宅付近でうろついていた。ただし、二人の間に生じた口論の種は麻薬ではなく金のチェーンだった。ヴィクターはホレースからチェーンを買うことに乗り気だったが、全額の六〇ポンドを払う前に、その品質を確かめようと思った。そこでホレースに前金として一〇ポンドを手渡し、地元の宝石店に持ち込むと、留め金が壊れていることが発見された。買う気は失せたが、ヴィクターはチェーンを返しそこねていた。苛立《いらだ》ったホレースがヴィクターに電話し、公営住宅で待ち合わせて話し合うことになった。陪審の目にも明らかな不均衡が生じたのはそのときだった。ホレースは弟のバーナビーを連れていっただけだったが、ヴィクターのほうはユージンに加え、さらに四、五人の大人を引き連れてやって来た。

ホレースのこのよどみない証言の中に、最終的に致命傷となる問題が隠れていた。証言内容が、ある重要な箇所で、事件が起きた直後に警察で述べた内容と次第にずれてきたのだ。食い違いと嘘は必ずしも同じではないが、両方とも証人の信用をじわじわと侵蝕《しんしょく》する。反対尋問では証人が証言をしたときの様子ではなく、証言内容そのものが検証される。私はホレースがどんなに証言内容を変えたかを強調することで、陪審員たちの彼に対する信頼に揺さぶりをかけられるかもしれないと思った。問題は陪審員がどちらをより信用するかだ。人心をとりこにするホレースの見かけや態度だろうか、それとも、私の反対尋問――いわゆる「真実を発見する法的エンジン」――だろうか？

ホレースが法廷で証言しながらも、警察からの報告書にはなかったもののなかで、彼にとって最大のダメージとなるのは、ヴィクターが彼に屈辱を与えるために、「チェーンを壊した」とうそぶいた、という部分だった。この申し立ては非常に重要だ。なぜなら、もし陪審員がこの話を信じたなら、それはヴィクターがただ単に喧嘩好きなだけでなく、喧嘩になるようホレースをけしかけたという証拠になるからだ。言い換えれば、ホレースに重傷を負わせる意図があったという証拠になる。そんな〝嘘〟を放ってはおけない。そこで反対尋問の出番だ。まず問題の証言を不動のものとし、次に証人にその忘れられない重要性を強調させておいてから、それが報告書にはないことを指摘する。

私「さきほど、ヴィクターがあなたのチェーンを壊したとうそぶいたと証言しましたね？」

ホレース（以下、ホ）「はい」

私「それはさぞかし腹が立ったでしょう」

ホ「ええ」

私「大勢の前で、あなたに恥をかかせようとしたのですね？」

ホ「はい」

私「それほどの屈辱。忘れられるものではありませんよね？」
ホ「はい」
私「法廷に来る前に、ご自分の報告書を読み返しましたか？」
ホ「はい、読み返しました」
私「廷吏にコピーを持ってこさせましょう。それはあなたの報告書ですね？」
ホ「ええ」
私「一ページ目の冒頭に、その正確さと真実性についての宣誓がありますが、誤りはありませんか？」
ホ「ありません」
私「そして一ページ目の終わりにはあなたの署名があります。事実、すべてのページにあなたの署名があります。そうですね？」
ホ「はい」
私「それは、それがあなたの主張であり、あなたの記憶のかぎりでは正確であることの証明ですね？」
ホ「そのとおりです」
私「冒頭にある日付によると、これは申し立てられている暴行事件から三日後に行われた事情聴取の記録ですね？」

ホ「はい」
私「まだ事件の記憶が新しいうちに？」
ホ「はい」
私「その報告書を見て、ヴィクターがあなたのチェーンを壊したとうそぶいた部分がどこにあるかを教えていただけますか？」
（ホレースはページを繰って調べている。私は心の中で五まで数えて質問を繰り返した）
私「これはとてもシンプルな質問ですよ、ホレース。ヴィクターがあなたのチェーンを壊したとうそぶいたとあなたが言った部分が、報告書のどこにあるかを、法廷に示してください」
（ふたたび五まで数える）
私「報告書にはありませんね？　違いますか？」
ホ「ありません」
私「そこにないのは、それが起きなかったからです。あなたは今それを付け加えたのです。自分の申し立てをより堅固にし、友達であるヴィクターをトラブルに巻き込むために、あなたは嘘をついたのです」
この時点で陪審員は、なぜホレースは事件から丸八ヵ月もたった今になって、被告人をさらに重い罪に陥れる詳細を付け加えたのだろう……事件から数日後に聴取を受けたときには言わなかったのに、と不思議に思うだろう。次に、ホレースは嘘つきなのではないかとの疑いが頭をもたげ始める。そして、反対尋問のおかげで、まさにここでホレースの切り札だった態度や表情が裏目に出始めるのだ。一変して彼の態度はシニカルな演技に見え始め、彼が得ていた信頼感は重くのしかかるお荷物となる。陪審員は、ひょっとしたらホレースは自分たちを騙そうとしているのではないかと心配になる。いったん陪審員の信用を失うと取り戻すのは至難の業なので、それは先行きに大きなダメージをもたらしかねない。

ホレースの証言は食い違いだらけだった。ヴィクターと対決するために公営住宅に到着したときに逃げ出そうとしたが、彼の友達に阻止されたと主張した。これも報告書にはなかった。彼はまた、地面に押し倒されたあと、ヴィクターが顔を蹴るところを見たと述べた。それは、訴追側バリスタが冒頭陳述で「それがホレースの顎を砕いたことは疑いようがない」と述べた一撃だ。ところが、報告書によるとホレースは顎を胸にうずめ、腕で顔を守っていたことになっている。そんな姿勢で、どうして誰が蹴っているのか見えるだろうか?

私はホレースの証言にある食い違いを一つずつ取り上げ、嘘と矛盾点を検証していった。それは、質問の形をとった短い言葉で、明白にしたい点を次から次へと立証していく時間のかかるプロセスだった。証人にとっては、実にいやな経験だ。ホレースは下手に質問を切り抜けようとした。彼の証言は細かい点がくるくる変わった。ヴィクターがチェーンを返すのを拒否したと言ったかと思うと、次には、返してくれたかもしれないと認める。沈黙の時間が長くなり、その顔には不安がくっきり浮かんできた。しばらくすると彼は答えなくなり、彼を嘘つきだとする私の非難の言葉にさえ反応できなくなった。

ホレースの顎は砕けたまま

反対尋問の合間に、時折、自分の息子を厳しく糾弾する私を傍聴席からじっと見つめるホレースの母親の方に視線を走らせた。彼女はこの事件の起訴手続きの立て役者だ。ホレースを警察に行かせたのも彼女だった。息子のために正義を、そして、彼女の目に悪党の群れと映った者たちには報復を欲していた。彼女の息子は二度とまともに話せないだろう。待ち受けているのは手術と痛みの年月だ。彼女はいじめっ子たちに処罰を与える決意をしている。今、その息子が権利のために闘いながらも屈辱的な目に遭っているのを見守るのは、彼がふたたび暴行を受けている場面を目撃しているようなものだろう。ここで裁判に掛けられているのはいったい誰なの？　被害者？　それとも被告人？　彼女は心の中で問いかけているに違いない。だが、私はやめなかった。

その日の始まりには、証人席のホレースはあっといわせるほど説得力のある存在だったかもしれないが、その日の終わりには彼の証言は崩壊してしまった。見た目や声の調子だけでは必ずしも十分ではないのだ。一九二〇年代に控訴院裁判官のアトキンはこう書いている。

「証言の中の一オンスの本質的な長所や欠陥は、つまり、証言内容とすでに知られている事実との比較がもたらす価値は、数ポンド分の態度や表情に匹敵する」

確かに彼は正しい。

翌日、訴追側が動揺していたことを知った。なぜなら、守勢に立った彼らが意外な証人を登場させたからだ。ほぼ丸一年、ホレースの弟のバーナビーは事情聴取を受けることも法廷に来ることも、徹底して拒否していた。だが、突然、気が変わったようだ。反対尋問では、私たちは証人によってアプローチを変える。バーナビーに対してはやさしくするほうが得策だった。何も言わずとも、私の声の調子で、訴追側がまだほんの子どもを偽証させるために法廷に引っ張り出してきたことがどんなに衝撃的なことであるかを、陪審員はわかってくれるだろう。

ホレースの母親も私たちを助け始めていた。傍聴席の最前列に座った彼女はもはや子どもを心配する母親ではなく、復讐《ふくしゅう》に燃える操縦者だった。私は陪審員に言った――ホレースの証言があまりに不確かなので、彼の証言を建て直すために、彼女はよりいっそう愛くるしい息子を連れてこなくてはならないと感じたのだと。最後には、バーナビーの証言はホレースのそれとさらに食い違ってきた。公判の争点はもはやホレースがヴィクターとユージンから受けた暴行についてではなく、ホレースの嘘になった。

事があまりに首尾よく運んでいたので、私は息子を親方の娘と結婚させたばかりの老いた農夫のように喜びで跳ね回っているはずだった。だが、違った。それどころか、深い不安を覚えていた。過去何年も、こんなことを認めるのは恥ずかしいが、私は言葉不足の証人たちを言葉で徹底的に叩きのめすことに大いなる喜びを見出してきた。最後にぐっと盛り上げる最終弁論はスカッとする。事件の事実を引き出してまとめ上げ、巧みにひっくり返し、陪審員たちを無意識のうちに文字どおりうなずかせるのも気分がいい。しかし、それらも抜群にうまくいった反対尋問にはかなわない。質問と答えに対する私の信奉はいわば世俗の公教要理であり、陪審裁判に対する私の信奉の根幹だ。それを信じるかどうかが、ちょうど化体説（聖職者の祈りで聖別されたパンと葡萄酒は、キリストの肉と血が実体化したものであるとする考え方）を信じることがカトリック教徒を定義するように、私の職業である刑法のバリスタを定義する。真実にたどり着くという目的における反対尋問の容赦ない効率のよさを私はずっと信じてきたが、今、急にそれほど確信がもてなくなってきた。私の反対尋問はホレースの嘘を暴き、それはヴィクターを助けたかもしれないが、あの日に公営住宅の敷地内で実際に起きたことに、何らかの光を当てたのだろうか？

ジョン・スペンサーとローナ・フリンは著書『子どもの証言』の中で、反対尋問は二つの相容れない自己破壊的でさえある目的を追求するので、その中に矛盾を抱え込んでいると論じている。反対尋問は証人の正直さや証言の正確さを内側から崩そうとする一方で、同じ証人から反対尋問をする側の説を裏づける詳細を引き出そうとする。スペンサーとフリンは、反対尋問は正しく行われれば証人が「はい」か「いいえ」のみで答えられる、いってみれば短い引き綱で犬を導いていくような作業になるはずだという考えには批判的だ。これは質問にまともに答えることができる証人の能力を抑圧し、陪審員を誤った方向へと導いていく。彼らはまた、反対尋問には証人の証言の全体像を犠牲にして、些末《さまつ》な点から多くを吸い上げる傾向があると指摘する。そして、性犯罪の犠牲者になった九歳の女の子のケースを例に挙げた。その子は面通しの列の中から、自分を襲ったとする人物を選び出した。反対尋問では、彼女の言い分を崩そうという意図から、犯人の靴は何色だったかといった、彼女が答えることができない些末的な質問が次から次へと投げ掛けられた。はたして私もこのバリスタと同じ手を使っていたのではないかと自問する。実際に起きたことの真実をぼやかし、ケチな得点を上げていたのではないか？

デイヴィッド・ルースとゲイリー・ウェルズは、子どもたちにビデオで物語を見せておいて、あとで何を見たかを質問するという調査を行った。自由回答式の質問（これが主尋問に相当する）のほうが、反対尋問で使われる種類の「はい」「いいえ」で答える誘導尋問より、子どもたちからより正確な証言を得ることができた。だが、もともとの物語を見ることなく子どもたちが答える場面の録画を見た模擬陪審員たちは、どちらの種類の質問がより正確で信用できる答えを引き出したかを見分けることはできなかった。これを実際の裁判に当てはめてみると、反対尋問は実際にはどれほど役に立っているのかと疑問に思えてくるだろう。

一方で、反対尋問を証人にとって楽なものにするために、さまざまな対策が講じられてきた。今ではスクリーンの後ろから証言したり、別の場所で映像を撮って送ることも可能だ。性犯罪の犠牲者の過去の性遍歴を、証人としての信頼性を傷つけるためだけの目的で取り上げていた、かつての吐き気を催す反対尋問は今では禁止されている。法曹評議会職務規定には「法廷で公判に従事するバリスタは、単に物議をかもすための、または中傷、侮辱、不快にさせることだけを意図または計算した質問や発言をしてはならない」とある。けれども、反対尋問を最も効果的に抑制するものは、バリスタの自己利益だ。

なぜなら、どういった立場の弁護であれ、証人を尋問しているときには法廷を味方につけなければならない。相手側の証人を徹底的にやっつけるのは楽しいかもしれないし、自分はいっぱしのバリスタであると感じられるかもしれないが、反対尋問が終わったときに一番聞きたくないのは、陪審員の「ああ、かわいそうな証人」という言葉なのだ。証人を中傷すれば陪審員の支持を失い、いったん支持を失えば、裁判で負けてしまう。

訴追側の証人尋問が終わり、弁護側のそれが始まるまでの間に休憩があった。法廷から急いで出ると、ホレースと母親にあわやぶつかりそうになった。一瞬、見つめあった。彼らは怒りの視線を向けるわけでもなく、ただ頰《ほお》でもはたかれたように驚いていたが、その理由はわからない。私は道を譲り、ヴィクターがいる拘置所の方へ向かった。彼は小声でしゃべり、おどおどしていた。被告席に上ることでナーバスになっているのがわかったので、安心させようと試みた。

「絶対にカッとなってはいけない」

「たとえ訴追人に嘘つきと呼ばれても、彼はただ仕事でそう言っているだけなんだ。だから、個人攻撃だと取ってはいけない」

「もし訴追人が、何か同意できないことを言ったら、『いいえ、それは違います』と言いなさい」

「何が起きたかについて、自分の説からそれないように」

「もし質問の意味がわからなかったら、そう言いなさい」

「そして、リラックスして」

最後にもう一つ、彼のために特製アドバイスを授けた。それはすでに何度も言ってきたことだったが、もう一度繰り返した――「ここで問題になっているのは有罪か無罪かじゃなくて、セクション一八かセクション二〇かなんだ。言い換えれば、クリスマスまでに出られるか、次のクリスマスにもまだ刑務所にいるかだ」

「クリスマスまでに出られるといいな」。彼は言った。そして、もちろん、それは本心から出た言葉だった。

ヴィクターは証人席でまあまあうまく持ちこたえた。彼が過ちを認めた供述書はすでに陪審員の前にある。訴追側は故意であったことを証明しようとしたが、ヴィクターは警察の取り調べで述べた、自分は蹴っていないという点を一貫して主張した。訴追側には巧みに誘導する余地がほとんど残されていなかった。というのは、冒頭陳述で陪審員に向かって「彼の蹴りがホレースの顎の骨を砕いたことは疑いようがない」と言ったからだ。もし陪審員がヴィクターが蹴ったこと自体に疑問を抱けば、訴追側の言う「故意による重傷害罪」は証明できない。

そして、それがこの裁判の結果となった。数時間の退出ののち、陪審員は戻ってきて故意でない重傷害罪でヴィクターとユージンに有罪、司法妨害でヴィクターに無罪の評決を言い渡した。公判の前に私との司法取引を拒絶した公訴局所属の弁護人ギャビンは愕然《がくぜん》とした。それは彼の予測していた結果ではなかった。正直いうと、ホレースの証言が破綻し始めるまでは、私が予測していた結果でもなかった。

結局、陪審員の評決は事実を正確に反映しているし、それを発掘するのに中心的な役割を果たしたのは反対尋問だった。だからといって、突然、反対尋問が魔法の杖になるわけではない。弁護人が証人を——証人が子どもの場合、特に——二重否定文や自由な答えを受け付けない言い回しの質問で煙に巻くのは簡単だ。最近ベイリーで実際にあったケースだが、勅撰弁護人が四歳の子どもの証人に「彼の性器はあなたに触れなかったのでしょう?」と質問した。自分が四歳だと想像して、その質問に答えてみてほしい。

ウィグモアは間違っていた。反対尋問は「真実を発見する最も優れた法的エンジン」ではない。だが、裁判は神託ではない。絶対的な真実を求めるのは現実的でない。裁判は有罪か無罪かを決定するためのものであって、すべての疑問に答えを出し、あらゆる謎を解くためのものではないのだ。口頭証言は裁判の限界を際立たせ、それはまた、正義の限界を強調する。法の原則により保証された正義は、文化的かつ寛容的な社会の本質的に重要な要素の一つかもしれないが、悲しいことに、それですべてがよりよくなるわけではない。

結果はどうであれ、それが公正かどうかは別として、ホレースの顎は砕けたままであり、アーサーが放火したかもしれないポータキャビン社のオフィスは今なお灰のままだし、未来に長い人生が開けていたラビは生き返ってはいない。

第四章　判決

一三、紫の救命ボート

報われない仕事＝裁判官

裁くのは孤独な仕事だ。かつては弁護士仲間とともに法廷の低い場所で仕事をしていたのに、ある日突然、遠く離れたベンチ（裁判官席）の高みに押し上げられている。バリスタの世界では、もし事がうまく運ばず、依頼人がベイリーで三〇年の実刑判決を食らってしまっても、よろよろ歩いてワインバーに行けば、訴追側のバリスタたちもいっしょになってスモークサーモンのサンドイッチとシャンパンですべてを笑い飛ばすことができる。裁判官はそうはいかない。「まあ、気にすんな」の言葉もかけてもらえなければ、背中をぽんぽん叩《たた》いてくれる人もいない。裁判官は一人ぼっちだ。しかも、裁判官という職業柄、私たちよりもう少し礼儀正しさや慎ましさを見せなくてはならないので、フリート・ストリートの酒場に慰めを求めることもできない。

裁判官であることは恐ろしくもある。もし判断を間違えれば、裁判所の判決の見直しを役目の一つとしている控訴院で屈辱的な目に遭いかねない。大失敗をすれば、控訴院から茶封筒に入った例の悪名高い手紙が届くかもしれない。それには、裁判官として犯した間違いが書き連ねてある。コーンフレークを食べながらそんな手紙を読むのは全然楽しくないと実際に言われたことがある。そもそも裁判官は勘違いなどしないことになっている。人々に頭が混乱しているところを見破られてしまっては、恥ずかしいどころか、気力に影響するというものだ。コモン・ローは裁判官が全能であることを前提とし、その上にルールを設け、自分の法廷の管理に対し、ほぼ全面的な自由裁量権を与えている。その四方の壁の中では、コモン・ローの伝統が裁判官を神に近い存在に変える。

しかしながら、法廷でのパワーに対する見返りはあまりに少ない。誰が来る日も来る日もあそこに座って、私のような役立たずがまともな追及もできないでいるのを聞いていたいだろう。だから、恒常的な不機嫌《ふきげん》やイライラが、一触即発でヘルニアも裂けんばかりの憤怒《ふんぬ》に変わる、そんな裁判官病に屈してしまう裁判官がやたら多いのも不思議ではない。私の知っているある年配の巡回裁判官（刑事法院に属し、その審判の八割以上を担当する。バリスタ、ソリシタとの兼務は認められる）は、一日の始めにすでに赤い顔をして喧嘩腰《けんかごし》で、あとはひたすら悪化の一途をたどる。裁判官病は実のところ単なる怒りであり、それもやり場のない怒りだ。その理由は、裁判官は法廷内では確かにインドのラージプート族並みに強力かもしれないが、彼の専断的な命令は法廷のドアを出たとたんにパワーを失うからだ。公訴局に、ある日に何かの書類を提出するよう命令したとする。彼らは裁判官に向かって指を二本立てるだけだ。裁判官はいくらでも命令を下すことができるが、それには微塵《みじん》の効力もない。返ってくるのは誠意のない、鼻にかかった謝罪のみだ。拘置所の運営を事業とするセルコ社の連中もまったく同じだ。どうして連れて来るべき被告人が来ていないのかと尋ねると、ただぽかんとした顔をされ、人手が足りないからとつぶやかれるだけだ。最後に残るのは烈火のごとき怒りのみだが、その理由は、公判が実際に開始するまでは、誰もが裁判官の命令など小指の先ほども気にかけないからだ。それが公判が始まったとたん突然、魔法のように、全員の注目を集める存在になる。

あきれるほどの効率の悪さや凡人どもの癪《しゃく》に障《さわ》る無能ぶりとの闘いでは、勝利はおろか、満足感すらめったに得られない。だから、もしそれを得られるチャンスが訪れたなら、みすみす逃《のが》してしまわないよう警戒していなくてはならない。彼らの仕事の中でも特に報われない部分が判決の言い渡しだ。判決文には、対象となっている犯罪行為について刑を加重または軽減する事由と、犯人の概してお粗末な人格を要約しなくてはならない。一九九〇年代に、ある裁判官が三年の刑を下した窃盗犯に「あなたはただの常習犯罪者にすぎない」と言うと、「それなら、あんたはただのクソッタレだ」と言い返されたことがあった。

裁判官は冷静さを保った。「その男を席に戻しなさい」と命令した。窃盗犯は反抗的に裁判官をにらみつけながら席に着いた。裁判官は言った。

「この午後、裁判所から私はベンツで帰路につきます。ステレオからはバッハが流れてくるでしょう。家では妻が美味《おい》しい夕食の支度をしてくれている間、私は庭で薔薇《ばら》の剪定《せんてい》をします。サンルームで妻と共に夕食をとり、ワインは上質のクラレットを楽しむでしょう。それに比べ、あなたはブリクストン刑務所に運ばれます。これから先の数年間、一日のうち二三時間は監房に閉じ込められます。残飯を食べ、バケツに排便しますが、そのバケツすらほかの二人の男との共用です。さて、それでも私のことをクソッタレと呼べますか?」

はいはい、裁判官のほうが犯罪人よりはまだましです。でも、それがどうした? 刑法専門の法曹界で過ごした短い年月の間にも、私はなぜ裁判官の職になど就きたい人がいるのかが、どうしても理解できなかった。答えは夢の中に現れた。

ある暑い日の午後、私は指導係のバリスタのオフィスにある、幅広い脚のマホガニー製テーブルの下で午睡《ひるね》をしていた(午睡のために、二、三の場所を確保していたが、ここは新入りのときからのお気に入りだった)。そのとき、ドアが開いて二組の足音が入ってきたので目が覚めた。チェンバーのトップと、もう一人の勅撰弁護人だ。昼寝がばれるとまずいので息を殺していると、彼らの会話が耳に入ってきた。

「ジョアンナが獲得したよ。正式には今週中にチェンバーを去る」

「彼女、ベンチに行くのかい?」

「ああ、仕上がった。来月だ」。〝仕上がる〟というのは、裁判官になる人に使われる表現だ。

「それはいいニュースだ。うれしいね。脱出できてラッキーだよ」

「紫の救命ボート、だろ？　安定収入、有給休暇、普通の生活時間、何と言っても一番は年金だな」

「まさしく、その手のものだ。どんな感じだろうって、ずっと気になってる」


二人合わせると、この世界で七〇年近い経歴を誇るチェンバーのトップともう一人の勅撰弁護人は笑い、そして年金や退職金などの馴染《なじ》みのないコンセプトに思いを巡らせ、しばし沈黙した。ついに私は理解した。それこそが、バリスタが裁判官になる理由だったのだ。経済的な安定のために紫の救命ボート（刑事法院の裁判官の法服は紫色）に飛び乗るのは、バリスタの世界には確かにそんなものはないからだ。テーブルの下に寝そべったまま、私は自分自身の長期的な経済的展望について考えた。私も年金のない年寄りになって、クロイドン刑事法院の食堂で、今日のお勧め料理の中に顔を突っ込んでぽっくり死ぬまで働き続けるしかないのだろうか？　ビチャッという音とともにくたばる——それはあまり気のそそられる運命ではない。

二人が出て行くのを待って下に降り、見習い部屋の能天気なよどんだ空気の中に戻った。新しいハイヒールにはしゃいだマムタがテーブルの上に立って、この五日間、みんなのランチの食べ残しでしのいだ努力に見合うほど、くるくる回っている。

「どう思う?　アレックス。この靴、ＦＭＨＮって言ってない?」

「ＦＭＨＮって?」

「Fuck Me Hard Now（今すぐ思い切りファックして）だよ」。リアムが預金通帳に神経を集中したまま説明してくれた。

「かっこいーい」。私はそう言って話題を変えた。「リアム、年金について考えることなんかある?」

「頭の中はこの夏にギリシャで過ごす二週間のことでいっぱいだ」

テーブルの一番奥に座っている見習い界のボス、ハリエットの方を見た。眉《まゆ》をアーチ型に吊《つ》り上げて「それ、本気で言ってるの?」という顔を私の方に向け、強いタバコをもう一本、するすると抜き出した。

「そうか、じゃあ、ハリエットには年金は必要ないってことか。でも、ほかのみんなはどう?ママタは?」

「アレックス、私、ＦＭＨＮシューズを履いてるのよ。ＦＭＨＬ（Fuck Me Hard Later あとで思い切りファックして）シューズじゃないわ」

「ウィルは?　年金のこと」

無言のウィルはママタから私に視線を移し、酒を口に流し込むジェスチャーで、パブに行く時間だと知らせた。それから私の財布を指差し、札を数えるしぐさをする。お前のおごりだ、と言っている。私はそこに説明を見出した。ウィルがバリスタの経済感覚を要約してくれていた。大酒を飲み、また大酒を飲み、税務署が計算にやって来たときにはスッカラカンだ。刑法のバリスタをやるのは、殺し屋をやるのと変わらない。抜け出すか、靴を履いたまま死ぬかだ。やめられないから続けるしかない。日雇い労働者との違いは、清潔なシャツを着られることぐらいだ。

パブに向かって歩きながら、七〇歳にもなって法廷の騒々しい争いの中に跳び込んでいくのはどんなものだろうと思った。「跳び込む」という言葉は間違っている。「腰を下ろす」というほうが近いだろう。それもデイリー・テレグラフ紙を片手にソファにではなく、依頼人の名前を必死に思い出そうとしながら硬い木の椅子になのだ。裁判は三五歳でもきつい仕事なのに、まして七〇歳だなんて。もし七〇になってもまだこの仕事をやっていたら、居眠り休憩にトイレ休憩、そして書物を運んでくれるヘルパーが必要になるだろう。

バリスタをずっとやり続ける人もいることはいる。裁判が彼らの生きる道。田舎の生活を捨て、ゴルフも捨てて。ほかの者たちは紫の救命ボートに向かって突進する。曲がりくねった長い列に並ぶのはあまり好ましい脱出戦術ではないが、刑事法曹界での収入と将来の展望が下降するにつれ必要度は上がり、裁判官志願者の列は過去になく長くなっている。

一四、偏見

かなりだが、それほどでもない

コモン・ローの国々では裁判官は訴訟を扱う者の中から選ばれる。これはイギリスではバリスタを意味するが、下級の裁判官の中にはソリシタ出身も増えている。裁判官には法曹資格だけでなく、法廷とそこでの実務に経験を積んでいることが求められる（治安判事は例外で、時間とふさわしい人格を有する者なら誰でもなれる）。したがって、裁判官の大多数が白人の中流階級出身の中年男性で占められているが、その理由は、単につい最近までその階層がバリスタの供給源であり、そこから裁判官が選ばれていたからにすぎない。そのような排他的な階級により裁かれる裁判は、しばしば若者や有色人種や、社会の非主流の人々から、偏見がある、または、控えめにいっても同情心を欠いていると見なされる。これは由々しき問題だ。刑事司法のシステムは国民の信頼があって初めて機能するのだが、社会のある部分の人々が公平に扱われていないと感じているかぎり、国民の信頼は得られないからだ。

不公平は判決において最も顕著になる。ガーディアン紙は一九九〇年に、同じ違反行為で黒人は実刑判決を受ける率が白人の二倍であると発表した。その数字が正しいかどうかはわからないが、この際、正確さは問題ではない。問題はそれが正しいと思えることにある。国内の少数民族が偏った判決について不満を抱いていると知ったロジャー・フッドは、一九九〇年代の初めからウェスト・ミッドランド州の六ヵ所の刑事法院で下された判決の内容について調査を行った。その目的は、不公平さの認識がどの程度、現実に基づいているかを測定することにあった。この調査結果の最も興味深い点は、その一貫性のなさだった。バーミンガム刑事法院では、白人、アフリカ系カリブ人、アジア人の被告人が受けた判決結果に測定可能な違いはなかったが、ダッドリーやコベントリーなどのほかの刑事法院にはあった。刑期の長さは裁判官によって大きな差が見られた。

総合的な結果として、被告人が実刑になる確率や刑期の長さについて、かなりの人種的偏見があるものの、人々が感じ、表明しているほどではないということが判明した。*同範疇のものを比較すると、白人よりアフリカ系カリブ人の被告人は八パーセント、アジア人は五パーセントほど、実刑判決を受ける確率が高いことが発見された。刑期については、全般的に見て、白人に比べアジア人は九ヵ月、アフリカ系カリブ人は三〜四ヵ月、長い刑を言い渡されていた。

このウェスト・ミッドランド州での調査から一〇年後、ロジャー・フッドは裁判官や弁護士や被告人が法廷で人種差別をどのようにとらえているかを調査した。裁判官は、当然だが、自分たちの裁定は肌の色や経歴に左右されていないと感じていた。だが、少数民族の被告人は、やはり、そうは思っていなかった。

認識と現実の絡まりをほどくのは不可能だ。偏見とは複雑なものだ。決断は多数の小さな事柄に左右されるが、その多くに本人は気づいてすらいないだろう。決断の複雑さは、それを陪審員に言い換えると計り知れないものになる。ローナ・フリンは何かを決断するのに最適な人数は三人から六人の間だといっている。それより多くなれば、必要以上に用心深くなるか、もしくは必要以上にぞんざいになるそうだ。要するに、私たちは裁くのが裁判官であろうが陪審員であろうが運により大きく左右されることを意識し、それを受け入れなくてはならない。

＊原注　これは難しく、また扱いにくいテーマだ。フッドの調査によると、ウェスト・ミッドランド州ではアフリカ系カリブ人は白人やアジア人に比べ、強盗罪と販売目的による違法薬物所持罪で訴追される率が高い。一方、白人は住居侵入窃盗罪で訴追される率が高い。強盗は起訴犯罪である。それは治安判事裁判所よりはるかに大きな判決権をもつ刑事法院でのみ裁かれることを意味する。販売目的による違法薬物所持は厳密には治安判事裁判所と刑事法院のどちらでも裁ける犯罪であるが、現実にはほぼすべてが刑事法院に回される。住居侵入窃盗は重い犯罪ではあっても一般的に治安判事裁判所に留まるチャンスが多く、たとえ刑事法院まで行ったとしても軽めの判決を受けるだろう。薬物取引や強盗では簡単に五年の実刑判決を受けるが、住居侵入窃盗で五年を受けるのは容易ではない。量刑の認識に影響を与えるもう一つのファクターは、フッドの発見によると、黒人があまり有罪答弁をしないという事実だった。最初の機会に有罪答弁をすれば刑は三分の一軽減され、それが刑務所に入るか入らないかを分ける可能性もある。黒人のほうが犯罪を行う率が高いとか、または、ある種の犯罪を行う可能性が高いなどという証拠はないということは記しておくべきだろう。

陪審員は裁判所から一定距離内の地域から選ばれるが、地域により、ある階級が優勢だったり、陪審員になる人間のタイプに偏りがあったりする。これはつまり、裁判所の場所が公判の最終的な結果に影響することを意味している。若い黒人男性ならウーリッチ刑事法院で裁かれるほうが、キングストン・アポン・テムズ刑事法院で裁かれるより有利だろうし、さらに、セント・オールバンズの刑事法院などよりははるかにましな判決を得るチャンスがあるだろう。これを証明する統計的数字があるわけではないが、それが現実である。ほかの裁判官なら実刑にしないであろう被告人（肌の色や経歴がどうであれ）を、セント・オールバンズのある裁判官が刑務所送りにすることを知っているのと同じくらい、私ははっきりとそういえる。

もし依頼人がわざわざ「獣《けだもの》は全員有罪にしろ」的なエリアで逮捕され、起訴され、訴追されたなら、弁護人としてはその人の肌の色や体格や見かけを変えようがないのと同じくらい、お手上げだ。けれども、依頼人の陥っている不運な状況を改善するための方法はいくつかある。優れた弁護のルールの一つは、裁く側の人間（裁判官や陪審員）について熟知することであり、その一部は、どんなにささいなことが彼らの反応に影響を与えるかに気づいていることなのだ。

法廷でのファッション

これについて一つ確かなことがある。服装は大事だ。総合的なサービスを提供するバリスタには、単に法律的なアドバイスだけでなく、それ以上のものを授ける心構えが重要だ。それには、法廷でのファッションアドバイスの隠し球を一つや二つは持っていなくてはならない。

よくいる「土曜の夜にパブで喧嘩して、すぐにグラスを投げて割るタイプ」の被告人は必ずといっていいほどスーツを着て出廷すると言い張る。ただし、それは裁判官が着るようなスーツではない。そして、当然、それにはウインザーノットの結び目の大きな金色のネクタイがついてくる。陪審員の目には、彼はサッカー選手に映るだろうが、もちろん、まさしくそれこそが彼が与えたいイメージなのである。彼はウェイン・ルーニーを、ジョーイ・バートンを、愛している。多くの陪審員がそうではないかもしれない。陪審員にとって、サッカー選手の真似をする男は凶暴な田舎者で、本質的に有罪だ。

ある〝グラス投げ男〟の依頼人に私が授けた戦略は、彼の涙ぐんでいる恋人にブリティッシュ・ホーム・ストア（BHSとして知られる庶民的なデパート）に連れていってもらい、こざっぱりしたセーターとクラークス製のぷくぷくした靴を選んでもらうというものだった。私は被告席から証人席までの間を歩く被告人が、母親に服を選んでもらう情けない男に見えることを欲していた。これはまことに好都合なシグナルを送ってくれる。

もし、詐欺罪で訴追されている被告人なら、高級な服は絶対に避けなければならない。一度、チェンバーに相談に来るのに、サヴィル・ロウにあるテイラーで作った流行の先端を行く紺のスーツを着てきた依頼人がいた。おまけにプラダのロゴがついた小さな黒いバックをぶらぶらさせていた。「盗品」というロゴでもよかったくらいだ。ダイヤモンドで縁取りされた巨大な金の腕時計はさらに悪い。二月の日焼け（国外に出ることを禁じる保釈条件にもかかわらず）と相まって生み出される効果は自殺行為だ。〝（スペイン海岸）コスタ・デル・車窃盗団〟からでも飛んできたように見えるが、それは彼が盗んだとされているのが高価な黄色いトラックなのでことさらにまずい。私が彼の腕時計に目を剝《む》いたのに気づいたのだろう。何かを言い出す前に依頼人が言った。「心配いらない、アレックス。当日にはマークス&スペンサー（七〇〇店舗以上あるイギリスの量販店）の服で行くから」。プロと仕事をするのは、いつだって喜びだ。

悪徳弁護士として名をはせたウィリアム・ハウほど、外見が陪審員に与える効果に気づいていた人間はいないだろう。彼は共同出資者《パートナー》のアブラハム・ハンメルとともに、一九世紀後半の半世紀間、ニューヨークの法曹界に君臨した。彼の特技は依頼人を陪審員の前で正直者の凡人に見せることだった。ハウは自分に巨額の弁護料を払ってくれる依頼人に、訴訟費用を免除される貧民のような格好をさせた。服装だけではない。依頼人に最大の同情が集まるよう、視覚に訴える物語まで演出した。

彼が気に入っていた策略の一つは、陪審員のために、被告人の家族というニセの情景を作り出すことだった。公判初日、ハウはよく雪のような白髪の母親と、か弱い美しい妻を連れて来た。妻はいつも浮浪児のような子どもたちをぞろぞろ引き連れ、ときには抱っこした赤ん坊に授乳していることもあった。これらの家族は必要なときにいつでも招集がかけられるよう雇われていた。

ハウがこのアイデアを思いついたのは、まだ弁護士に成りたてのころに、三人の船長を次々と殺した罪で起訴された船員を弁護していたときだった。ハウにとってショックだったことに、公訴官が亡くなった被害者たちの妻子を法廷に招き入れたのだ。彼はそんなペテンにあっさり屈したりはしないが、一つ困ったことがあった。彼の粗暴な依頼人は独身だ。どうすればいいのだ。しかもこんなに短時間で？　そのとき、名案がひらめいた。彼自身の妻と子どもたちはどうだろう？　しかも都合がいいことに傍聴席にいる。殺人犯の妻子役にぴったりだ。彼は正しかった。ぴったりだった。殺人を犯した船員は無罪になった。ハウとハンメルはさらに、これどころではない卑怯《ひきょう》な手を使った。証人を買収し、陪審員を丸め込み、多くの裁判官や警察官を意のままにした。

ハウ自身も着飾ることが好きだった。それも演出の一部だ。死刑になりそうな被告人の弁護をしているときは、まず派手なベストに自分がデザインした紫のズボンという粋な服装で公判を始めた。だが、裁判が進行するにつれ、彼の服装はどんどん地味に、陰気にすらなっていった。そしてついに陪審員が退廷して評決に入る日がやって来ると、彼らに有罪判決のもたらす取り返しのつかない結果を連想させるべく黒ずくめの服装で登場した。これはすこぶる効果的だった。ハウはめったに敗訴しなかった。

完全無欠な姿

時々、犯罪のプロでもない依頼人が、私のアドバイスなしにそのあたりのことを正しく理解していることがあるが、中でも一人、完全無欠な姿で登場した人物がいた。法廷のドアから入ってくる光沢のあるトラックスーツにナイキの野球帽姿の大群の間に漂っている彼女を見たのが最初だった。そのとき私は、ああ、ハウがここにいればと思った。きっと、彼は絶賛しただろう。

私は依頼人にためらいがちに接近し、軽い挨拶《あいさつ》の言葉を交わした。そして、コートを脱ぐよう提案するのにふさわしいタイミングをうかがった。彼女は素直に肩からするりと落とすようにコートを脱いだ。中は完璧だった。ベージュのポロネックで喉元《のどもと》を覆い、その上に白と黄色と茶色の横縞のVネックのセーターを着ていた。ベージュのプリーツスカートはくるぶしまであり、しっかり脚を覆っていた。さらに才能を感じたのは、ロレアル社製のドミグラスソースのような色のジェルでがちがちに固めてロンフォード（ロンドン北東部の町）の女性買い物客のスタイルに作った、そのヘアスタイルだった。この女性は、地味で、尊敬に値し、法を遵守するアフリカ人の年配の婦人を絵に描いたようだった。

彼女はなりすましによる不法取得未遂で起訴されていた。この場合は、偽造の運転免許証で銀行口座を開設しようとした罪だ。訴追側の主張では、彼女はもう一人の黒人女性と連れ立って銀行に入り、身分証明として運転免許証を窓口係に差し出した。それには依頼人の名前と住所と写真が載っていた。だが、依頼人は銀行に行ったのは自分ではないと主張していた。彼女は個人情報を盗まれた被害者なのだと。

若い白人女性の窓口係が訴追側の最も強力な証人だった。銀行に入ってきた二人の女性を見て、この窓口係はすぐに怪しいと思ったそうだ。彼女は免許証を差し出した女性のことを二五歳から三〇歳の間くらいで、シースルーのグリーンのトップスからは黒いブラジャーが透けて見えていたと証言した。共犯の女性も同じくらいの年齢で、デニムのミニスカートをはいて、ピンクのサングラスをかけていたそうだ。反対尋問で、私が二人の女性は「派手」で「脚をむき出しにしていた」のではないかと質問すると、窓口係は肯定した。

依頼人が被告席を出て証人席に立ったときに、彼女の姿が陪審員に与えたインパクトは目にも明らかだった。彼女が体のどこであれ、むき出しにするような女性でないのははっきりしていた。まだ証言もしていないのに、すでに彼女はファインプレーをしていた。

窓口係はすぐれた目撃者であり、有能でもあった。差し出された運転免許証が偽物であることを見抜いたのだ。銀行の奥で彼女が調べているのを見た二人の女性は怯《おび》えたらしく、彼女が窓口に戻ると消えていた。だが、これにより、依頼人の見事な服装とともに、免許証を差し出した女性が免許証の写真と同一人物だったという窓口係の主張を無効にし、依頼人が二五歳から三〇歳の間ではなく四七歳であるという事実を最大限まで利用することができた。

欲をいえば、私の依頼人には尊敬できる人物に見えるだけでなく、陪審員や裁判官にできるだけ似ていてほしい。一九七〇年代初めの調査によると、年配の治安判事は年配のドライバーには寛大な罰金を科し、若いドライバーには若い治安判事の場合より厳しい罰金を科していた。同じことが有罪無罪を分けるであろうことは想像に難《かた》くない。依頼人に正しい服装をさせたり、特定の裁判官が休暇中に公判の申請をしたりするのはけっしてシニカルな司法操作ではない。刑事裁判のシステムには偏見が組み込まれているので、それらと闘うことがバリスタの仕事なのだ。

それで、私の三人の依頼人の結末はどうなったかって？　陪審員はパブの〝グラス投げ男〟を有罪にした。彼には傷害罪の前科があったが、驚いたことに、裁判官は実刑判決を下さなかった。それはブリティッシュ・ホーム・ストアのセーターのおかげだろうか？　たぶん違うだろうが、それが裁判官の彼に対する全体的な印象の一要素になっていなかったと誰がいえるだろう。トラック窃盗犯は公判当日に別の起訴事実に対し罪状を認めたので、最大のディスカウントを獲得した。一二ヵ月の実刑判決だった。

教育学の修士号をもち、公判が開かれた当時は授業の助手をしていたアフリカ人女性は、ある男から運転免許証交付をスピードアップしてあげようとの申し入れがあったと証言した。彼女は運転免許証交付センターの申込用紙に記入し、写真を添え、男に三〇ポンド支払った。その後、男は姿を消したそうだ。陪審員は銀行に入っていったのが彼女であったということについて、合理的疑いの余地なく確信することができなかったので、彼女を無罪にした。もし彼女が法廷に胸元の広く開いた服で現れていたら、結果は違っていたかもしれない。確かにそれが裁判所に彼女の娘が迎えに来たときに私が得た印象だった。ぴちぴちのミニスカートをはいた娘は、私の目には母親の二〇年前のバージョンに映った。

一五、陪審員

どっちに裁いてもらいたい?

大ベテランの裁判官に一度こんな質問をされたことがあった。「もし、きみが無実の罪で起訴されたら、裁判官と陪審員のどっちに裁いてもらいたいかね?」

「絶対に陪審員です」と答えた。

「私はいやだね」

「どうしてですか？」

「理屈の通らない有罪評決をされたらたまらないからだよ。私が裁判官を選ぶのは、裁判官ならば私がなぜ有罪かについて、理路整然とした理由のもとに判決を下さなければならないからだ。それによってこちらは控訴するかどうかの選択ができる。相手が陪審員だと、何かとんでもないことをされないかと怖くてたまらないね」

　この大ベテランの裁判官は一度も刑事訴訟の弁護をしたことはないが、数多くの刑事裁判を裁き、数え切れないほどの控訴を審議していた。控えめにいっても、彼は司法の世界での経験がきわめて豊かだ。だからこそ、彼の意見には現実的な重みがあった。私は彼の議論に納得はしないが、陪審員がまともに審議することなく理不尽な有罪評決に達するかもしれないという部分は軽視したくなかった。私は何かを見逃しているのだろうか？　陪審裁判についての思い込みを見直すべきなのだろうか？

　ここは刑法専門のバリスタの何人かに意見を聞いて世論調査をすべきだろう。まずマックスに電話をした。彼は自転車に乗っていた。

「マックブライドか、何か用でも？」片手でハンドルを、もう片方の手で携帯電話を握っているらしい。

「マックス、質問があるんだ」

「今までＰ・ゴッドと飲んでたんだ。やつめ、女々しいったらないよ。たったのラガー三パイント（一・七リットル）で、もう家に帰りたくなっちまった」

三パイントだって？　マックス、それはちょうどいい！　陽気でやたら強気になってはいるものの、ろれつが回らないほどではない酔い方は、陪審システムについて意見を述べるのには最適だ。

「もしきみが無実なら、裁判官と陪審員のどっちに裁いてもらいたい？」

「絶対に陪審員だね」。ベテラン裁判官に私が返したのとまったく同じ答えだ。

「理屈の通らない評決が怖くはないのかい？」

「理屈の通らない評決だって！　じゃあ、裁判官による理屈の通らない判決はどうなんだよ？　おれは裁判官なんかまったく信用してないね。Mのような頭のいかれた卑劣男におれの運命を決めてほしくないな」

彼のことを忘れていた。マックスは正しい。M裁判官は頭のいかれた卑劣男だ。おそらく、居並ぶ卑劣な裁判官のなかでも最高に頭のいかれた卑劣男だ。

一瞬マックスの声は消え、雑音だけが聞こえた。すぐに戻ってきた。「わりい。バターシー・ブリッジを渡ってたんだ。ひどい降りだよ。スピードを出すとぐらぐらする」

彼は雨を顔に受けながら橋を渡ってきて、「すごく雨足が強くなってきた。何にも見えやしない」と言った。それから私たちは、自分が無実のときに裁いてほしくない裁判官のリストを作成した。「マックスによる、頭のいかれた卑劣男リスト」とでも呼ぼうか。それはかなり長いリストになった。治安判事が五人以上入ってたかって？　五人どころじゃない。

「一つ但し書きを付けたいね」とマックスが言った。典型的な弁護士だ。常に但し書きを付けたがる。

「裁判官はときにびっくりするほど騙《だま》されやすくなる。これは経験からいえる。治安判事裁判所から訴追請求をするときに、刑事法院の裁判官が何でも無条件に信じるのであきれ返ることがあるよ。車に保険がついてなかったことについての下手な言い訳や、車検をしていなかったことについての嘘丸出しの泣き言なんかでもね。とはいっても、市井《しせい》の人々は判定を下すのを好まないという事実は歴然とある。彼らは血が逆流するような激しい意見はラジオのトーク番組用にとっておく。いったん陪審員室に入れば、責任は取りたくないんだよ」

次にゾウイに電話した。

「マックブライドじゃないの！　ちょうどゆるくなったスクリューがあるのよ」

「なんだって？」

「ナロー・ボート（運河用のレジャーボート）のエンジンを修理してるところ。バラバラに分解したら、組み立てられなくなっちゃった」

彼女にも同じ質問をした。また、マックスや私と同じ答えが返ってきた。

「絶対に陪審員ね」

「どうして？」

「数の問題。もし裁く人間が一人しかいなかったら、その人の偏見から逃《のが》れられないわ。でも、よほど運が悪くないかぎり、人種差別者ばかり一二人とか、意地悪な人ばかり一二人は選ばれないでしょ。大勢いるってことで公正になるの。唯一の例外が重い犯罪の場合で、裁判官に比べ陪審員のほうがより大きなショックを受けて、簡単に有罪にしてしまいそうだわね。でも、とにかく」ゾウイは付け加えた。「無罪で正気の人間の誰がM裁判官のような頭のいかれた卑劣男に自分の運命を決めてほしいなんて思う?」

区裁判官、もしくは無給のボランティアである素人裁判官の治安判事が裁く治安判事裁判所の有罪判決率は、陪審員が最終的な決断を下す刑事法院のそれよりはるかに高い。政府ができることなら陪審員制度を廃止したいと思っているのは確実だ。大きな節約になるうえに、有罪判決が増えるのだから、彼らからすれば一挙両得というわけだ。

それでも私は大ベテラン裁判官の意見を尊重する。彼が大胆にも自らの運命を同業者である裁判官男女の手に委ねたがったことに、私は胸がすく思いがした。もし私が何らかの罪で起訴されたとして、私の弁護をしてほしいと思うバリスタはそんなにはいない。

陪審による法の無視

一九七〇年代の初期までは、地方税をきちんと払っていて、しかもそれを単独で支払っていれば、陪審員になる資格があった。これは大多数の女性（一九七〇年には女性の陪審員はわずか一一パーセントだった）と、地方税が家賃に含まれる公営住宅の住人を除外する結果になった。デヴリン卿《きょう》が当時の陪審員を「圧倒的に男性、圧倒的に中年の中庸路線の中流階級」と描写した言葉は有名だ。皮肉にも最近では、陪審員として仕えることを一番必死に避けようとするのが中流階級の人たちだ。したがって、同じ言い訳をBBCのニュースキャスターのような声で繰り返し聞くことになる。

「私がいないと、私の事業はつぶれてしまいます」

「新しい仕事を始めるところなので」

「予約を入れてしまったヴェルビエでのスキー旅行はどうなるんです？　もし私が行けなくなったら、子どもたちは死ぬほど落胆しますよ」

私が陪審員のほうをより好んだのは、彼らには裁判官や治安判事にはない独立性があるからだ。何も裁判官や治安判事がゴマすりだといっているわけではない。そんなことはまったくないのだが、陪審員の場合、彼らの生活が陪審の仕事にかかっているわけではない。それが一生の仕事になる可能性はない。だから批判や冷笑を受ける心配なく決断ができる。彼らは二週間かそこら陪審員を務め、あとは普段の仕事に戻っていく。それに陪審員の頭はフレッシュだ。彼らにとって、目の前の事件は新鮮だ。裁判官のように頭の中をぐるぐる回る数百もの似たような事件の経験に曇らされることなく、事実のみで判断できる。

陪審員についてもう一つのこの上なく有利な点は、法律家と違い、彼らが法律文に囚われていないことだ。一七世紀に、裁判官たちの最大の努力にもかかわらず、ウイリアム・ペンの裁判で無罪の評決が通ったことを思い出してほしい。陪審員たちはほかのどんな裁決機関とも違い、不公平を嗅《か》ぎ分ける。もし卑怯な法律や公正でない告発が見えたなら、たとえ被告人が理論的には有罪であっても、陪審はしばしば協力することを拒否する。

これは正式には「陪審による法の無視」と呼ばれる。私を含めすべてのバリスタがそうだが、「陪審による法の無視」が大好きだ。それはトランプのワイルドカードと同じ。証拠や法がどうであろうと、私たちの被告人を釈放する切り札なのだ。「陪審による法の無視」は、判断を下すために呼ばれた一二人の男女に対する私たちの信頼に基づく、陪審の独立した精神の副産物だ。

陪審員を信用しなかった報い

一度、私は陪審員を信用しなかったことがあった。それは今なお私の心を苛《さいな》む過ちだ。依頼人はベネディクトといった。過去に一度も警察の厄介になったことはない男だが、彼の雇用主である、南ロンドンに三軒のパブを経営するフランクに三件の窃盗で訴えられていた。フランクに雇われる前、ベネディクトはバーのマネージャーとして成功していた。彼のエネルギーと意欲的な姿勢に目をつけたフランクは、パブの一軒の運営をオファーした。ベネディクトは乗り気ではなかった。目下の仕事を気に入っていたし、収入もまあまあだったからだ。そこでフランクは約束した。くだんのパブの売上は週に六〇〇〇ポンドから八〇〇〇ポンドだから、その一五パーセントを取れば、かなりの額の収入になるだろうと。ベネディクトは考えてみると返事した。それから数ヵ月間、どうしてもベネディクトに仕事を引き受けてもらいたいフランクは説得を続けた。ベネディクトは反対に提案をした。彼は妻と幼い子どもが二人いる家族持ちなので、本当に望むのは固定給プラス小さな歩合なのだと。フランクは、助けたいのは山々だが、彼のもとで働くマネージャーの誰一人として固定給で支払われたことはないと言った。全員が歩合制で働いているのだと。結局、売上の推定額と魅力的なパーセンテージに魅かれ、ベネディクトはその仕事を引き受け、パブの上の狭苦しい部屋に家族で移り住んだ。職に就いて一、二ヵ月で、彼は思わぬ問題に突き当たった。フランクが約束した収入は嘘だったのだ。パブの売上は週八〇〇〇ポンドどころか、六〇〇〇ポンドにも遠く及ばなかった。四〇〇〇ポンドといったところがせいぜいで、それにすら達しないことがあった。ベネディクトの名誉のためにいっておくが、そのパブを生き返らせるために彼は最大限の努力をした。だが、彼の注いだエネルギーにもかかわらず、それは勝ち目のない闘いだった。パブは衰退の一途で、ベネディクトは苦境に追い込まれた。

平均的な売上額のほかにも、フランクは嘘をついていた。ベネディクトの前任者を含むほかのマネージャー全員が、歩合のみでなく、固定給プラス歩合で働いていたのだ。フランクは新しいマネージャーに固定給を支払わないことで、コストを発生させることなく、売上を手に入れていた。

歩合のみでは家計はみるみる苦しくなっていった。フランクに会い、給料にしてほしいと頼んだが、そのうち絶対に売上が伸びるという言葉ではぐらかされた。そうはならなかった。次第にベネディクトはフランクの許可なくレジの金に手をつけ始めた。こっちから一〇ポンド、あっちから二〇ポンドといった具合に。彼は金庫からも金を取った。これについて変わっていた点は、彼がそれを大っぴらにしていたことだ。従業員の目の前でレジから金を取っていた。彼がそうしてパブから引き出した金はあっという間に一六〇〇ポンドに膨れ上がり、加えて彼はうつになり、当初の情熱はどこへやら、無気力にとらわれ、階上の自宅に逃げ込むようになった。売上の不足額に気づいたフランクは取引を持ちかけた――金を返しさえすれば警察沙汰《ざた》にはしないし、職も奪わないと。ベネディクトは金を返さなかった。一週間後、彼は逮捕された。

公判が始まる前に裁判官は、自らの見解を表明した。彼はベネディクトの事件を、雇用主からの窃盗事件のなかでも特に不快なケースだととらえていた。特に問題視したのは、ベネディクトが警察による初回の取り調べで、金を取ったのはほかの従業員たちで、自分たちの盗みを隠すために日々の売上に彼のサインを使ったのだと主張した点だった。これは大変な間違いで、二度目の取り調べでは訂正し、金を取ったのは自分だと認めた。裁判官は、ベネディクトが主張を変えたのは、ひとえに最初の言い訳では通らないと悟ったからだと思った。そこで彼は、ベネディクトがほかの者に罪をなすりつけようとした以上、有罪になれば刑務所に送ることもいとわないと示唆した。

公判はかなりうまくいった。フランクの嘘が明らかになり、信用できない打算的な人物であるとの印象を与えた。被告席に立つ前夜、私はベネディクトに警察の取り調べで彼が金を取ったことを認めるという実効力のある自白をしてしまったことの危険性について警告し、罪状認否において有罪答弁をすることも考えたほうがいいとアドバイスした。法において窃盗罪は「他者に属する所有物を永久に相手から奪う意図をもって不正直に私物化すること」と定義される。ベネディクトは確かにフランクに属する所有物を奪い、返そうとする気持ちもほとんどなかった（金は公判開始の一時間前にやっと返済された）。真の問題は、ベネディクトが不正直に行動していたかどうかだ。法のもとでは、不正直は「思慮分別のある正直な人間の普通のスタンダードに照らし合わせて不正直である」といった客観的なものにも、「被告人自身が他人のものを盗んだことについて不正直だったと思っている」という主観的なものにもなりうる。まず陪審員は被告人が客観的に見て不正直かどうかを決定し、もしそうなら、彼が主観的に不正直だと考えるかどうかを審理する。

ベネディクトは私との話し合いで、やはり無罪答弁を維持し、証言をしたうえで、陪審員の良心に任せるという合意に達し、上機嫌《じょうきげん》で家に帰っていった。もし彼の公判が治安判事裁判所で行われていたなら、無罪になる確率は、雪の玉が地獄の一番熱い土牢《どろう》を溶けることなく通り抜けられるくらいの低い確率だっただろう。だが、彼は刑事法院にかかっている。ということは、無罪になる確率はたとえ小さくても完全にゼロではなかった。

　私はソリシタと罪状認否の損得を話し合った。私たちが心配したのは実刑になるリスクだ。法律家として議論すればするほど、法律家として、ベネディクトは罪状を認めるべきだという思いが強くなった。法的には彼は有罪であり、私たちの役目は、法を事件の事実に当てはめ、しかるべく助言することにある。翌朝、ベネディクトは公判を続行させる決意をしていたが、私はやめるよう説得した。職業上の権威を利用し、私の欲する結論に適合する議論を展開した。決断するのは彼だったが、私の希望に沿った結論を出すよう仕向けた。私はシニカルになっていたわけではなく、単に最良の結果を得られるよう依頼人を助けていたのだ。

　法廷では、ベネディクトが罪状認否を変更するやいなや、私は大変な間違いを犯したことを知った。陪審員たちが驚いた顔をして互いに顔を見合わせたからだ。彼らには被告人を有罪にする気などまったくなかったのだ。彼らからすれば、そして彼らは正しいのだが、ベネディクトは不当な扱いを受けていた。そして、今度は私が彼を不当に扱っていた。彼の行動は窃盗のすべての要件を満たしていたかもしれないが、けっして不正直ではなかったと陪審員は判断していたのだ。彼を有罪にすることは、正しいことだとは感じられなかったのだ。ベネディクトは刑務所には入らなくてすんだが、この先一生取り除くことができない不正行為の有罪判決とともに法廷を去らなくてはならなかった。そしてそれは私のせいだった。

一六、刑罰

楽なほうか、きついほうか

刑務所は有効だ。それは私たちを殺人者や路上強盗や強姦犯《ごうかんはん》から確実に守ってくれるだけでなく、罪を犯そうとしている多くの人々を思いとどまらせてくれる。
――マイケル・ハワード、一九九三年一〇月の保守党会議にて。

被告人は賢い選択の結果、有罪答弁をする。バリスタは立ち上がり、彼の代わりに弁解をする。これは刑罰軽減と呼ばれている。刑罰軽減にはいくつかの定められたファクターがあり、初犯であるとか、最初の機会に罪を認めた場合などには、自動的に判決の刑が軽減される。

クラレンスは「バード」――実刑を意味するスラング――をくらうことを知っていた。問題はその長さだ。彼は法廷にクルーズにでも出かけるかのような準備でやって来た。旅行かばん三つ、大きなダンボール箱が二個、お気に入りのCD数枚をガムテープで貼り付けたステレオ。「衣食住は快適にしなくちゃ」。彼は言った。もっともだ。実刑判決が下りたら最後、その時点から依頼人は受刑者となり、弁護人は依頼人に何一つ手渡せなくなる。だから、彼が刑務所に持ち込むバッグをあらかじめチェックした。

「ええっ、その箱、両方とも持ち込むんですか？」ドアのところで、看守が半信半疑で尋ねた。「これがおれの必要最低限なんだよ」。クラレンスが言い張る。彼はそれより少ない荷物で〝旅に出る〟ことなどできない。

やたら人好きのするクラレンスには、誰もノーと言えない。

裁判所の外に腰掛けて、クラレンスはなぜ自分の人生が悪い方向へと進んでしまったかを説明してくれた。彼の父親はまだ彼が赤ん坊のときに蒸発した。父親役をしてくれる人を渇望していた彼は、気づくと年寄りの狡猾《こうかつ》な詐欺師の庇護のもとにあった。詐欺師が策略を思いつき、クラレンスがその実行を手助けした。詐欺師が麻薬を取り引きしたせいで五年の刑に処されたときも、彼は忠実に口を閉ざしていた。父親を密告する者などいない。

クラレンスとほぼ同年齢の別の男もまた判決を待っていた。「刑務所生活はきついものにも、楽なものにもできる」と彼は言った。「おれはきついほうを選んだ。もし看守がおれをここから出したけりゃ、ここに入ってきて、おれを捕まえなきゃならない。もっと腹の立つことをしたら糞《くそ》だらけにしてやる」(一度、法廷に行くのを拒絶した依頼人がいた。看守を寄せつけないために、排泄物《はいせつぶつ》を自分になすりつけ、おまけに食べた。彼の作戦は功を奏した)。きつい過ごし方はクラレンスには合わない。彼は楽なほうを選んだ。

前回、彼が服役《ふくえき》したときはコカイン中毒になっていたのだが、刑務所には麻薬が溢れていたにもかかわらず、なんとか悪癖から抜け出した。模範囚になり、コンピューターと英語の試験に合格した。そして出所してからは、昔の生活から足を洗った。幸せな結婚をし、子どもも二人生まれ、トラック運転手の仕事も見つけた。しかし、過去から逃げるのは容易ではなかった。数年後、昔の生活から電話がかかってきた。父親代わりの詐欺師はふたたび服役中で、息子同様のクラレンスに一つ小さな頼み事をしてきたのだった。最初のうち、クラレンスは断った。彼にはもう家族がいる。だが、詐欺師は諦《あきら》めなかった。刑務所暮らしは老いた身にはつらい。一度でいいから面会に来てくれというのが彼の頼み事だった。それって、そんなに厚かましい願いだろうか? とうとうクラレンスは根負けした。

「だから、昔の生活を捨てるのは難しいんだ。ノーなんて、どうして言える? 親父は必死だった。おれには借りがあった」

こんな理屈はくだらないと思うかもしれないが、クラレンスにとっては、面倒を見てくれた父親に対する愛ゆえの行為だったのだ。彼はヘロインをベルトに隠し、尻の間にもはさんで刑務所を訪問した。彼は傍目《はため》にもナーバスになっていた。監視カメラは彼の所作を余すところなく捕らえていた。その作戦のすべてが彼にとっては自殺行為だったが、よき昔の思い出ゆえの麗しい親孝行だった。父親に麻薬を手渡そうとしたところに、数人の看守が飛びかかった。

被告人は常にどんな判決になりそうか訊《き》いてくるが、クラレンスも例外ではなかった。のちのちの落胆を避けるために、重めにいうほうが賢明だ。ガイドラインとなるようなケースはかなり厳しい。それは息子のためにヘロインを刑務所に差し入れた男のケースだった。この男はクラレンスと違い前科はなかったが、クラレンスと同じく、最初の機会に有罪答弁をした。控訴院は五年の判決を支持する理由を「受刑者への（ヘロインの）供給はきわめて重大な犯罪であり、長い監禁刑は避けられない」とした。最近まで、四年というのが一つの大きな区切りのラインだった。四年未満の刑ならば、短期の受刑者として刑期の半分で出られたが、四年以上だと三分の二は服役しなければならなかった。

法廷に呼び戻される直前に、クラレンスがトイレに消えた。数分後に彼は『真昼の決闘』のゲイリー・クーパーのような歩き方で出てきた。私は怪しんだ。

「クラレンス、まさか尻に何か詰め込んだんじゃないだろうね？」

「いいや、アレックス、完全にクリーンだ。もう懲《こ》りたよ」

法廷は満員だった。順番を待つバリスタの列は傍聴席の方まで押し込まれていた。クラレンスはその日に処理される多くの被告人の一人だった。裁判官が判決を下してきた長年の経験により百戦錬磨になっていて、「人に数字をくっつける機械的な作業」を超えて未来を見据えるタイプであるときに、刑罰軽減は最もいい結果が得られる。

これを成功させるには、真実を語らなければならない。すべての真実ではなく、ある真実だ。クラレンスの場合は、彼の友情を大切にする才能についてや、そもそも出廷する羽目になったのも彼のやさしさが仇《あだ》になったのだという事実についてで、これは大いに効果があった。

大量の荷物だけでなく、彼は性格証人（被告人の評判を証言する人）として仕事場の上司も連れてきていた。上司は彼と同年代の若者で、裁判官に向かって、部下であると同時に友人でもあるクラレンスについて語った。そしてクラレンスがどんなに働き者で誠実であるかを話すうちに、彼は満場の法廷で人目もはばからず泣き出した。クラレンスの不公平な人生と、それにもかかわらず彼が収めた勝利に対し、彼は涙していた。

裁判官は高齢の気難しい副裁判官だったが、心を打たれたようだ。彼に許されている自由裁量権を行使し、控訴院のガイドラインよりはるかに短い三年の刑を下した。電子タグ（GPSで居場所を通知する仕組み）を付けて、一年後には出られるだろう。

だが、このような寛容さはますます例外的なものになってきている。政府は裁判官が判決を下すときに自由裁量権を行使するのが気に入らない。裁判では一件ごとに独自の事実があり、すべてのケースが異なるので慈悲をかけたほうがうまくいく場合も多いということを忘れ、政府は均一性を欲している。クラレンスを社会に戻して家族を養わせ、税金を納めさせるほうが、国庫金を使って刑務所に閉じ込めておくより余程いいだろう？

しかし、刑期は長くなる一方だ。一般市民も政府も厳しい刑罰が好きだ。復讐《ふくしゅう》は束の間ではあっても甘美だ。恥ずかしい話だが、私も訴追しているときには、看守が有罪判決を受けたばかりの被告人を刑務所に連行するのを見ると、ときに自己満足の笑みが顔の上でねじけるのを感じる。心の中で「ざまあみろ」と言いながら「いってらっしゃい」と手を振っている。どうして罰を与えることは私たちの気分をよくさせるのだろう。誰かが当然の報いを受けるのを見ると、日々の暮らしの不正や不公平の幾分かが埋め合わされる気がするからかもしれない。

聖職者の特典

過去数世紀にわたって、刑事裁判システムにおける処罰は、悪人に思い知らせるのが目的だった。つまるところ、それが彼らにふさわしい結末だからだ。悪人はさらし台に送られたが、それは辱《はずかし》めを受けるだけに留まらなかった。もし同胞の市民に投げつけられるのが腐った果物だけだったら非常にラッキーだ。というのは、石が飛んできたときに誰かが止めに入ってくれる保証はなかったからだ。

当局は別の手も各種用意していた。犯罪者は焼印を押され、耳をそぎ落とされ、舌をくり抜かれた。そののちに絞首刑が登場した。一八世紀の間に、それはますます多くの犯罪に対し、欠席裁判で処せられる刑罰になった。一八〇〇年代の初めには、非常にマイナーな窃盗罪――五シリング以上の盗み――を含む二〇〇種以上の違反行為が理論的には絞首刑の対象になりえたし、また、実際になっていた。抜け道もあった。いくつかの犯罪は「聖職者免除」することができたが、これは「聖職者の特典」による死刑からの減刑を意味した。

トーマス・ベケットが考案した「聖職者の特典」のコンセプトは、聖職者は極刑を免れるという原則を打ち立てた。これは、有罪となった者が聖職者の階位にあることを証明すれば聖職者の特典を要求でき、処罰を与える権限がずっと弱い教会の機関に引き渡されることを意味した。中世には、教誨師《きょうかいし》と呼ばれた役人が、誰が聖職者の特典を要求できて、誰ができないかを決定していた。長い年月の間に裁判官が教誨師のこの権限を奪うと、特典要求の判定基準はゆるくなった。判定は朗読のできる、できないで行われた。これは明白な理由により『免罪詩』と呼ばれている詩編五一：一の朗読を意味した。有罪判決を受けた重罪犯（一六二四年まで、女性には特典要求は許されていなかった）はひざまずいて「本に祈る」。このルールはさらに段階的にゆるくなっていき、文字を読めない人々にも罰を逃《のが》れるチャンスを与えるまでになった――ただ免罪詩を頑張って暗記し、復唱すればよかったのだ。以下が、彼らが暗唱しなくてはならなかった部分だ。

「Miserere mei Deus secundum magnam misericordiam tuam, et secundum multitudinem miserationum tuarum dele iniquitatem meam.」

たいして難しくないと思われるかもしれないが、それは自分の名前の書かれた絞首台にロープでつながれていないときに暗唱すると想像した場合だろう。とにかく、難しいかどうかは別として、ルールの緩和により免罪詩は大変な人気となり、一六世紀の終わりには、有罪が決定した重罪犯の半分近くがこの特典を要求した。

これに対し権威機関は、重大な犯罪に対しては適用不可にすることで対応した。聖職者の特典は人気の高い逃げ道として残り、多数の命を救ったが、それでもまだ多くの人がロープの先にぶら下がった。数人を一度に処刑できるタイバーン（現在のマーブルアーチの近く）の絞首台は頻繁に使用された。

祝祭としての絞首刑

ロンドンでの絞首刑は、ほかの場所でも同じであったと確信するが、観戦スポーツだった。階級の高低に一切関係なく、これは社会のあらゆる層の人々に大人気だった。絞首刑が執行される日は、事実上、祝日になった。人々は前夜から行進ルートの途中にあるパブやコーヒーハウスに陣取った。翌朝、タイバーンへの行進のためにニューゲートの門が開くときには、すでに大勢の群集が行進のあとに続こうと待ちかまえていた。死刑囚たち（子どもも大目に見てはもらえなかった）は荷馬車に積まれた棺にまたいで座って行進した。高い身分や著名な死刑囚は自家用の四輪馬車を使うことを許されていた。執事を撃ち殺したフェラーズ伯爵は、黒い房状の尻尾のある六頭の馬が引くランドー型馬車に乗って、タイバーンの約束時間に駆けつけた。彼が結婚式で着用したひと揃いを着ていたのは、結婚式の日と処刑の日が、彼の人生で最も不幸な日だったからだ。誰も彼もが着飾っていた。帽子につけた白い花形帽章は無罪を、屍衣《しい》は有罪を表した。悪名をはせた追いはぎのディック・タービンは新しいファスチアン織の僧服を着て、エナメルのフォーマルシューズを履いていた。一七一六年にタワーヒルで断頭刑に処せられたダーウェントウォーター卿は、黒のベルベットと金の縁取りがある深紅のコートに、金のレースが付いたベスト、羽入りの帽子できめていた。

絞首台に向かう女性は白装束で、シルクのスカーフをし、群集に向かって花とオレンジを投げた。行進はゆっくりと進んでいった。群集の中に死刑囚の家族や友人がいれば、おしゃべりできるよう、停止した。ルート沿いの居酒屋が死刑囚に「別れの杯」を無料で提供したので、タイバーンに到着するころには、彼らの多くが酩酊《めいてい》状態だった。

絞首刑はときに数万人もの大観衆を引きつけた。この格別に英国的で残忍な余興には、外国からの観光客も見物にやってきた。国王ジョージ三世の戴冠式のためにロンドンに来ていたドイツ人の伯爵は、わざわざ時間を作って絞首刑の一つを見物に行き、死刑囚たちの自らの運命に対する沈着冷静さに感動した。財布さえ許せば、絞首台のすぐそばに傾斜を設けて設置された観覧席を買うこともできた（一七五九年からは移動式になった）。プロクターという名の未亡人は絞首台周辺一帯の土地を所有していて、そこに設けられた席（眺めと死刑囚の知名度により値段はいろいろ）は「マザー・プロクターの信者席」として知られていた。タイバーンに押しかける乱暴な酔っ払いの群集は、この席を自分のものにしようと争った。

目撃者の一人は絞首刑が始まる前の情景を次のように描写している。

いい席をめぐって争い揉《も》み合っているのは、乱暴で喧嘩好きな、下品で無謀で残忍な暴徒たちで、彼らは猛烈に攻撃的で、ひどく口汚い。観客はしばしば手足の骨を折られ、歯を殴り落とされ、ときには押しつぶされて命を落とした。

それだけの面倒と危険に耐えた観客は、ただ楽しませてもらうだけでは満足せず、死の狂乱状態に自ら巻き込まれることを欲した。荷馬車の上に立ち、絞首用の輪縄を首にかけて最後のスピーチをする死刑囚に喝采《かっさい》を送り、何もしない死刑囚にはブーイングをした。こういったえこひいきは、処刑の場面まで継続した。やがて荷馬車が退散し、死刑囚が輪縄にかけられて死に始め、ヒクヒクしたり痙攣《けいれん》を起こしたりすると、そのたびに人々は歓声を上げるか、うなり声を上げるかした。死刑囚の家族が走り寄って、愛する人の苦しみを短くしようと脚を下に引っ張ると、観客は罵声《ばせい》やジョークを浴びせた。

処刑に至るまでの緊張感の一部は、土壇場で刑の執行が猶予される可能性があったからである。それはめずらしいことではなかった。一七五八年に、贋造者の死刑が絞首台の上で減刑になったときは、激怒した群集が暴動を起こし、観客席を叩き壊した。観客とは気まぐれなものだ。絞首刑を見た満足感が薄れ、がっくりしていたのかもしれない。

当時は絞首刑に処された遺体を告発者の家のドアの前に放り出すのが普通だった（一八世紀の裁判では、たいてい被害者が告発者だった）。泥棒を首尾よく死刑にした女性は、彼の死体を玄関前の階段に放り出された。怒った群集が集結した。彼らは女性の家に押し入り、家具を運び出して積み重ね、火をつけた。その間、彼らはその女性の所有物を守るために呼ばれていた警官隊を、すべてが灰と化すまで寄せつけずにいた。

一八世紀末から一九世紀初頭にかけ、絞首刑フィーバーは頂点に達した。だが、しだいに当局は、死刑になる可能性のある犯罪リストを詳述した『血のコード』（イギリスで一六八八～一八一五年に行われた法と刑罰）が平衡感覚を失ったことに気づき始めた。見世物的な絞首刑がはたして犯罪の抑止として効果的なのかどうかにも、疑問が呈されるようになった。絞首刑は公共のエンターテイメントであって、社会への恐ろしい警告にはなっていなかったのだ。したがって、一八〇〇年代には、殺人未遂を含む多くの犯罪が死刑の候補からはずされていった。絞首刑は存続したが、その数は劇的に減り、一八六八年以降は非公開で行われるようになった。

刑罰は抑止にならない

ぞっとする公の場での死は、ヴィクトリア朝時代の投獄に取って代わられた。一九世紀まで、刑務所は囚人の生み出す利益を目的に運営される民間の地下牢にすぎなかった。一般の人々に対する犯罪抑止と、拘束による犯罪能力の剝奪《はくだつ》を目的とする投獄のアイデアを思いついたのは、チェザーレ・ベッカリアというイタリア人伯爵だった。彼の著書『犯罪と刑罰』（一七六四年）には、以下のような急進的な理論が展開されている。

「刑罰の目的は懲《こ》らしめではなく…（中略）…犯罪者が人々に対し新たな危害を加えるのを防止することと、ほかの一般の人々が同様のことをするのを抑止することにある」

ベッカリアの理論には絶大な影響力があった。これを取り上げて発展させた功利主義者のジェレミー・ベンサムは、昔の絞首や外観の損傷のような報復ではなく、合理主義に基づいた刑罰方針を描き出した。また、刑罰はそれ自体を目的とするのではなく、刑罰から生まれる利益により正当化されるべきであると主張した。人間は合理的な主体なので、損か得かを考えれば――彼は快楽と苦痛という言葉を使っている――犯罪を行わないほうを選び、犯罪率は低下するだろうと信じていた。

一八四〇年代に起きた刑務所の建設ラッシュは、ベンサムの理論が間違っていたことを証明した。人間は合理的には行動しない。犯罪はベンサムの投獄についての理論では説明しきれないあらゆる種類のきわめて複雑な理由から起きる。権威機関は、信心のあるまっとうな生活を通して悪人を改心させるという、刑務所のもつ更生の役割を大きくしようと数々の改良を試みた。犯罪者から悪人の部分を取り除こうとする試みもまた、あまり成功はしなかった。こういった初期の落胆にもかかわらず、この刑罰システムに対する人々の信頼が揺らぐことはなかった。

投獄嗜好《しこう》は引き継がれた。事実、刑務所人口は現在、過去最大となっている。二〇〇八年一一月には、有罪判決を受けた人の数はほとんど変わっていないにもかかわらず、刑務所人口は一九九七年より三〇パーセント増の八三、〇〇〇人に達している。

刑務所人口の大きな部分を占めているのが非暴力犯罪で収容されている受刑者で、決まりとして、彼らの刑期は非常に短い。二〇〇七年に実刑判決を受けた約九一、〇〇〇人のうち、半数以上が六ヵ月未満の刑期だった。獄中での態度がよければ、彼らは六ヵ月も入っている必要はなく、その半分、もしくはそれよりずっと短い刑期で出られる。女性受刑者の場合、この傾向はもっと極端だ（ホロウェイ刑務所では服役期間の平均は二八日である）。おそらく刑務所は次に押し寄せてくる短期収容者用のスペースを確保するため、彼らに電子タグを付けて解放するのだろう。この巨大な流動数には、有罪判決は受けていないが拘置所で公判を待つ一万人以上にものぼる再勾留者は含まれていない。再勾留者の八〇パーセントが窃盗事件の被告人だが、ついに公判が行われ、さらに有罪判決が下りた場合でも、彼らの半数は地方奉仕の刑（実刑の代わりに地域のために無償奉仕をさせる刑罰）を言い渡される。

これらの短期収容者の問題は、彼らが刑務所のシステムを滞《とどこお》らせることにある。彼らは自身のためになる何かをできるほどには長くいないので、ただ膨大な費用を使って、そこに預けられているにすぎない。セキュリティが万全でなくてもいいカテゴリーBの一般的な受刑者でも年間四万ポンド以上の維持費がかかる。それだけの金があれば、子どもをイートン校に送り、豪華な旅行を二度楽しみ、さらにセレブシェフのいるホテルかレストランでゴージャスな週末を過ごしてもまだお釣りがくる。私が話をした大ベテラン裁判官は、もうずいぶん前に、短期の実刑判決は無駄以外の何ものでもないという結論に達していた。

両極端のもう一方の端にある刑期の長期化もまた大きな問題になっている。たとえば、あるカテゴリーの殺人に対する量刑は二倍になった。今では、もし誰かを撃ち殺したなら、刑期のスタートラインは三〇年だが、刺し殺した場合のそれはたったの一五年という妙な状況にある。長い刑期の判決は新聞の見出しになると賞賛され、有権者を喜ばせるが、年間五〇億ポンドにも達しようとしている刑務所の巨額のコストを考えれば、犯罪を減らし、私たちの安全を確保するという目的に監禁刑がどれほど役に立っているのかを一考してみる価値はある。この疑問に答えるには、刑務所の目的を理解することが重要だ。刑務所が罰を与えるためにあるというのは、ごく一般的な誤解だ。そうではない。判決で言い渡される言葉どおり「自由の喪失」こそが罰であり、刑務所自体が罰なのではない。ならば、刑務所はクイーンメリー号の一等船室のようでなくてはならないのだろうか？　無論、そんなことはないが、適度な水準にある必要はある。

刑務所の三つの目的

刑務所には主に三つの目的がある。犯罪抑止、犯罪者の無力化、そして更生だ。問題は、刑務所がこの三つのすべてに限られた効果しか発揮しないことだ。無論、刑務所に送られるかもしれないという恐怖は人々に犯行を思いとどまらせるが、これには欠陥がある。刑期の長さとそれがもたらす犯罪抑止力の間には関連性がないのだ。刑期を二倍にしたからといって、潜在的な犯罪者がある犯行を思いとどまる率が倍になるわけではない。その理由はシンプルだ。抑止はリスクを糧にする。人は捕まるというリスクがあるから犯罪を思いとどまるのだが、そのリスクはかなり小さい。もしチャンスに賭《か》けてみる価値があれば、刑務所のいやな面は、たとえ刑期がどうであろうと、もはや犯行を思いとどまらせはしない。

例として、どこにでもある不人気な犯罪である住居侵入窃盗を取り上げてみよう。一九九〇年代に保守党政府は「スリー・ストライクでアウト」という法案を通過させた。三度住居侵入窃盗で捕まれば、取り巻くすべての事情に酌量の余地がないかぎり、最低三年の実刑を科すという法だ。犯行を繰り返す可能性のある窃盗犯に再犯を思いとどまらせるのが、その理念だった。

ロンドン警視庁自身の統計によると、二〇〇七年から二〇〇八年にかけての住居侵入窃盗犯の検挙率はわずか一三パーセントだ。捕まらない可能性のほうが圧倒的に高いのに、麻薬常習者や、失業中で家族を食べさせていけない人にとって、はたして「スリー・ストライクでアウト」がほんのわずかでも抑止力になるだろうか？　判決の刑期を吊り上げることは、私たちに何か手は打たれているという幻想を与えてくれる。

このような量刑のルールは、何かの犯罪を行おうとしている人々の頭には、その犯罪に対する判決がどういうものになるかという考えがあるという前提に安易に立ってしまっている。ごく平均的な住居侵入窃盗犯が、量刑指針協議会のサイトをくまなくサーチし、三年も刑務所に入れられるリスクを冒してまでやる価値はないと判断してコカイン用パイプを捨てるなどということは考えられない。

順法精神のある普通の人々と違い、根っからの犯罪者は実刑判決を長さでは考えない。数年前だが、マネー・ロンダリングに成功している人物（一度も捕まっていない）とその息子と私の三人で話し合いをしたことがあった。息子には父親と同じ手腕はなく、あっさり強盗の真最中に現行犯で捕まった。息子が公判を終えたときに受けそうな三〇ヵ月の実刑判決を一二ヵ月に縮めるべく有罪を認めた場合の損得について、私たちは検討していた。私はジェレミー・ベンサムの安物の代用品よろしく、刑務所はいやな場所なので、そこで過ごす年月は短ければ短いほどいいという理論に立って、有罪答弁を全面的に推した。私の仕事は可能なかぎり最良の結果を得ることなので、一二ヵ月の実刑は二人に大歓迎されると思っていた。ミスター・マネー・ロンダラーはバッキンガムシャーにある大邸宅から裁判所に着いたばかりのまだ温かい最高級ジャガーにもたれて、これに反対した。

「いや、アレックス、わかってないな。バードをくらうなら一二ヵ月も三年も同じことだ。同じなんだ」

私には理解できなかったし今も理解できないが、いってみれば、それは私が他所《よそ》の家を襲うのを抑止されなくてはならないプロの泥棒ではないからだろう。

くらうなら一年も二年も同じ

政治家たちは、その発言とは裏腹に、刑期の長期化が犯罪抑止にならないことを知っている。内務省の依頼でどの判決が犯罪の減少に役立ったか、または役立たなかったかを検証した『ハリデー・リポート』は、刑期を長くしても犯罪はまったく減少しないと結論した。それでも多くの政治家が刑期の長期化を推し進めるのは有権者に受けがいいからで、彼らは有権者には真実を知らせないでいるほうが得策だと考えている。そうすれば、人々は「厳しくしてくれている」だの、「対策は打たれている」だのと感じるからだ。

量刑の専門家でもある勅撰弁護人のデイヴィッド・トーマスはこういった行為を「法の制定による政治」と呼んでいる。彼のお気に入りの例は銃器規制法のセクション五一Aだ。これは、パーティ会場の外で若い女性二人が犠牲となった、バーミンガムで起きた射殺事件の後に大急ぎで通過させた法案で、銃器の所持に対し五年の実刑を強制的な判決としている。「セクション五一Aは不合理の極みだ」とトーマスは言う。「凶悪犯罪を減少させるというのがその売りだが、終身刑を怖がって誰かを射殺するのを思いとどまらない人間が、どうして五年の実刑を恐れて銃器の所持を諦めるだろう?」

同様に私たちは、刑務所は犯罪者を閉じ込めておくので私たち一般市民を守ってくれていると信じ込まされている。確かに、数多くの非常に嫌な人間が刑務所に放り込まれているために出歩いて私たちを傷つけることができないでいるのは事実だが、実際には、直感には反するかもしれないが、刑期を長期化しても犯罪率にはほとんど影響はない。ある研究の推定によると、刑務所人口が二五パーセント増加しても、犯罪率はわずか一パーセントしか下がらない。アメリカの犯罪率は、増加の一途をたどる刑務所人口とはまったく関係なく上がったり下がったりしてきた。『ハリデー・リポート』は犯罪者の「無力化の効果のみを狙った」量刑の枠組みの見直しに意味はないと結論している。長い実刑判決が犯罪率にこれといった影響を及ぼさない理由は、流通している犯罪者群から何人かを取り除いても、すぐに次のジェネレーションから補充されるからだ。犯罪の大多数は若い男性により行われるが、彼らのほとんどが警察に捕まらないので、裁判所の介入なしに、そのうち成長して犯罪行為から卒業していく。

政府は危険だと識別される犯罪者に公衆保護の判決を導入することで、無力化の効果を上げようとした。一見、これは最も危険な人物に焦点を合わせた素晴らしい方法に見えるが、この法律は誰が危険で誰が危険でないかを予測する裁判所と保護観察官の能力次第で成功もするし失敗にも終わる。だが、この予測はきわめて難しいことで悪名高い。オックスフォード大学オール・ソウルズ・カレッジのアンドリュー・アッシュワース教授は、誰であろうと危険性を正確に予測する能力については非常に悲観的だ。一九八〇年代のフラウド委員会の調査結果を引用し、どんな予測方法を以てしても正解率は五〇パーセントにも達しないし、多くの場合、その数字にさえはるかに及ばないと主張する。フラウド委員会は、裁判官が判決を下すときに、参考にする精神医学や保護観察の報告書のような法医学的予測は、いくつかの選択した性質からなる客観的基準をもとにした数理的測定より正解率が低いことを発見した。

内務省は七〇〇人の受刑者の事件を見直し、「危険」と分類された四八人の出所後を追跡調査して報告している。それによると、四八人のうち九人は危険だと呼べる犯罪を引き起こした。これは予測正解率が約二〇パーセントということになる。七〇〇人のうち「危険でない」と分類された受刑者のなかにも、もっと低い率ではあったが、危険な犯行に及んだ者はいた。

実刑判決は全犯罪の〇・三パーセント

更生もまた特効薬ではない。時間がかかるし、多くの調整を要するし、費用も高くつく。しかし、更生にはその効果に弾力性があるという、犯罪抑止や無力化にない大きな利点がある。犯罪抑止や無力化の効果はあるポイントから上がらなくなるのに引き換え、更生の努力はより多く、より上手くやれば、それだけ犯罪者の再犯率を抑えることができる。

現在の八万人以上の受刑者のうち、永久に監禁されるのはたったの三〇人なので、更生の重みは大きい。ほかの全員がいつかは解放されるので、彼らの社会への復帰にこそ、刑務所は専念すべきなのだ。再犯率が低下してこそ、刑務所は機能しているといえるだろう。刑務所が超満員だと管理するスタッフが不足し、就業と教育のプログラムは効果を上げられなくなる。したがって、刑務所人口が増え続けた過去一〇年間に、再犯率が下がるどころか一二パーセントも上がったのも驚きではない。*

*原注　元英国刑務所調査官デイヴィッド・ラムズボータムの指摘によると、政府は最近、この恥ずかしい事実を隠すために再犯率の計算方法を変えた。英国犯罪調査（ＢＣＳ）はイングランドとウェールズの犯罪数を、前年に経験した犯罪について人々に質問するという方法で調査している。ＢＣＳは警察に通報していない犯罪も統計に含めるが、一六歳以下を対象とした犯罪は除外している。公に記録されている犯罪はこれとは異なる指標となる。それは通報され、警察により記録された犯罪だ。さまざまな理由で、警察はすべての犯罪を記録してはいない。要するに、真の犯罪率を計算するのは不可能だといえるだろう。

犯罪抑止と無力化が犯罪レベルに比較的小さな影響しか及ぼさないのは、そもそも全犯罪のうち、ごく小さな割合にしか判決が下されないからだ。内務省の数字と英国犯罪調査（ＢＣＳ）のデータをもとにアッシュワース教授が行った計算は非常に興味深く、また多くを語っている。

彼は毎年全犯罪の四五パーセントが警察に通報されるという慎重な仮定からスタートした。この四五パーセントのうち、実際に警察が記録を取るのは五五パーセントなので、全犯罪の二四パーセントがまだ刑事司法制度の記録に残っていることになる。記録された犯罪の検挙率はすこぶる低いので、二四パーセントは五・五パーセントにまで落ちる。これらの解決された犯罪の半分ちょっとが有罪判決または警告処分になるので、数字はさらに三パーセントにまで下がる。このうち警告扱いを受けた事件を除くと、判決を受けた事件は全犯罪のわずか二パーセントになる。アッシュワース教授によると、最終的に犯罪のうち約〇・三パーセントしか実刑判決に至らないと計算する。

この計算には粛然とさせられる。そもそも検挙され、有罪になり、判決を下される犯罪者があまりにも少数なので、犯罪の全体図にいくらかでも影響を与えるだけの人数に判決を下す（または刑務所に入れる）のは不可能なのだ。

一七、実刑

刑務所は役に立つのか?

私は少年裁判所の人気《ひとけ》のない待合室で自販機のコーヒーをすすっていた。目の端に刑事が近づいてくるのを捕らえた。彼は私の一六歳の依頼人であるスタンリーについて話したがっている。彼に手招きをした。

「すみませんが、ミスター・マックブライド、サー。もし有罪なら、スタンリーの保釈の撤回を申請します」

「わかりました」。私は言った。前もって知らせてくれるのは好ましい。「で、ほかの子たちは?」

「あの子たちの保釈には反対しません。母親が連れて帰るために、ここに来ています。とにかくスタンリーは条件が揃っていますから、強盗の前科とか」

スタンリーは外で三人の共同被告人といっしょにタバコを吸っている。午後になって降り続いている雪が、今では積もりかけている。窓の外を見た。突然、にぎやかな雪合戦が始まった。人数の点では圧倒的に不利なのに、スタンリーはいとも簡単に友達を撃退している。すごい強肩の持ち主だ。彼の投げた雪の球は誘導ミサイルのように飛んでいく。ばか騒ぎをしているその強盗の卵たちは、犯罪のはしごの一段目に足をかけた悪党よりむしろ、放課後の子どもに見える。公判の結果は決まりきっている。スタンリーと共同被告人は救いようがない。

廷吏が法廷から出てきた。評決だ。スタンリーを呼んだ。彼は頬《ほお》をピンクに染め、息を切らしながら階段を軽快に駆け上がってきた。彼を脇《わき》に呼んで、もし有罪になったら再勾留になることを告げた。彼はこれまで警察の留置所で数夜を過ごしたことはあるが、刑務所で過ごすのは初めてで、おそらくこの先何度も過ごすことになるうちの第一回目になる。逃げ出すんじゃないかと思ったが（もし私がそんなことを言われたら、すでに表の通りを半分は駆け下りていただろう）、彼はただうなずいて法廷に入っていった。

スタンリーと友達が犯したのは郊外電車内でのカツアゲだった。フードを被《かぶ》り、車両の中を歩きながら、脅して携帯電話を取り上げることのできそうな子どもを探す。車両の両端に一人ずつ見張りを立て、もう一人とスタンリーとで目をつけた子どもの隣に座り、怯えさせて携帯電話を手放させる。何ら暴力は使わなくても、彼らは立派に強盗の罪を犯したことになる。法のもとでは「盗むために、被害者に暴行を加えられるという恐怖を与えるか、もしくは与えようと試みれば」強盗罪が成立する。それは成功の見込みのない、お粗末な犯行だった。ターゲットにした子どもの一人が、彼らのうち二人を学校で見知っていたのだ。その子の母親が警察を呼ぶのに時間はかからなかった。そのうえ、監視カメラに残っていた車内での彼らの野獣のような姿を合わせれば、訴追がしくじる可能性はない。

三人の共同被告人は保護観察処分（一八歳以下に対する執行猶予）を受けて、母親たちとともに法廷を出ていった。スタンリーには両親の姿もなく、フェルタム少年刑務所に行く護送車をたった一人で待つために、拘置所に連行された。さようならを言うために会いにいった。監房の中で木のベンチに座っているのが見えた。こちらを見た彼の顔に、恐怖が浮かんでいた。彼のために何かしてやれれば、何かを変えられればと願ったが、裁判官はすでに判断を下し、それが撤回されることはない。スタンリーは大丈夫だと言ったが、私にはそれは嘘だとわかった。彼は泣き出した。何とか涙をこらえ、強がろうとしていたが無理だった。隣に腰を下ろして肩を抱き、ぎゅっと引き寄せた。そのまま、彼は泣き、私は黙ったまま、長い間じっとしていた。ついに護送車が到着した。私は立ち上がり、スタンリーの手を握って振り、きっと大丈夫だよと言ってドアから出ていった。

何がどうなら大丈夫だっていうんだ？　私は何も知らない。刑事司法制度内の私のテリトリーは法廷で、そのほかの部分は私の視野のはるか彼方にある。家路に向かう電車に座って考えた。スタンリーはどうしているだろうか、また彼にとって刑務所はどんな場所だろうか。そこは彼自身や、彼に強奪された子どもや、彼がこの先に強奪しようとする子どもたちにとって、何らかの役に立つのだろうか?

バリスタや裁判官にとって、実刑判決は抽象的なものでしかない。それはベッドの支柱につけた印のようなもので、スコアを記録するためのものだ。犯罪者に判決をピン止めし、次の事件に移っていく。これまでも自分自身に幾度となくいってきたように、最悪の場合でも刑務所に行くのは依頼人であって、私ではない。

フードボートという悪の教育機関

刑務所の現実について少し知るために、元武装強盗兼プロの殺し屋で、今は更生して、受刑者の社会復帰を支援するアンロックという慈善団体を運営するボビー・カミンズに会いにいった。カミンズは小柄で引き締まった体つきをした五〇代後半の男で、モダンなオフィスに座っている姿は、元重罪人よりは会社役員に見える。あたかも彼の人生の最初の三五年をつぐなうために考案された、一生かかる一二段階のプログラムでも実行しているかのように、フレンドリーで正直だ。

カミンズによると、初めてバードをくらったときが一番つらいそうだ。公判はぼーっとしている間に過ぎた。有罪の判決が下って初めてリアリティが迫ってきた。カミンズのこの経験は初めて有罪になった受刑者たちに共通したものだ。狭い階段を降りて監房に着くと、看守が調書を取り、所持品を袋に詰める。刑務所の護送車に乗せられるとき、心にあるのは、つい先ほど宣告された刑期の年月だ。黒っぽい強化ガラスの窓がついたセルコ社の護送車の内部は、狭い小部屋に仕切られていて、やたら暑くなるので「発汗箱」と呼ばれている。

カミンズにとっては、ワイト島にあるパークハースト刑務所に運ばれたときが最悪だった。海峡を渡る間も発汗箱の中にい続けなくてはならず、もしフェリーが沈み始めても誰も助けに来てはくれないだろうと確信した。一度、私は閉所恐怖症の盗品取り扱い業者を訴追したことがある。裁判官が、勾留中のこの男をどうやって裁判所まで連れて来られたのかという疑問を口にした。「天井のないバスで」という答えは大受けした。

カミンズの話では、最近では刑務所に着くとまず、受刑者の肉体的また精神的状態を評定するためのさまざまな質問をされるそうで、それは望ましい変化だ。次に簡単にシャワーを浴びて、ついに自分の入る棟へ連れていかれる。が一んと現実に打たれるのはこのときだそうで、スタンリーもそうだったに違いない。

囚人たちが大声で呼びかけ、朝になったら切り刻んでやると脅す。叫び声やドンドン叩く音はしばしば夜通し続く。悪臭もひどい。たいていはもう一人との同房になるが、するとその相手と日に二三時間、毎日閉じ込められることになる。少なくともカミンズは独居房だった。独居房であろうがなかろうが、プライバシーなんてものはない。いつ小窓が開けられて、ひと組の目に覗《のぞ》き込まれるかわからない。

大多数の受刑者はカミンズのような知能犯ではない。彼らは社会の底辺の出身だ。彼らの六五パーセントが、読み書き能力において一一歳の平均レベルに達していない。刑務所に入る前には三分の二が失業していて、三分の一はホームレスだ。六六パーセントが薬物を使用し、六三パーセントが危険なレベルの大酒飲みで、四分の三近くが精神の健康に何らかの障害をきたしている。早い話が、刑務所に入っている人間のほとんどが社会の割れ目から滑り落ちた最下層の出身なのだ。

ボビー・カミンズの犯罪歴はトラックからの盗みに始まった。まもなく、レストランの窓を叩き割っておいて店主から用心棒代とただ飯を要求するという次の段階に進んだ。切望していた刑務所送りの判決を言い渡されるまでに長くはかからなかった。一〇代のうちに、早くも過失致死罪で有罪になった。彼にとって刑務所は矯正するための場所ではなかった。そこでの七年半に彼が学んだことといえば、ひとえに、より優秀な犯罪者になる術だった。彼自身の告白によると、一九年の歴史を誇るある暴力団に入り、そこを出たときには自身の組をもついっぱしの暴力団員になっていた。彼の人脈と、犯罪についての知識のほとんどが、刑務所内で獲得したものだった。アイルランド人のテロリストからイタリア人の知能犯まで、あらゆる受刑者と電話番号や犯罪のノウハウを交換した。彼にとっては刑務所に行くのは大学に行くのと同じだった。唯一の違いは、英語学や化学や数学の代わりに、重犯罪学の学位を取得したことだ。

カミンズの刑務所内教育は、犯罪について大いなる野望を抱く務所仲間で作った「フードボート」という組織からスタートした。フードボートは食事について協力し合うグループだ。食事の内容をできるだけよくするために、メンバーの全員が何らかの貢献をすることになっていた。銘々がテーブルに何かを持ってくる。給仕場から盗んだり、金を握らせて手に入れたりした新鮮な野菜や美味しい部位の肉などだ。カミンズたちは別の受刑者を雇ってまで、自分たちのために料理をさせたり、後片付けをさせたりしていた。

フードボートはオックスフォード大学の有名なブリンドン・クラブと同様の機能をもつ。どちらも同じようなタイプの攻撃的なまでに野心家の自惚《うぬぼ》れ屋を引きつける。食事は楽しい気晴らしだが、これらの自主選択クラブの目的は食事をすることにとどまらない。それはメンバーがそこでの人脈により信用を確立するための媒体なのである。フードボートはパワフルな人脈だけでなく教育も提供しているという点で、ブリンドン・クラブより一歩進んでいる。

刑務所のなかで手に入らないものはない

ボビー・カミンズと元英国刑務所調査官のデイヴィッド・ラムズボータムは、刑務所制度の両極端からアプローチしているが、共にきちんとした教育と訓練で受刑者がふたたび犯行に陥るのを防げると信じている。重要なのは、受刑者が外に出たときにまともな有給の仕事に就ける望みがもてるような商売の機会や資格を提供することだ。教育と訓練なしでは、刑務所を出た者のほとんどが以前と変わらず貧しく、技術もなく、酒と麻薬に依存したままだ。ラムズボータムは一九九〇年に起きたストレンジウェイズ刑務所の暴動に対応してまとめられた報告書に言及している。それは、再犯防止に最も効果的なものは、家と仕事と安定した男女関係の三つであると結論している。ラムズボータムはこの三つのうち、最初の二つは刑務所が助けるべきであるし、また助けることができると主張する。

ボビー・カミンズは受刑者に強制される、何時に食べて、何時に起きて、何時に体を洗うかを命令される軍隊のような生活については、外の生活に必要な自主性や、起きて仕事に出かける習性を奪ってしまうという理由で批判的だ。

皮肉にも刑務所内の活発な闇《やみ》経済は、お定まりの将来性のない刑務所仕事よりよほど世の中の現実を反映している。刑務所内は高度に進化した資本主義的環境にある。誰にも生き延びるための小さな仕事か副業が必要だ。二度目の長い刑期におけるカミンズの事業は金貸し業だった。現金を法外な二五パーセントの利息で貸し付けた。たとえば刑務所仲間の妻が何らかの請求書の支払いができない場合にはカミンズが代わりに支払った。借りを作った受刑者は、刑務所仕事の賃金、もしくは給仕場からくすねてきた肉の包みなどの現物で返さなくてはならなかった。

カミンズは楽しみのための金も貸していた。博打《ばくち》の賭け金やウイスキーのボトル一本（一九八〇年代には刑務所内でのウイスキー一本の値段は二五ポンドだった。現行価格は六〇ポンドから八〇ポンドだと聞いた）が欲しいが、全額を前払いしなくてはならないとき、受刑者たちは誰に借りにいけばいいかを知っていた。

みんなが金を返さないでいると、カミンズは貸し金の額が一番小さい男を選んで、ナイフで切りつけた。これはカミンズ自身やカミンズの子分がやり、「料理する」と呼ばれていた。この噂《うわさ》が刑務所中を駆け巡ると、ほかの債務者たちは慌てて借金を返済した。カミンズが最も貸し金の額が小さい男を選んだのは、その男は負った怪我により長期間入院することになるので、五ポンドを貸し倒れされるほうが五〇ポンドより被害が少ないというビジネス感覚からだった。ウイスキーのボトルのようなかさばるものが刑務所で手に入るのは信じ難《がた》いかもしれない。だが、事実、刑務所では金を払いさえすれば何でも欲しいものが手に入る。

麻薬について、この法則が刑務所ほど当てはまる場所はない。デイヴィッド・ラムズボータムが刑務所調査官だったときの推定では、政府にとってこの上なく苛立《いらだ》たしいことに、各刑務所に少なくとも一〇人ずつ、大きいところには二〇人ほどの麻薬売人がいた。私の依頼人の数人も刑務所でヘロインやコカインの売買をして、刑務所生活を心地よく生き延びた。刑務所の運営機関であるプリズン・サービスは、保守的に見積もってもおそらく毎年約五〇〇万ポンド相当の麻薬が刑務所のシステム内を流通していると推定している。

「それほど大量に持ち込むにはバカでかいケツがいる」とカミンズは言う。彼が言いたいのは、持ち込まれる量があまりに多いので、すべての麻薬が——酒のボトルや携帯電話はいうまでもなく——面会者の尻の中に突っ込まれて持ち込まれているとは考え難いということだ。実際、多くの禁制品が買収された看守により、もしくはカミンズの言葉を借りると「ごろつき看守」により持ち込まれる。ラムズボータムは「プリズン・サービスの非公式の推定によれば、四万人の看守のうち約一〇〇〇人が汚職をしている」と言う。彼自身が刑務所調査官だったときには、年収わずか一八、〇〇〇ポンドの看守が刑務所の駐車場に居並ぶ車を買えるかどうかという独自の調査を行ったそうだ。

これは単なる昔ながらの古きよき汚職に収まらない。麻薬が入ってくるのを容認することには別の利点があるからだ。楽しい刑務所は静かな刑務所だ。トラブルが起きないかぎり、ちょっとくらいの大麻やヘロインで騒ぎ立てる必要がどこにあるだろう？　同様に、受刑者たちに勝手に自分たちの間で取り引きさせることで問題の起きない刑務所になるなら、見て見ぬふりをすることは報われる。刑務所はほかのどの社会とも違わない。人間は数ポンド儲《もう》けることを許されるかぎり、かなりのことに耐えられるのだ。

刑務所は生意気な若者が愉快な悪巧みを独り占めしている場所ではない。カミンズがどんなに強調してもしきれないのは、刑務所がどんなに残忍な場所になりうるかだ。暴力を是認し行使するのは彼のような筋金入りの犯罪者なのだから、彼が一番よく知っている。刑務所内には厳格なヒエラルキーがあり、頂点に立つ者たちは暴力と脅しでその地位を維持する。密告者だと疑われれば、塗料用シンナーで作った火炎瓶を監房に投げ込まれて内部を燃やされかねない。小児性愛者はシャワーの間に鉄棒でめった打ちにされるかもしれない。武器は簡単に作れる。カミンズは六インチの釘を刃になるまで叩き、コルクの持ち手を付けた短剣を携帯していた。彼に逆らった者は刺された。さらに、もしもう少し大きなものが必要になったときのために、庭仕事用大鋏《おおばさみ》の刃の片方を刑務所の風呂場に隠していた。もう片方はフードボートのメンバーのレジー・クレイが持っていた。

カミンズやクレイのような最も凶暴な受刑者を収容するカテゴリーA棟は特に危険な場所だ。この棟では誰もが武器を携帯し、いつでも十二分に使いこなせる状態にあった。そのことが頭にあるせいか、カテゴリーAの受刑者は常に完璧なまでに礼儀正しかった。受刑者間で挨拶を忘れることは、いずれとんでもなく高くつくミスとなる。

なぜなら、カミンズの説明によると、挨拶をされなかった側の受刑者は、なぜあいつは挨拶をしなかったのかと考え始めるからだ。ほかに何もすることのない監房で、何時間も刑務所独特の被害妄想に苛《さいな》まれ続けた挙句に、彼は相手の不作法を侮辱に、そして最後には脅迫に転換する。あいつはおれを憎んでいるのか？　ということは、おれに切りつけるつもりだろうか？

そのリスクを放置するのはあまりに危険だと感じた彼は、先手を打とうと決意する。気づいたときには、相手は「グッド・モーニング」を言い忘れただけの理由で、顔中を剃刀《かみそり》で切りつけられているというわけだ。カテゴリーA棟ではこれまでも些細《ささい》な理由で人が死んできた。ある受刑者は自分のスパゲッティ・ボロネーズのために玉ネギを欲していたが、給仕場から玉ネギを盗んできた男には自分なりの料理プランがあった。分け合うなんてことは問題外で、口論の結果、二人のうち一人が相手の心臓を刺し、刺したほうは殺人罪で終身刑になった――玉ネギ一個が原因で。

この話は刑務所が残忍で、人を獣に変える場所になりやすいというラムズボータムとカミンズの説を裏づけている。彼らは、刑務所内での罰則を厳しくしようとする政府の現在の方針は非常に危険な間違いだと考える。技術も将来への展望もないまま、恨みと怒りを抱いた受刑者を社会に戻すことは、みすみす再犯へのお膳立《ぜんだ》てをするようなもので、正気の沙汰《さた》とは思えない。

刑務所と再犯のサイクルを断つのはきわめて難しい。それまでと違った人生が送れる真のチャンスを与えないかぎり、彼らは犯行を繰り返すだろう。カミンズのオフィスからの帰り道、私はスタンリーもこのサイクルにはまってしまうのだろうかと考えた。彼の犯行も問題もきちんと取り組まれないまま、彼の将来性は無駄になり、刑務所を出たり入ったりする数千人の一人になってしまうのだろうか?

第五章　変化

一八、クラーク

陰の実力者たち

「右って言っただろ。役立たず。みーぎー！」主任クラークのキースがパットン将軍のように手を腰に当てて、開いた窓の外に向かって吠《ほ》えている。道行く人が振り返る。後ずさりする。二人の下《した》っ端《ぱ》クラークが玉の汗を額にしたたらせ、歯を食いしばって、四苦八苦しながらさらに右の方へとにじり寄っていくが、文化財登録されたジョージ朝様式の四階建て煉瓦《れんが》建造物の窓枠は彼らの思いどおりにはなってくれない。背が低いほうのクラークはエアコンのセットを抱えている。後ろについたもう一人のクラークは、大きなパイプの付属品をつかんで、キースの汗まみれの体の方へうまく向けようとしている。

「右だってば。補聴器でも使え！　冷気がおれの方に来てほしいんだよ、お前らの間抜けな頭の方じゃなくて。お前らの頭に風が当たるのを見るのは、もうゲーが出るくらいうんざりなんだ。シャンプーのコマーシャルのように髪の毛がさらさらなびくのを見ると、癪《しゃく》に障《さわ》るってもんだ。そもそも髪の毛があること自体がラッキーなんだからな。涼しさが必要なのはお前ら二人じゃなくて、このおれだ。この脇《わき》を見ろ！」キースは両腕を上げて、脇の下の二つの汗じみを見せた。「マラソンランナーのケツみたいにぐっしょりだぜ」。度重なる嘆きと怒号のあとで、ついにキースは満足した。エアコンのコンセントが差し込まれ、涼しい風が彼に向かって吹き始める。「いいぞいいぞ」。イスに腰を下ろしながら、キースが言った。「マーゲートの桟橋にいるみたいだ」

クラークには若くしてなる。毎年、中学を卒業したての新しい適性試験受験者がチェンバーに現れる。一応一六歳になっているはずだが、アイロンの効いたシャツにネクタイを締めた彼らは一二歳にしか見えない。彼らを見るたびに、そのうち社会福祉課の職員に見つかって、さぼった学校に連れ戻されるんじゃないかという気がする。ひよっこクラークが一番に試されるのは、そのスタミナだ。クラークの仕事は重労働だ。トローリーを与えられ、最初の一年は山のような書類をこっちからあっちへと運ぶ仕事のみだ。ラドゲート・サーカスに向かって歩いていると、チェンバーのクラークたちが上り坂を押して訴訟の関連書類をベイリーに届けようとしている場面に出くわすだろう。キースはしょっちゅう若手のクラークたちに言い聞かせるのだが、ファックスが発明される前にこの仕事を始めたそうだ。「尻がイスにタッチする暇なんかなかったぜ。お前らは楽をしてる」。へとへとになった一〇代のクラークをまたもや地獄のパシリに送り出しながら、彼は言う。

クラークの雇用は排他的だ。めったに空きは出ないし、出たとしても口コミでの募集になる。父親や母親のあとを継いでこの仕事に就く者も多い。これはいいキャリアだ。何の資格もいらないが、しっかり働いて機が熟すのを待てば、かなりの成功が望める。

組織能力と根性が重要だが、優秀なクラークになるにはもっときめ細かな才能も必要だ。お世辞と脅しと嘘、この三つに長けていなければならない。キースには生まれついたお気楽で自然な魅力がある。脅しについては平均的な才能だが、嘘のうまさでは抜きん出ている。キースがそれほどまでに卓越した嘘つきである理由は、彼が嘘をつくときは必ずそれなりの理由があるので、主任クラークともなれば適切な嘘は金メッキされた必需品であることをこちらもつい忘れ、毎回信じてしまうのだ。クラークは仕事の提供者とバリスタの間で板挟みになっているので、両方をハッピーにしておくには両者を敵対させるしかない。主任クラークはまた、みんなを元気に保たなければならない。たとえば、彼の抱えているバリスタの一人が窮地に陥っているとする。仕事がなくなりそうだ。ソリシタは自分を避けている。担当していたベイリーでの殺人事件からは外され、ほかの弁護士に回された。子どもの学校の授業料を払わなくてはならない。どうしてもいい仕事の訴訟摘要書が必要だ。そこで受話器を取り上げ、キースに腹を割って相談する。「正直に言ってくれ。私はもう盛りを過ぎてしまったんだろうか?」

ここでキースには二つの選択肢がある。AかBか。Aは真実。Bは、はっきりいって虚言《きよげん》だ。

（A）きみの仕事はなくなりそうなんじゃない。もうなくなっている。かつてはきみにも何らかの能力があったかもしれないが、今はもうないし、そもそも初めからたいした能力じゃなかった。きみは何年もほかの人たちの〝戻し〟で生き延びてきたんだよ。でも、この業界自体の仕事が減った今、もうきみに回せる戻しはない。長年、きみを支えてきたが、もうお仕舞いだ。きみはもう終わった。

（B）今は誰《だれ》もが暇です。あなただけじゃありません。抜群に優秀な弁護士さえ、次の仕事まで長く待たされています。でも、数ヵ月後には状況も上向くでしょう。いくつかいい事件が上がってきそうです。個人依頼の仕事（どん底まで落ち込んでいる弁護士すら、これには気持ちが明るくなる）もあります。もうすぐです。保証します。

キースはどちらを選ぶと思う？　もちろんBだ。なぜかって？　それは忠誠心でありマナーのよさでもあるが、一番の理由はビジネスセンスが働くからだ。チェンバーのメンバーを追い出すことは、彼らが何か醜行か犯罪行為でもしないかぎり（バリスタにはこれはあまり期待できない）基本的に不可能だ。どうせ出来の悪いのととことん付き合わなくてはならないなら、自信をもたせ、希望を与えるほうが得策だ。自分のチェンバーの弁護士を落伍者《らくごしゃ》だと感じたまま法廷に送り出したくはない。優秀なバリスタであるには、優秀なセールスマンでなくてはならない。私の知っている商法のバリスタは「ベイリオル・カレッジ（オックスフォード大学）最優等卒業の経歴もけっこうだが、それで車が売れるかい？」と言う。自信のないバリスタは絶対に車を売ることはできない。

クラークにはクラークの苦労がある。たとえばキース。彼は新しい仕事のやり方に適応し続けなければならなかった古いタイプの主任クラークだ。つい最近まで、彼はチェンバーを牛耳っていた。すべての大きな決断が彼を経由していた。何よりも、彼の給料はチェンバーの総売上高のパーセンテージで支払われていたので、大半のバリスタよりも稼いでいた。当時の歩合は二パーセントから五パーセントの間だったので、年間一〇〇〇万ポンドの総売上高があれば、かなりの収入だ。ところが数年前、その傑出した地位はチェンバーのディレクターという名の大権力者に奪われた。経営という観点からいえば、キースはほかのクラークたちとまったく同じ、ずぶの素人だ。仕事さえ入ってきたなら、チェンバーは勝手に回っていく。新しいディレクターはそれまでとは違う見方をした。彼はどこかの大企業の経営陣から引き抜かれてきた経営のプロだ。システム、パワーポイント、グラフ、コスト削減にかぶれている。モンゴルの首長顔負けにやりたい放題だったキースは、突然、一〇〇〇年も時代遅れになった。彼は権力を手放し、固定給を頂戴《ちょうだい》することになった。だが、一つ大きな慰めがあった。クラークの部屋を手放さなくてすんだことだ。これで彼はそれまでと変わらず、チェンバーで絶対的な中心的役割を持ち続けられる。なぜなら、クラーク——特に主任クラーク——は仕事を取ってくるからだ。チェンバーにとって、仕事を獲得することより重要なことはない。主任クラークの栄枯盛衰は仕事を取り続ける能力にかかっている。仕事の流入を維持できれば、多くが許される。

この真実を証明する典型的な例が、リーズにあるチェンバーの主任クラークで、キースの昔からの飲み友達のビンジーだ。ビンジーはとびきり昔風の辣腕《らつわん》クラークだが、長い週末をいっしょに過ごしたい相手ではない。弱い者いじめが好きで、振る舞いはすべてにおいて品がなく、酔っ払うと激しい怒りを爆発させる。それが容認されているのは、彼が仕事を取ってくるおかげで幹部のバリスタたちが子どもを私立校に通わせ、伴侶をトスカーナ地方のヴィラで過ごさせることができるからである。ビンジーなしでは人生は違ったものになるから、ビンジーは何をしようが許される。数年前に彼が若い女性バリスタを殴ったときも、チェンバーを去ったのはビンジーではなくバリスタのほうだった。彼は絶対不可侵だ。彼はチェンバーをただ運営しているのではない。彼がチェンバーなのだ。チェンバーのトップである年配のバリスタも、さらにもっとベテランのバリスタたちからなる運営委員会も、ショーウインドーの飾り物にすぎない。

処罰を受けないことが危険なのは、当人がつい調子に乗りすぎてしまうからだが、それこそがまさにビンジーのたどった運命だった。こういうことが起きたのだ。

ある日の午後、ビンジーはチェンバーが人手不足になる――これは絶対に許されない――と知りながら、二人の若手クラークをパブに連れていった。夕方になるころには、すっかり出来上がって攻撃的になっていたところへ、彼のチェンバーからバリスタのグループがやって来た。何が起きたのかは定かでないが、ビンジーはバーの女性マネージャーと口論になり、怒りのあまり完全に我を失った。聞いたところでは、セイウチのようななり声を上げながら、テーブルを越えて彼女をひと突きしたそうだ。警察が呼ばれ、到着すると、ちょうど何人かのバリスタがビンジーをタクシーに押し込んでいるところだった。警察の取り調べにより、パブの監視カメラが事の一部始終を収めていたことが判明した。

しかし、ここで一条の光が差した。被害者の女性マネージャーが起訴はしない決断をしたのだ。これで治安判事裁判所という公の場で恥をさらすことも、それに続く避けられない解雇もない。とはいえ、大変な不面目であることに違いはなく、チェンバーとしてはただ一笑に付すわけにはいかなかった。そこで、最高権力者――チェンバーのトップと運営委員会――は調査を行った。無論、彼らは監視カメラの映像を見、加えて調書も取ろうとした。さて、ここからが面白い。パブでビンジーのご乱行を目撃していたバリスタたちが、こぞって怖がり、調書に記入するのをいやがったのだ。彼らはビンジーが主任クラークとして仕事の蛇口をコントロールしていることを知っていた。蛇口を開けるも閉めるも彼の意のままだ。彼のことをチクったりしたら、キャリアを破壊するという形で報復されるだろう。運営委員会は仕事に影響は出させないと約束して、なんとか調書を手に入れた。その間に、チェンバーの監査報告書により、ビンジーがハロゲートにある自宅に帰るのに毎月数千ポンドもタクシー代を使い、しかも領収書を取っていなかったことが判明した。この巨額の数字には、やはり彼が使った数千ポンドの同じく領収書のない接待費は含まれていない。あきれたことに、チェンバーはこんなことを起きるにまかせていただけでなく、気づいてすらいなかったのだ。

　運営委員会に出席したビンジーは許しを乞《こ》い、アルコール依存症に対する助けを求め、彼が抜群にうまくやってきた仕事の継続を望んだ。ビンジーが一番美味《おい》しい仕事を与えてえこひいきしてきたバリスタたちは彼の延命工作を行った。結局、ビンジーの将来は投票にかけられることになった。開票された。接戦だった。昔々、ビンジーが生き延びたであろう時代もありましたとさ。だが、全体的な仕事も減った時代にはプロフェッショナルであることが尊重され、もはやビンジーのような支出を抱える余裕はないと彼らは判断したのだった。

　ビンジーはつぶされなかった。彼はお気に入りのバリスタを引き連れ、ライバルのチェンバーに、最高権力者としてではないが現役プレーヤーとして移籍した。新しい職場に落ち着くなり、ビンジーは無謀にも彼に不利な証言をしたバリスタたちに自らのパワーを見せつけた。彼らが恐れていたように、ビンジーに義理立てしたソリシタたちから仕事が来なくなったのだ。ビンジーは去ったかもしれないが、忘れられはしなかった。

一九、煙が目にしみる

華やかなパーティのあと

無言のウィルはぐずぐずしなかった。チェンバーが、私たち見習い全員でその獲得を争っているテナンシー（テナントの身分はチェンバーへの永続的な所属）を与えないと決断したなら、長居は無用だ。終わった者は消えるのみ。テナントたちも廊下や郵便室で落伍者と鉢合わせになるのは気まずくていやなのだ。彼らの引きつった笑みや「幸運を祈るよ」なんていう意味のない言葉を望む者はいない。不採用になった見習いに、テナンシー会議で投票しなかっただけでなく先頭立ってこき下ろしたことを発見されるのではないかと心配する面々もいるだろう。最もやさしく微笑《ほほえ》んで気遣いを見せるテナントこそが、実は一番の裏切り者だというのは周知の事実だ。時折、ユダの最高のセリフが負け犬に漏れ伝わってくることがある。私の友人は、「彼女はバリスタよりソリシタ向きだね、そう思わないかい？」と発言した勅撰弁護人により追放された。

というわけで、落伍者はさっさと失せるほうが誰のためにもいい。ほかの仕事では、こういう場合、ドアをバーンと閉めたり、怒りを爆発させたり、雇用裁判所に訴えてやるといった脅しもあるかもしれないが、法曹界では誰もが南極探検隊のオーツ大尉のように、皇帝ペンギンを乗せられるほど唇を固く結んで立ち去る。たまに、あたかも今まで出席したなかで最高のパーティをしてくれたことに感謝してでもいるかのように、満面に喜びの笑みをたたえて去っていくひねくれ者もいる。もちろん、そういった人物には気をつけなければならない。彼らの心は復讐に燃えていて、チェンバーのトップのデスクの上に湯気の立つ糞《くそ》を置いて行きかねないからだ。

ハリエットはタバコを手にして部屋の反対側からウィルを見ている。彼は黒いゴミ袋の口を勢いよく開け、ノート、レシート、給料明細など、過去一八ヵ月の彼の職業人生を放り込んでいった。次にファイルに移り、それも突っ込んだ。二枚目のゴミ袋には裁判所に行く電車の中で読んだ、たまりにたまった三文小説のペーパーバックを入れた。まだウイッグと法服とジム用ジャージが入るスペースは十分ある。彼は北に向かう予定だ。彼の恋人はマンチェスターの大手チェンバーのバリスタで、そこが彼に面接をしてくれることになっている。

「あっちではきっと大丈夫だ、ウィル」。重々しい雰囲気を軽くしようとリアムが言った。「あっちはストレスなんかないよ。公判なんかもう二度としなくていいんだ。まともな公判っていう意味だけど。北の方ではすべて、前もって話がついてるんだ。弁護人席のあっちとこっちを行ったり来たり。今回、訴追側なら次は弁護側だ。裁判所の裏で変な握手をしたり、話はついてるっていう合図に裁判官にウインクしたり。マンチェスターの刑事法曹界には、アフリカ全土で一番ノミにやられたのうたりんの部隊にも負けないくらいの馴《な》れ合いがある。これは保証する」

「ほんと」。マムタが言った。「マンチェスターでは完璧に切り分けるみたい。週に三つの訴訟をこなせるわよ。だとすると最低でも一五〇〇ポンドはいただきね。家もくれるっていう噂《うわさ》よ。すごい金持ちになるわ。一週おきに金曜には大陸に行って、あっちの女とやりまくりの週末よ」

ウィルは去ること自体はそんなに悲しがってはいなかった。彼の心残りはハリエットとジェーンだ。二人はウィルの親友で、会えなくなるのは寂しい。私たち六人――ウィル、ハリエット、ジェーン、マムタ、リアム、私――は一つの時代が終わったと感じていた。荷物をまとめ終わるとウィルは女の子たちをハグし、リアムと私には握手をした。そして二つのゴミ袋をつかみ、大成功だった強制捜査のあとの重大不正特捜班の捜査官のように意気揚々とチェンバーから出ていった。

だが、ハリエットとジェーンは違った。ウィルはテナンシーを得られるだろうと自分に思い込ませていたことは一度もなかったが、彼女たちは自分にそう言い聞かせてきたのだ。過酷なこの二年間、ブラックコーヒーとニコチンだけを慰めに身を粉にしてがむしゃらに働いてきたのに、それでもやはり拒絶されてしまった。ハリエットとジェーンは決して落胆を表さない。品位が邪魔をするからだが、打ちのめされていることは誰もが知っていた。

ハリエットも長居はしなかった。彼女はリンカーンズ・イン付近にある有力チェンバーでの見習い採用が決まっている。ハリエットはいかにも彼女らしく、次に行くチェンバーの新米クラークにトローリーを用意させて、所持品を新しい落ち着き先まで運ばせていた。今日の午後はショッピングで憂さを晴らすのだろう。ジェーンは行き先が決まっていない。どこかが拾い上げるだろうが、その前にまず休暇が必要だ。彼女の努力のすべて、犠牲にした週末や夜のすべてが無駄だったのだ。とても耐えられない。精神的にも肉体的にも疲労困憊《ひろうこんぱい》なのに、同じ保証のないゲームを、また一から始めなくてはならないのだ。テナンシーを拒否されたすべての見習いたちがそうだが、ジェーンも自分はただ利用されたと感じていた。見習いとチェンバーは虐待関係にある。チェンバーが見習いを必要とする以上に見習いがチェンバーを必要としているのだが、それでもなお、見習いはお返しにチェンバーが気に入ってくれるかもしれないという希望にすがる。

彼らが去ったあとの見習い部屋は、華やかなパーティが終わった半時間後のように、見捨てられた場所に感じられた。一分前にはいた、友達でかつ苦楽を共にした同志が、今はもう跡形もなく消えている。私はテーブルに座り、リアムとマムタが次から次へとタバコを吸って自己憐憫《れんびん》に浸るのを眺めていた。

「数ヵ月したら、また次の何人かが入ってくる。使い捨ての兵士たちだ。哀れなやつらだよ、ったく」。リアムがタバコの灰を反抗的にカーペットの上に落としながら言った。

「もち、それが何を意味するか、知ってるわよね？」とマムタ。「次は私たちが飛ばされる番ってことよ」

私たち三人はそのことについてしばし考えた。マムタの言うとおりだ。次は私たちがテナンシー委員会のマシンガンで滅多撃ちにされる番だ。あっという間にそれが近づいている。厳しい現実は誰の目にも明らかだった。ハリエットやジェーンやウィルのように才能のあるバリスタでもテナントになれないなら、私たちのような出来の悪い者にどんなチャンスがあるだろう？

ドアがノックされた。アラミンタがＡ４サイズのカードを持っている。「いやな知らせなの、ごめんなさい」

彼女はテーブルにカードを置いた。「六月末よりこの部屋は禁煙」とある。

「どういう意味、禁煙って？」マムタがハンドバッグからもう一本を探し出しながら言った。

「ここだけじゃないの。チェンバー全体よ」とアラミンタ。

「まさか、一本もダメなの？」

「ええ」

「ここだけ例外にしてもらえないかしら？　私たちのことなんか、どうせどうだっていいくせに。どうして私たちの肺だけ特別扱いするわけ?」とマムタ。

「ここ、もうすぐ見習い部屋でなくなるのよ」

「なんだって!」これはリアム。

「わー、いや。ここ、テナントの部屋になっちゃうんだわ。見習い部屋は解散させられるんだわ」

「で、で、でも、だったら、おれたちはどこに行けばいいんだ?」とリアム。

「聞いてないの?」

「聞いてないって、何を?」

「あなたたち、指導係の隣に座るのよ」

リアムは両手で頭を押さえて叫んだ。「ノーー、ノーー、ノーー」

このときはわからなかったのだが、禁煙と見習い部屋の廃止は刑事司法制度全般の変革の開始を告げるピストルだったのだ。それは業界の全面的な締め付けの一現象だった。まもなく、禁煙は裁判所の拘置所に拡大された。それで業務の効率が少しでも上がったわけではなく、以前と変わらぬ非効率のまま、より意地悪な環境になっただけだった。そうなることはわかりきっていた。

押し寄せる「改善」の弊害

かつては、もし開いている面接室がなければ、看守が拘置所の監房の入り口を開けて、依頼人と顔を突き合わせて話ができるよう中に入れてくれていた。監房の中で、プリズン・サービス提供の胸の悪くなるような臭いのするランカシャー・ホットポット（ラムとじゃがいものシチュー）を食べている依頼人のそばに座っていると、真の仲間意識が育まれたものだ。タバコを一本取り出す。彼らはおずおずと手を出し、二、三回、深く吸い込み、数分間リラックスする。それは私たちの間にちょっとした親密な関係を作り、彼らをいつものストレスからほんの束の間、解放した。それは報われた時間でもあった――彼らからよりよい、明確な説明が引き出せたからである。タバコを差し出したのは、洗練された、思いやりのある行為だった。無論、彼らはあとで吸うためにもう数本くれないかと言った。私たちは顎《あご》を掻き、ちょっと「ふむ、はあ」などと言い、それから箱ごと手渡したものだ。ソリシタは依頼人のニコチン中毒を維持することに大賛成だった。彼らが私たちにとって大事な顧客であることを教えるためだ。

粛清《しゅくせい》の波は広がる一途で、しかも狡猾《こうかつ》に進行していった。まず、封を切っていないタバコの箱を差し入れてもいい相手は、拘置所の勾留者だけになった。警備上の理由だと言われた。いかにもバリスタが受刑者に禁制品でも渡しかねないと言わんばかりじゃないか。刑務所にはすでに麻薬や酒や違法の携帯電話が溢れているというのに。受刑者たちには私たちの助けなど必要ない。片腹痛い。次のステップはすぐに訪れ、タバコの差し入れが全面禁止になった。理由はもちろん、お馴染みの便利な言葉――警備上の都合だ。しかし、本当の理由が、事務上の手間を省くためであることはわかっていた。タバコは面倒なのだ。

チェンバーが禁煙になってから数ヵ月後に、ホースフェリー・ロード治安判事裁判所で、このステップ・バイ・ステップ方式の論理的結末に直面した。拘置所の監房に入るにはまずブザーを押して二組のドアを通してもらわなくてはならない。その先には受付があり、そこでサインをして入る。こういった手続きを終えて、私は特別に悪質な偽造パスポートの所持で勾留されている男に会うのを楽しみにしていた。そのとき、ドスンという音がした。音はどこかの監房から聞こえてきた。看守に付いて廊下に入っていくと、先ほどの音は金属的な反響音とともにますます大きくなった。

「あの音は何ですか?」私は尋ねた。

「三号監房ですよ、サー。頭をドアにぶつけてるんです」

「どうしてそんなことを?」

「タバコが禁止されてるもんで、サー」

「だったら、タバコをやればいいでしょう」

「そうしたいのは山々なんですが、許されてないんですよ。健康と安全のために」

「ならば、彼の頭の健康と安全はどうなんですか？」と言うべきだったが、そこで私は依頼人の監房に到着したのだった。三号監房の男は、今では頭を打ちつける合間に叫び声とうめき声を挟んでいる。依頼人の監房のドアに付いているフラップを上げると、以前あった窓の代わりに、分厚い樹脂ガラスが現れた。

「すみません。小窓はどこに行ったのですか？」看守に聞いた。

「ガラスをはめ込みました」

「どうやって依頼人と話せばいいんですか？　拡声器でも使うとか？　内密な会話ってことになってるんですけどね」

「面会室があります、サー」

「満室で行列ができてるじゃないですか。ドアを開けてくれませんか？　長くはかかりませんから」

「できません……」

「それ、まさか健康と安全のためとか？　それとも警備上の都合？　あなたのクビがかかっているとか？」

「さすがバリスタさん、頭がいいですね」

元小窓に戻った。樹脂ガラスの向こうにいる依頼人の顔は不自然なほど大きい。私は手を振って微笑んだ。

彼の起訴状を見た。一番目の罪状は文書偽造だ。彼がそれを取得したことについては誰も異議を唱えられない。問題のパスポートは正規に発行され、彼の写真も付いていた。ただし、パスポートに記載された名前は被告人の名前ではない。別名を使うことは犯罪にはならない。イギリスでは好きなように名乗っていい。もし「プリンス・ピス・フェイス（ブサイクの皇太子）」という名前になりたい人がいたとしても、誰も止められない。文書偽造を立証するには、事実でない何かが事実であると表明されていなければならない。このパスポートは正確に事実が記載されている。したがって、文書偽造には当たらないのではないか？ 樹脂ガラスの向こうにいる男は何かで有罪なのは確かだが、何の罪状で起訴するかを決定するのは私の仕事ではない。近くにある公訴局の部屋まで足を運び、公訴官にこの問題を説明し、起訴状を見直すよう頼んだ。

「すでに見直されています」

「でも、そちらが彼を起訴したのは昨夜ですよ。見直す時間などなかったはずです。二週間休廷にして、別の罪状での起訴を検討してください。それに対して被告人に有罪答弁をさせますから」

「起訴したときに、すでに起訴状は検討されています」

「それは見直しじゃありません。見直しというのは、問題を再度取り上げ、新しい情報を踏まえて再検討することです。つまり、この起訴は法のもとでは間違っているんですから」

「言ったでしょう。この件はすでに見直されています。けりはついています」

拘置所に戻った。面会室はすべて埋まっていた。依頼人のもとに向かう途中、三号監房を通り過ぎると、男が頭をぶつける音がまだ聞こえていた。前回とは別の看守だが「監房のドアを開けることはできない」という同じセリフを聞かされた。依頼人と私は嵐の中でホーン岬を回ろうとしている二艘《そう》のヨットのように、互いに大声で叫び合った。

「罪を認めないで」

「ええっ?」

「あの罪状は法的には不当だから」

「そりゃいえてる。法はいつもおれを不当に扱ってきた」

「無罪だと言いなさい」

「無罪ね」。彼は自分を指差しながら、その言葉を繰り返した。

「だが、何かでは有罪だ」

「有罪だって?」

「無罪だ。でも別の何かで有罪だ……」

彼は目をぎゅっと細めた。それまで、ほんのわずかでも彼が私を信頼していたとしても、それが今、決定的に失われたことを知った。

公判では休廷を懇願したが、拒否された。依頼人は無罪答弁をした。私はチェンバーに戻ると、なぜ文書偽造の起訴が間違っているかについて、その論拠を文書にしたためた。数週間、公訴局からは何の音沙汰《おとさた》もなかったが、ある日、文書偽造による起訴は取り下げるという内容の形式的な手紙がデスクの上に届いた。誰かがファイルを見直したのか、それともほかの言葉でも思いついたのだろうか？

　見直しでない見直しは、まず目標ありきの業績優先の典型だ。公訴局だけじゃない。裁判所も同じだ。彼らは訴訟が司法システムを素早く通り抜けることを欲している。効率化は悪いことではない。たとえば、頻繁にある休廷は不必要なことも多く、正義の実現には役立っていない。勇気を奮い起こして証言しようとしていたのに証人席に呼ばれるまでに何時間も何日も待たされた挙げ句、最後の最後に公判が延期になったと知らされる証人の身にもなってほしい。そして、戻ってきたら、前回とまったく同じ目に遭うというのもよくある話なのだ。

「改善」を目標とすることの問題は、司法システムがどうすれば本当に機能するかを考慮に入れていないことだ。裁判は複雑なものだ。多くの書類と人間が適切な場所にちょうどいいタイミングで揃わなくてはならない。この目標は、けっしてシステムに内在する非効率や機能不全を扱おうとはしていない。つまり、保護観察報告書の準備はできていないし、訴追側は証人に公判の日時を知らせるのを忘れているし、訴訟に関する書類は提出されていないし、バリスタ（彼らはぎりぎりまで、けっして何もしない）は弁論の準備ができていないし、陪審員は病気になるし、被告人を拘置所から連れてくることになっていた人は手が回らなかった、といった不手際はほっぽりっぱなしなのだ。公判をつつがなく推し進めるのは、二匹のパンダを交配させようとするようなものだ。すべてがぴたりと揃わなくてはならないだけでなく、膨大な幸運に恵まれなくてはならない。当局は目標達成に夢中になるがあまり、そのことを忘れている。目標を達成するためにまず捨てなくてはならないのは厳格さなのだが、公平さを保証するのが厳格さなので、これを捨てるのは不安なのだ。私が話しているのは、ただ被告人にとっての公平さだけでなく、すべての人にとっての公平さだ。

近年、弁護側のソリシタは、被疑者が起訴されることなく再保釈になるケースが増えていることに気づいている。推測するに、起訴の失敗や取り下げは誰の業績目標にも響かないので、そうなっているのだろう。訴追はややこしく、しかも高くつく。したがって、最初からやめておくほうが得策だ。重大な詐欺罪は今では民法のもとで扱われる。なぜなら、刑法のもとで扱われると、訴追がほとんど失敗に終わるからだ。一方で、定額罰金通告（八〇ポンド。支払われない場合も多い）が使われる機会はますます増え、重い違反行為にさえ使われることがある。こうして犯罪は、事実が発見されることなく、まして適切な罰が与えられることもなく「解決済み」として記録されていく。

公訴局の迷走

公訴局の主要な業務は、事件を起訴するかどうかの決定と、起訴した事件の公判に向けての準備である。公訴局所属の弁護士は、警察署で確実に事件を起訴できる状態にするために必要なアクションについて助言する。公訴局はこの数年間、同局に直接持ち込まれた事件についてはどんどん起訴するという大変革を開始した。その裏には、同局に所属していない独立したバリスタに支払わなくてすむことにより、支出を抑えられるという考えがある。これは私に直接関わってくる変革だ。公訴局が局内の事件を積極的に訴追する傾向は、私のように独立したバリスタにとっては死活問題だ。こうして私たちがかつて依存していた公訴局からの仕事は激減してしまった。その結果、バリスタ界を去って公訴局に所属する人がどっと増えた。

矛盾するようだが、公訴局が公判用の弁護士を抱える決断は、起訴した事件の公判に向けての準備や調整という本来の主要業務をきちんと行う能力を根本からむしばんだ。結果的に人手が足りなくて、オーバーワークになったからだ。一つ例を挙げよう。私の友人のバリスタはぎりぎりになって麻薬と重火器関連の事件で訴追するよう依頼された。被告人は一年近く勾留されていた。裁判所に出向いた友人は、事件の関連書類にはDNAの証拠も麻薬についての証拠も記載されていないことに気づいた。事件の調整役である公訴局の再審査担当弁護士に電話をするも、捕まらない。急遽《きゅうきょ》、自らの決断で裁判所内の公訴局の中を探し回ると、物置に山のような訴訟関連書類の束が見つかった。「これ、誰の訴訟書類だろう?」と彼は独り言を言った。「なんてこった、私の書類ではないか!」

公判はじき始まる。彼にそれらの書類を読む時間はなく、まして弁護側に提起する（それは公訴局の事件だ）時間などあるわけもない。だが、ざっと目を通しただけで、それが有無を言わさぬ証拠のある事件であることがわかった。

法廷では、裁判長が公判の維持を決定した。弁護側は、この新しく見つかった材料は陪審員の前に提示することを許可されるべきではないと主張した。そんなにも遅く提出されたのでは、公判が公正なものにならないというのが理由だった。私の友人は、べつに不公正にはならないし、正義のためにこそ、その材料は審議されるべきだと反論した。裁判官は訴追側の遅れにもかかわらず、その意見に同意した。公判は成立。麻薬、重火器、銃弾、ダメージをより大きくするための銃弾のくり抜き、などの証拠がすべて陪審員の前に提示された。被告人は有罪になった。友人はこのいきさつを私にざっと話し、誇張した言い回しで「はたして正義は実現されたのだろうか?」と質問した。訴追人としてのウイッグを脱いだ彼は、そうは思っていなかったのだ。彼が公判に含めたかった証拠はあまりに遅く提出されたので、被告人はそれに対して弁護人に適切な説明をする時間もなければ、どうすれば一番うまく抗弁できるかを決断する時間もなかった。

公判での公正さはバランスを取る作業だ。重い犯罪では、うまく訴追しなくてはならないという当然のプレッシャーがあるが、同時に被告人にしっかり自己弁護させなくてはならないという対抗力も働く。友人の意見では、裁判官の過ちは、訴追側に公判についての準備も必要な事件関連書類もないまま、公判に臨ませようとしていたことだ。それを認めなければ勾留期間が切れてしまい、訴追をまともに行う動機はほぼ失われてしまうので、公判は不継続になるか、被告人が保釈になる。この事件を担当していた公訴局の弁護士は、結局一度も法廷に顔を出さなかったし、友人の電話にも出なかった。

公訴局には多くの有能で仕事熱心な人がいる。長年、彼らが多くの仕事を与えてくれたことに対し、私はとても感謝している。同時に彼らには同情もしている。それは、彼らのもとに派遣されたときに、彼らがどんな仕事をしなければならないかがわかったからだ。私の主な仕事は彼らの起訴した事件を公判で訴追することだった。ウォームアップに彼らのオフィスの一つで三日間を過ごした。それは低層のエリアからその一棟だけそびえたタワービルの最上階にあった。タワーには起訴する事件のファイルや、再検討のためのファイルや、いずれ法的措置をする必要があるという印のついたファイルが、大量になだれ込む。それらは数千冊にものぼる。気が滅入る。

トレーニング時間が終了したあとは、無事、法廷に逃げることができた。ただし、もしランチタイムより前に法廷での仕事が終われば、タワーに戻ってファイルの再検討を行わなくてはならないという決まりがあった。私はタワーに戻らないためなら、何でも、どんなことでもする気でいた。一度など、法廷で午後をつぶすために、ある哀れな男をにわか作りの薬物所持で訴追したことまであった。証拠はまったくなかった。これは結果的に一挙両得だった――男は無罪放免になり、私はタワーに戻らなくてすんだからだ。

公判のための準備をするのは骨の折れる地味な仕事なので、公訴局がちょっとした議論のやり取りを楽しみに起訴したくなったとして、誰が彼らを責められるだろう？　あの迫力のない摘要書のみに楽しみを見つけなくてはならない理由がどこにあるだろう？　実をいえば、最近まで、公訴局所属の上級裁判所専門の弁護士（ＨＣＡとして知られる）の多くは、独立した刑法専門のバリスタとしてはうまくやっていけない人々だった。

公訴局に入れば、優秀であるなしにかかわらず、雇われているので仕事はある。公訴局の九時五時（五時一五分に彼らに電話をしても無駄だ）の労働文化は法廷での弁護の仕事には適さない。公判のためには、前夜には徹夜で仕事をしなくてはならないし、週末にも働かなくてはならない。公訴局に入る人たちは、何よりもまず、そんな働き方をしたくないから入るのだ。そこは産休やワーキングシェアや有給の研修や有給の病欠（病気でもないのに）のある世界だ。ある非常に愛想のいい公訴局所属ＨＣＡは毎週水曜日を休みにしていた。ということは、彼に公判を任せることは不可能だ。

また別のＨＣＡは、公判の途中で裁判官が月曜までに論旨を文書にするよう頼んだところ、週末に働く分までは支払われていないという理由で拒絶した。バリスタにとっては、これはありえない考え方だ。私たちは自営業なので、働かなければ食べていけない。そんなことより、バリスタであることはただの仕事ではなく天職だ。きちんと仕事をしようと努めれば、苦労は報われる。

何年も前になるが、見習いを始めたばかりのころ、チェンバーのトップに土曜の朝の奨励講演会に送られたことがあった。テーマは公訴局の素晴らしさについてだった。私は政党大会に出席した北朝鮮の歩兵のように感じた。法曹評議会の誰かによる前座トークが終わると、公訴局の大ベテランの女性マネージャーがステージに進み出た。

これが彼女の先制攻撃だった――「公訴局を動物にたとえるなら、何でしょう？」

会場は静まり返った。誰も手を上げない。小声で「わかった、わかった！」などと言う声も聞こえない。北朝鮮の有能な歩兵のように、私たちもそれが危険な領域であることを察知していた。もし変に答えようものなら、そのマネージャーからいただく仕事に依存している私たちのチェンバーがしっぺ返しを食らうことになる。刑法専門のバリスタが必然的に得意とする気の利いた受け答えは、この場合、厳禁だ。最前列にいる監督者からチェンバーに報告がいき、すでに風前の灯であるテナンシーを獲得するチャンスがついえてしまう。だからと言って、べんちゃらを言って彼女の機嫌《きげん》を取る気になる者もいなかった。沈黙は次第に気まずい雰囲気に変わっていった。そのとき、ふとぴったりの答えが頭に浮かんだので、隣に座っていた若い子にささやいた。

「イボイノシシだよ」

「どうして？」

「だって、公訴局の連中はみんなに活力と戦意にあふれていると思われたいのに、彼らが心地のいい切り株の上でただ尻を掻いてるってことは、みんな知ってるからね」

事実、これは刑事司法の公的組織のすべてに言えることだが、特に公訴局に当てはまる。公訴局は手ごわくて有能なイメージを与えたがっているが、実はそうではない。彼らは大量の仕事に忙殺されている。

バリスタの将来を尋ねる

ひるがえって、バリスタ組はどうだろう？　目標設定とコストカットのこの新しい世界で、私たちはどうなるのだろう？　もっとはっきりいうと、私はどうなるのだろう？　あんなに苦労して手に入れた職業なのに、遺書に私の名前を加えそこねた末期患者のように、私の目の前で死んでしまうのだろうか？　そこで、専門家に意見を求めることにした。

私はホルボーンの北にある地下のバーで、ぬるいシャルドネのボトルとボール一杯のカクテルソーセージの準備を整え、グリーフル・バーティに会った。訴追スペシャリストの彼がグリーフル（上機嫌の）というそのニックネームを頂戴したのは、被告人を有罪にするための取り組み方ゆえだ。犯人をとっちめたときほど、彼の小さな黒いハートが喜びで膨れ上がることはない。ワインと彼のお気に入りのソーセージで元気を取り戻したグリーフルは本題に移った。

「バリスタのこれからについて聞きたいのかね、アレックス。だったら、言うがね。この業界はもうだめだ」

「わあ、そんなこと言わないでくださいよ」

「私はたぶん大丈夫だ。もう歳だからね。でも、きみのような若手は……全滅だな。このことを裏づける証拠がここにある」と言って、グリーフルは足元に置かれた不吉な感じのミリタリー調リュックに手を突っ込んだ。出てきたのは履きつぶれたアーミーブーツだった。「いや、これじゃなくて」。もう一度中をまさぐったあとに出てきたのは、彼の有名なレバーアーチ式ファイルの一つだった。グリーフルはあらゆるもののファイルを持っている。たぶん、私に関するファイルすら持っているだろう。

「ここ」。彼は〝公費弁護で百万長者　汚い一二人の名を公表〟という新聞の見出しを指差した。

「ええ、それで?」と私。

「ほら、わからないかい?　お高くとまったエリートのバリスタという階級は、罪人を刑務所から出して、法を遵守している市民にふたたび危害を加えさせるので嫌われている。一般人の目には、私たちは給付金のたかり屋よりまだ性質《たち》が悪い。さらに悪いことに、この見出しは、税金の支払いで疲れきった世間の人々に、私たちが法外な料金を請求しているとほのめかしている」

グリーフルが一瞬カクテルソーセージに気を取られたので、私はこのときとばかりに質問した。「この、公費による弁護で百万長者になったバリスタがいるって話、本当ですか？」

「いや、大半がでっち上げだよ。そのリストに載っている人のほとんどが年に一〇〇万ポンドも稼いじゃいない。二年も三年も未払いだった弁護料が、あるとき一度に支払われたのだろうが、そんなことは書かれない」

「まだ、おっしゃっている意味がわかりません」

「それは、アレックス、きみには赤毛猿くらいの思考力しかないからだ」。ふたたびカクテルソーセージに手を伸ばしながら、彼は言った。「よく考えてごらん。そういった見出しは刑法専門のバリスタの大多数が実際に稼いでいる額から注意をそらしている。実はたいして稼いじゃいないんだ。だが、その見出しには一抹の真実もある。ここ何年か、ごく少数だが、確かに法律扶助（弁護料の公費扶助）のシステムをうまく利用してボロ儲けしてきたバリスタがいたからね……」

「そして、私たちほかの弁護士たちの評判をおとしめたと？」

「そのとおりだよ、えらい！　この見出しは有害だ。私たちバリスタが、突拍子もない額の弁護料を取っているとか、人々を食いものにしているという神話を助長するからね」

「政治的に不利になるかもしれないと？」

「まさしく。ところで、きみはどのくらい稼いでいるのかね？」

私は答えた。

「こりゃ、たまげた。そんなに稼ぎの少ない人間もいないだろう?」心底ショックを受けている。「だったら、きみの銀行口座にぽとぽとと落ちる不快なしずくは、私が言いたいことを、ずっとうまく代弁してくれている」

「でも、あなた自身もおっしゃったように、刑法のバリスタのことなんか、誰も心配してはくれませんよ。それに正直言って、だからって誰も責められないでしょう?」

「それはいえてるね。バリスタは支持票が得られない。むしろ、マイナス票が投じられる。文句をいうなと……」

「泣き言をいうバリスタは感じよくありませんからね」

「おお、進化を眺めているようだよ。かつては赤毛猿だったきみが、サバンナを疾走する生物になり、今では骨で地面を掘って地虫を探すヒト科の生き物だ。そう、文句をいうのは感じがよくないだけじゃなく、効果がないんだよ。私たちはもっとタフになるべきだが、ならないだろうな。誰もストライキをしないのは、その間にライバルに仕事を盗まれないか心配だからだ。もちろん盗まれる。泥棒とバリスタに節操はないからね」

私たちはふたたびグラスを満たし、もう少しソーセージをつまんだ。

「弁護料が下げられたり仕事が不足したりすることは、私はそれほど心配していないんだ。絶対に我慢ならないのは、バリスタ界が臆病《おくびょう》になることだ」。グリーフルが唐突に言った。「あの法曹評議会の無気力でいやらしい連中を見ろよ。政府にひれ伏し、司法省の言いなりになり、すり寄って、あげくにひどい知らせばかり頂戴している。ああいった機関とねんごろになれば、自分たちの高等法院での裁判官の地位が安泰だと思っているんだよ」

グリーフルは今では滔々《とうとう》とまくし立てている。私は彼の本調子を保つためにもう少しソーセージを注文した。

「コストカットについて、無性に腹が立つことはだね」

「何ですか?」

「貧しい家庭の優秀な子どもたちを刑法のバリスタ界から締め出してしまうことだよ。政府は職業の機会を広げるものだと思っていたのだがね。貧しい子どもたちはどうすりゃいいんだ。何万ポンドものローンを抱えて見習いを始めろっていうのかい? この仕事は最後には金持ちの道楽か、もしくは――」ここで彼は意味ありげにじっと私を見た。「ほかの仕事はできない人間のものになってしまう」

「グリーフル、もう、お世辞が上手《うま》すぎです」と返したが、彼は聞いていない。

「問題なのは弁護料じゃない。私たちの業界を衰退させているのは、仕事に対する締めつけだ。ソリシタの事務所は、訴訟の準備に対する報酬があまりに低いものだから、ちょうど公訴局のように、弁護料を稼ぐために仕事を所内にキープしたがる。ソリシタが上級裁判所に現れるのが悪いとはいっていない。問題は被告人に選択肢がないことだ。彼らには自分の弁護人を選ぶ権利があるべきなのに」。彼はワインをごくりと飲んだ。「別にソリシタがバリスタより有利な立場にあると言ってるんじゃないよ。彼らには競争入札の問題があるし、時間給ではなく、一件一報酬で支払われているからね。彼らの多く（半数から四分の三くらいだと推定されている）が競争に負け、割に合わないという理由で、あっさり法律扶助の仕事をやめてしまっている。したがって、残った者たちが大量の仕事をする羽目になる。キャパシティ以上の訴訟数なので、最初に犠牲になるのは仕事の質だ。刑事裁判では、人生におけるすべてのものと同じく、支払った値段分しか受け取れない。いったい誰にアリバイ証人を探し出し、争点を調査し、まともに訴追の論拠をまとめる時間があるだろう？　最後には、この仕事は正規の弁護士ではなく、安いというだけの理由で弁護士補助職員がやることになってしまうだろう」

「そうですね、でも、刑法のバリスタ自体はどうなんでしょう？　私にこの先も仕事はあるでしょうか？」

「バリスタが公訴局やソリシタの事務所に移るといった逃げ出しはこれからも続くだろうね。この仕事自体をやめて、もっと実入りのいい仕事に変わる人もいるだろう。だが、長期的には痛手をこうむるのはバリスタではない。優秀な弁護士にはこれまでと変わらず仕事があるだろうが、それは法律扶助の仕事じゃない。なぜなら、彼らは報酬のいい私費の仕事で手一杯だろうからね」

「つまり、私は大丈夫ということですか？」

「ちょっと自分のことは脇に置いて、誰が一番損をするかを考えてごらん。それは私費で弁護士を雇う余裕のない人たちだ。高い評価を受けている我が国の公費裁判システムが受ける打撃はいうまでもない。代わりに、裁判制度は二層に分かれることになるだろう。金持ちは最優秀弁護士からロールスロイス並みの弁護を受け、ほかの人々は運を天に任せるしかない。支払える金額により結果が違ってくるのだ」

グリーフルは一呼吸置いて、私に微笑みかけた。

「こういった状況には、サミュエル・ジョンソンに登場願うしかないね」。彼はその長い腕をリュックサックに突っ込み、別のファイルを取り出した。ぱらぱらとページを繰る。「ほらここ、彼は一八世紀に弁護士と代理人行為についてこう述べている――」

弁護士は、依頼人がもし可能であれば自分自身のために行うであろうすべてを依頼人のために行うべきである。もし優れた注意力や知識や技量やよりよいコミュニケーションの方法により相手方より有利な立場に立てば、それはその弁護士が享受すべき有利性である。常に片方が他方より幾分かでも有利であるに違いない。そして、その有利性が偶然ではなく才能により得られれば、より望ましい。

「どうして金持ちが〝才能〟を独占すべきなんだ？　どうして運を金で買わなくちゃならない

んだ？　私は訴追人だが、私が訴追するときには敵には最高に優秀であってほしい。公判では禁じ手なしの激戦を繰り広げたい。なぜなら、そうなって初めて公平な結果が得られるからだ。そうなって初めて刑務所に行くべき人間が行き、行くべきでない人間は行かなくてすむ」

私がそれについて考えていると、グリーフルがリュックの荷物をまとめ始めた。視線を落とすとアーミーブーツがある。何のつもりだろう？　意外にも彼はそれを履いた。ブーツを履いたとたん、彼の物腰は一変した。もはやしたたかな訴追人ではなく、行動的な軍人だ。相変わらず気前よく支払いをすませ、リュックを背負った。

「コストカットの論理的結末はどうなるのだろう？　私たちも公費弁護人の費用をスピード違反の罰金でまかなっている偉大なルイジアナ州を見習うことになるのだろうか？　そんなふうに法律扶助を削減しておいて、被告席の被告人は正しい判決を引き出すまともな財源のあるシステムを享受するにふさわしくないから、有罪だと言うんだろうね」

彼が帰っていくので、私は立ち上がった。「グリーフル、やれやれ、おかげで気持ちが明るくなりましたよ」

「いつでもお役に立ちますよ」。彼は微笑んでいる。「行かなくては。いつもの倍のスピードでパットニーに戻らなくてはならない。週末にソールズベリ平原で、ある軍事作戦のためにパラシュートをするんだよ。兵士たちをアッと言わせる奇襲を用意してる」

そして、ブーツの音も高らかに、表に続く石の階段を上り、彼は行ってしまった。

二〇、有罪答弁

性犯罪者はしぶとい

ハーバートと私は裁判所の待合室に隣接した小部屋で膝《ひざ》と膝を突き合わせている。ソリシタのアシスタントはさかんに爪の甘皮をむしりながら、ドアのそばで目立たないように見張りをしてくれている。彼にはサウスウエスタン治安判事裁判所の誰にもドアのノブを触らせないよう、まして中に入れたりしないようにと厳しく言い渡してある。私の左肩のあたりに視線を据えているハーバートの疲れた表情に、心痛がにじみ出ている。私はとても小さな声で、ふたたび説得を試みた。

「要するに、ハーバート、今回、不利な証拠が固いうえに、あなたはたった一年前にもほぼ同じ罪状で有罪になっていますからね」。彼は前年にも一四歳の少女の下着の中に手を突っ込み、中指でまさぐった。「もし法廷に出ていって、あの少女たちのことを目立ちたがり屋の嘘つきなどと呼んだりしたら、治安判事たちの心証は悪くなる。いや、決定的に悪くなります。彼らは有罪の決定を下し、少女たち（一三歳のラクエルと一四歳のローナ）が証言しなくてはならなかったことに対し、つまり、彼女たちに公の場であなたにされたことを追体験させるという試練を与えたことに対し、あなたを責めるでしょう」

私は間を置き、ハーバートの疲れた目を意味ありげに覗《のぞ》き込んだ。彼は一度、瞬きをした。今のは、うなずいたってことだろうか？　少しは気持ちが動いているのだろうか？　性犯罪者に有罪答弁をさせようとするときには、騙《だま》し騙し説得しなくてはならない。それは心理的なプロセスで、しばしばこちらはバリスタよりカウンセラーにでもなった気分になる。

「つまり、あなたは少女たちがあなたの家のリビングルームにいたということは否定していない。彼女たちに酒とタバコを提供したのですね？」

「ええ、あの子たちは両方とも受け取りました。それで私に隠れて酒を飲んで、タバコを吸ったんです。二人は娘の友達で――」

「でも、お嬢さんはその場にはいなかった」

ハーバートは考え込んだ。

「ラクエルは言ってますよ。帰ろうとして、かがんであなたにキスをしたら、舌を突っ込まれ、お尻を触られたと」

「あの子のほうからキスしてきたんですよ。舌なんか入れてません。私の腕はウエストを抱いていただけです」

　私はいったん引き下がった。細かい点で言い争うのは間違いだ。公判で治安判事が審査するのは、基本的に争点のない一般的な趣旨であり、そこに流れるムードミュージックだ。私が今耳にしているメロディはハーバートを確実に破滅させる。六〇歳の男が自分の四分の一の年齢の少女たちをはべらせて、いったい何をしていたと言うのか？　酒を与えて、どうしようとしていたのだ？　こういう場合、いつだって間違いなく有罪になる。

「おわかりでしょうが、これは私の個人的意見ではなく、職業上の意見ですが、あなたは有罪になり、刑事法院に送られて判決を受け、刑務所に送られます。でも、ここで有罪答弁をすれば、やはり刑事法院で有罪判決は受けますが、たぶん刑務所には入らなくてすむでしょう。お嬢さんはもうすぐ大事な試験なのでしょう？　父親の存在は必要ですよ」

　彼は落ちる寸前だ。彼のなかで有罪答弁が現実のものになっている。心が揺れているのだ。ここでもう一押しして崖《がけ》から突き落とすこともできるだろうが、私の職業上の義務感が、彼を崖の縁から一歩後退させると知りながらも、事を複雑にするひと言を付け加えさせた。

「これは理解していただきたいのですが、」私は抑揚のない小声のまま続けた。「有罪答弁をするということは、やったと認めることです。自白です。有罪答弁は単にテクニカルな手段ではなく、承認なのです。おわかりでしょう？　ハーバート」

　わかっているからこそ、ハーバートは過去にない断腸の思いでいる。同じく、自分が刑務所に入れば娘は施設に送られ、試験に落ちるであろうことも理解している。彼の妻は、娘がまだ幼いときに亡くなった。以来、ハーバートは男手一つで娘を育ててきた。彼はいい父親だった。娘はまだ知らないが、父に恩返しできるときがやってきたのだ。なぜなら、彼女の存在、その年齢、近づく試験のおかげで、彼女の年老いた父親は刑務所に入らなくてもすむからだ。娘がいなかったら、ハーバートは一〇代の少女に目がないほかの性犯罪再犯者とまったく同じ運命をたどることになるだろう。すなわち、一直線に刑務所行きだ。この小さな家族ドラマがうまく展開するには、ハーバートが自分の役を演じなくてはならない。つまり、それが有罪答弁だ。

性犯罪者はけっしてといっていいほど有罪答弁をしない。自らの問題に立ち向かい、自分のしたことを認めることは、このタイプの犯罪では特に難しいのだ。ハーバートの天秤《てんびん》にかかっているのは、刑務所行きを逃《のが》れて安心するか、娘に「あのチビの不良どもが嘘を言っているだけだ」と話して安心するかだ。後者だと刑務所行きは確定だが、どんなに証拠が堅固であろうとも、家族に対し真実を認めることはけっして楽ではない。

「どうしたいのですか?」私は聞いた。

ハーバートは震えている。「やってないけども……」

「これはただの戦術じゃありませんよ。有罪答弁をするということは、私は罪を犯しました、あの子たちに触りましたと、認めることです」

ハーバートがこの件について考えている間、私たちは黙って座っていた。すると、かろうじて聞き取れるくらいの声で、ついに彼がつぶやいた。「有罪。有罪答弁をします」

ハーバートの判決の日が設定されたあとで、私たちはさようならを言って別れた。彼がよろよろと階段を下りていくのと入れ違いにリアムが上がってきた。

「リアム！」

彼は書類から視線を上げ、「露出狂を見つけるゲームでもしないか？」と明るく言った。

「サウスウエスタン治安判事裁判所のど真ん中でイチモツを引っ張り出すやつなんていないだろう？」

「違うって、バカ。おれの依頼人の露出狂を当てるんだよ」

「のってやろうじゃないか」

「おれが先に当てるほうに五ポンドだ」とリアム。

「了解」

リアムの法律用箋《ようせん》のカバーの下に、それぞれ五ポンド札を滑り込ませた。

「犯人識別をしたら、膝を打つんだ。間違っても飛び上がって指差して『露出狂、露出狂！』なんて叫んだりするなよ。そんなことをしたら、やつめ、めちゃくちゃ気分を害するだろうからな」

リアムは露出狂市場を独占している。彼が担当した最も有名な事件は「オンガーの陽気なキツネ男」として知られている。このキツネ男はすこぶる専門的な趣味をもっていた。彼は女性のいるアパートの裏をキツネの鳴き声のまねをしながら徘徊《はいかい》した。明らかに、その声は非常にリアルだったのだろう。女性がどこから声がしているのかと窓のところに来ると、片手で自分のペニスをもち、もう片方の手でショックを受けた女性の写真を撮るためのカメラを構えたキツネ男とご対面というわけだ。写真を撮るなり、彼は自身を厳しく叱《しか》った。「早くそんなものしまえよ。なんてはしたない振る舞いだ」

警察はついにキツネ男の住所を突き止めた。彼の家からは、寝室の窓から外を見ている、ショックを受けた女性の写真が何十枚も見つかった。ただし一枚だけは例外で、女性は満面の笑みを浮かべていたそうだ。私たちみんな、その一枚だけは押収されないですむようにとキツネ男のために祈ったものだ。

リアムと私は待合室のベンチに座り、階段を眺めながら、それらしき男が現れるのを待った。五分がたった。ランチタイムのラッシュの一部か、何人かが上がってきたが、全員がはずれだ。ポン引きを弁護している南ロンドンの新米弁護士や、手帳を親指で繰っている警官といった、いつもの連中だ。公判に遅れそうなのか、警官の群れが階段をけたたましく上がってきた。彼らの後ろを誰が上がってきているか、首を伸ばして見ようとしたが、リアムの位置のほうが有利だった。彼が膝を打った。

「ほうら、おれの被告人だ」。立ち上がって、弁護人を探す不安そうな顔の男には背を向け、私の方を向いて言った。リアムはかがんで書類を拾い上げ、私の耳にささやいた。「露出狂の顔じゃないな。完璧、性犯罪者の顔だ。無罪答弁に五ポンド賭《か》けるぜ」

「のらないね」。私にだって、そんな賭けにのるべきでないことくらいわかる。

リアムはネクタイをまっすぐに直し、分別あるバリスタが自らの依頼人に対するときの、完璧な呼びかけをした。

「ミスター・ピント？　オズワルド・ピントさんですね？」

リアムは立派なバリスタを演じている。オズワルドに対し、ブロンド女性の前でマスターベーションをする性癖の弁護ではなく、足の巻き爪の治療でもするかのように、安心感を与え、中庸な態度で接している。

オズワルドと握手をしながら、リアムは私の方を指し示した。「彼は私が指導している見習いバリスタのアレックス・マックブライドです」

私は吹き出した。リアムと私はそのとき、バリスタになって一八ヵ月がたっていた。テナントではないので正式にはまだ見習いの身だが、私たちの研修期間はとうに過ぎていた。でも、これだけはいえた。私が彼の弟子だというのは途方もない大嘘だ。

「リアム、お前って、サイテー」。私のささやき声を、リアムは大きな声でかき消した。

「アレックスが同席してもかまいませんか？　ほら、彼は勉強中なのですよ。そうやって、彼は少しずつ――」リアムは私の方を向いて、ニカッと笑った。「経験を積むのです。無論、法廷での発言は完全な守秘のもとにあります」。へーえ、そうだろうか。現実にはバリスタが

「完全な守秘」という言葉を誰かに使ったときは、その人物の最も個人的な秘密が、間違いなくパブではしゃぎまくる弁護士仲間全員に披露される。その人が思わず身もだえするような恥ずかしい行為に、酔っ払いたちは笑いすぎて頬《ほお》に涙をしたたらす。

リアムの言葉に私はむかついて当然だった。彼の公判に付き合うなんてまっぴらだ。だが、そのとき、それはいずれチェンバーがお気に入りを決定するときにライバルとなる相手が法廷でどんな様子なのかを見物するいい機会だという考えがひらめいた。スケグネス以来、法廷でのリアムを見ていないし、彼から何か学べることがあるかもしれない。

無論、オズワルドにとっては、それどころじゃない。皮肉にも問題となっている事件が起きた日は、幸先上々だった。ブロンド美人が公園に入ってくるのを見守りながら、オズワルドはいつもの茂みに隠れて、爪先で飛び跳ねていた。女は感動したがっている。自分こそがその仕事に適役だ。彼は反対方向をチェックした。誰もいない。女はただ彼の方にまっすぐ向かって来ればいいだけだ。それで、すべてがパーフェクトになる。女は彼のほぼ真正面の二〇メートル先までやって来た。練習を積んだいくつかの手わざで、準備は整った。女が茂みに到達すると、オズワルドは屹立《きつりつ》したものを握って飛び出し、せっせとしごき始めた。女のショックを受けたリアクションに歓喜し、女の示した嫌悪感に彼の体は身震いし、ペニスを握った手は猛スピードで上下した。驚いたことに、女は逃げもしなければ、悲鳴を上げもしない。その場に凍りついてしまったのか、それともただ奥ゆかしい女性なのか？　どちらにしろ、オズワルドは無上の喜びに浸っていた。

「恥ずかしいと思いなさい」。女が言った。

ああ、それなら、もちろんオズワルドは恥じていた。至福の羞恥《しゅうち》を覚えていた。

「やめなさい、気色《きしょく》の悪い男ね」。女は命令した。

オズワルドにとって、これは最高の成り行きだった。大きな目立ちたがり屋のペニスを手にした彼は、なんて吐き気を催させる存在なのだろう。彼の手は今では肉欲のうなり声を上げつつ、目にも止まらぬ速さで動いている。この女は今までで最高だ、この〝露出〟は今までで最高だ、……あと数秒でいく。

「そのペニスをしまいなさい。私は警官です。あなたを逮捕します」。女が警察の身分証明書を見せながら言った。

「ひーっ、まずい」

オズワルドの汗のにじんだ手が上下運動の途中で止まった。警官が取り出した手錠を見るなり、彼の瞳《ひとみ》はホイールキャップの大きさにまで見開いた。オズワルドは両脚の間でゆっくりとしぼんでいくものに妨げられながら、体をかがめて走り出した。なんとかその場は逃げおおせたが、それで助かりはしなかった。婦警はオズワルドの顔に見覚えがあったので、どこに行けば彼を捕まえられるかを知っていた。婦警の観察は見通しのよい場所で行われたものであり、説得力のある詳細な報告書が彼の運命を決定づけた。

オズワルドが無罪答弁をしたことは、リアムをこの上なく喜ばせた。まじめくさった厳粛な顔で、リアムはオズワルドを地獄に突き落とす争点を一つずつ審査していった。

「さてと、では、あなたがペニスを公衆の場にさらしているところを警官に見つかったことについては、どう説明しますか？」

「小便をしたくなったんです」

「小便をしたくなった」。法律用箋に書きとめながら、リアムはその言葉を繰り返した。「わかりました。でも、証人はあなたのペニスが勃起《ぼっき》していたと証言していますよ。それについてはどう説明しますか？」

「勃起なんかしてません。ただ、私のあれは大きいんです」

「ただ大きいと」。リアムは感情を交えずに繰り返した。

「最後にもう一つ、証人はあなたが左手でマスターベーションをしていたと言っていますが？」

「すでに言ったように、あのときは小便をしたくなって。用を足した後で雫《しずく》を払ってたんです」

「用を足した後で雫を払っていたのですね」

「わかった？」

「わかりました」

結果は決まりきっていたものの、公判自体は首尾よく進行した。リアムは証人喚問の最後に行う最終弁論で熱弁をふるうために力をセーブしていた。少なくとも、オズワルドは、自分の弁護人はできるかぎりのことをしてくれたと思えるだろう。リアムは立ち上がり、それが世界で一番ありふれたことででもあるかのように、治安判事たちに向かってオズワルドの生理的欲求について説明した。

「サー」と彼はベンチに座す彼らに向かって言った。「ミスター・ピントは我慢の限界に達していました。漏らして脚を濡らすよりは茂みの中でするほうがましだと考え、公園に駆け込みました。茂みを見つけ、用を足しました。警官はちょうどミスター・ピントが茂みから出てきたところを目撃したのです。彼のペニスは勃起してはいませんでした。ただ、彼のペニスは大きいのです。彼がそれを振っているところを警官に見られましたが、そのとき、彼はただマスターベーションをした後に雫を払っていたにすぎません」

リアムは顔に満足げな微笑を浮かべて腰を下ろした。裁判長を務める治安判事が当惑した顔をしている。

「ミスター・マックリーシュ、用を足した後という意味ですね？」

「そう言いましたが、サー」。リアムはオズワルドの方を向き、しっかり親指を立てて、〝首尾は上々〟のサインを送った。

被告席の強化ガラスの向こうにいるオズワルドが何を言っているかはよく聞こえないが、彼が不満であることはわかった。

姿を消したアラミンタ

有罪の判決が下るやいなや、私たちは裁判所をあとにした。そしてハイエナのようにひいひい笑いながら駅に向かって走った。電車に乗ったころには、笑いはすでに消えつつあった。突然、リアムが物悲しそうに見えた。彼らしくない。

「リアム、大丈夫かい？　オズワルドのことなら心配いらないって。あれは初めから勝てない勝負だったんだよ」

「公判のことじゃないんだ。ただ……」。無理に微笑もうとし、声が先細りになる。

「じゃあ、何だよ？」

「高揚感がないんだ」

「高揚感？」

「刑法のバリスタになったばかりのときは、この仕事が大好きだった。挑戦、アドレナリン、闘い――最高だった。中でも一番は公判後の高揚感だった。体の奥底から声がして、お前にはこの仕事がぴったりだよっていわれているみたいだった」

「それが今はもう失われてしまった？」

「うん」

「でも、また戻ってくるよ」

「いや、戻ってこない。それがこの仕事の喜びだったんだ。でも喜びは擦り減ってしまった。それで残ったものといえば仕事と生活だけ、そんなのはいやだ」

「でも、お前、この仕事が上手だよ。おれなんかよりずっと」

「そんなことは関係ない。うんざりなんだ。犯罪者にも、彼らの不運な物語にも。不幸にも愚かさにもうんざりだ。こんなことを言うのは馬鹿《ばか》げてるって知ってるけど、あんなものを扱いながら一生を過ごしたくないんだよ。普通の人間を扱う普通の仕事がしたい。大事な週末や夜の時間を、ひょっとして、ほんとうにひょっとして依頼人を無罪にできる特効薬が見つかるかもしれないと、証人の調書や警察のスケジュールをくまなく調べることに費やすなんてことはしたくないんだ」

「そんなに悪かないけどな」

「悪いよ。最悪だよ、クソの噴水の下に立ってるようなもんだ。見ろよ、稼ぎもひどすぎる。安定性はないし、長時間労働だ。おれは結婚もしたいし、人間らしい生活がしたい」

「テナンシーについては?」私は言った。テナンシーがすべての病に対する特効薬でもあるかのように。

「テナンシーなんか、クソくらえだ」

リアムはバリスタの職から逃げ出すことを考えながら、私はタバコの煙にまみれた高コレステロールの今の生活をあんなに愛してきたのに突然つまらなく思えてきたことについて考えをめぐらしながら、それぞれ無言のうちにチェンバーに戻った。リアムの説得力が恨めしかった。誰かに元気づけてもらう必要があった。慰めを求めていた。それは過去のどんなときよりもアラミンタを必要とした瞬間だった。彼女に会いたくてたまらなくなり、人を押しのけるようにして受付に行った。あとさきも考えず、彼女の体に腕を回す準備ができていた。しかし、アラミンタの席に座っているのは、見知らぬ派遣の女性だった。

「アラミンタはどこ?」不安のにじみ出た顔で言った。

「アラミンタって?」

「受付の子だよ」

「ああ、それなら、新しい仕事を見つけたそうよ。パディントンに……だったと思う。金融関係ですって。お給料はいいし、通勤時間も短いらしいわ」

「でも、そんなこと何も言わなかった」

「みんな、仕事は移るわ」

泣き出さなかったのが不思議なくらいだった。

一ヵ月後、ハーバートと法廷に戻り、判決を聞いた。彼の有罪答弁と娘の存在が彼を実刑から救ったが、地元の一〇代の女の子たちに対する彼の門戸開放主義は終わった。チェンバーに対する私の門戸開放主義もまた終わろうとしていた。一ヵ月後に、彼らは私の将来を決定する。ハリエットとジェーン、そしてウィルはすでに去った。見習い部屋は解散した。リアムはなかば超然とし、なかでも最悪なのはアラミンタで、ひと言の挨拶もなく消えてしまった。私さえもが、バリスタの生活が自分に合っているのかどうか、もはや確信がもてなくなっていた。

二一、バランス

象徴的なミスターV事件

監視カメラは援護班の進行状況をとらえていた。彼らに特に急いでいる様子はない。警官たちの何人かは軽く駆け足をし、間違った方向へ進んでいった者たちもいた。最後尾のずんぐり太った警官が階段でつまずいた。次にカメラは、別の警官たちが黒人男性の顔を歩行者用トンネルの壁に押し付けている場面に切り替わった。あまりに人が多すぎて、肝心の男がうまく映っていない。男が地面に引き倒され、手錠を掛けられ、連れ去られる間も、警官たちは周りを取り囲むように立っている。こんなにも大勢の警官を引っ張り出すとは、この男はいったい何をしでかしたのだろう？　だが、このミスターVの犯した罪は、地下鉄構内での無許可のバスキング（小銭稼ぎの演奏）にすぎない。

ロンドン地下鉄は前科が消滅している場合にかぎり、過去に有罪判決を受けた者にもバスキングの許可を与えている。判決の種類により前科は消滅するが、三〇ヵ月以上の実刑判決を受けた者はけっして消滅前科になることはない。ストレスのかかる状況にうまく対応できない性格のミスターVには、けちな詐欺と恐喝の前科があったが、誰かを殴ったりしたわけではない。彼はロンドン地下鉄が送ってきた「犯罪歴があるので許可を得る資格はない」とする手紙を私に見せた。だが、ミスターVにとってバスキングは生活の糧であり、やりくりに欠かせない副業だ。

彼が逮捕された二〇〇五年の春先には、ロンドン地下鉄規約により、無許可のバスキングは令状なしで逮捕できる違反ではなかった。警官はその理由でしょっぴくことはできなかったのだ。訴追する場合には召喚状が住所に送られるのだが、常識からいっても、また警察の時間の無駄を考えても、許可なしでバスキングをしている人には普通、ただ立ち去るよう命令するだけだ。ミスターVも駅から出るよう命じられることには慣れていて、そう言われればいつでも去っていた。この事件が起きた日にも、二人の警官が近づいてきたので、彼はギターをしまって逃げようとした。だが警官たちはそれだけでは満足せず、彼に名前を聞いた。ミスターVには父方と母方の二つの姓がある。彼は両方を言った。よく聞き取れなかった警官がもう一度確認を取る質問をしたので、彼は父親のほうの名を告げた。出生証明に記載されているのはそっちだからだ。

「警察と犯罪証拠に関する法令」のセクション二四と二五の条項により、警察が逮捕状を必要とする違反行為でありながら逮捕状なしで逮捕できるのは、一般的な逮捕の条件が満たされている場合だけである。これには、告げられた名前が嘘であると疑うに十分な理由がある場合も含まれている。そういった場合でも警察は逮捕する前にさらに住所を尋ね、当然、それをチェックしなくてはならない。この事件では、二人の警官はこれを怠っていた。ミスターVは不当な扱いを受け、恥をかかされたと感じた。したがって、手錠のために手を差し出すのを拒んだ。警官たちは別の方法を思いついた。男の警官がミスターVの片腕を、婦警がもう片方の腕をつかんだ。それでもミスターVは観念しなかった。押し合いへし合いの末、ミスターVはなんとか婦警を振り払った。パニックになった彼女は催涙ガスのスプレーを取り出した。トンネルのような密閉空間ではけっしていいアイデアではない。一回目にスプレーしたときには、野球帽のつばがミスターVの顔を守った。二回目には、ちょうどトンネル内に風が吹き込んできて、噴霧がまっすぐ婦警の顔の方に戻り、彼女はしばらく目が見えなくなった。彼女の同僚とミスターVは涙を流し、トンネルの側壁にぶつかりながら飛び跳ねた。無力に陥った婦警は無線で援護を要請、その結果が監視カメラのとらえた例の重々しい援護部隊の到着と相成ったのだ。ミスターVは警官への暴行と逮捕への抵抗で起訴された。

公判で私は、当該警察官が被告人の名前について妥当な疑いを抱いたときに住所を尋ねなかったので、逮捕できる正当な理由はなかったと主張した。もし一般的な逮捕の条件に当てはまらなければ警官には被告人を逮捕する権限はなく、したがって彼らの行動は違法である。ミスターVには手錠を掛けようとする動きに対して抵抗する権利が完璧にあった。驚いたことに、治安判事はしぶしぶながら私の意見に同意し、起訴を却下した。ミスターVにとっては、それは勝利の瞬間だった。彼は不当な扱いを受けたが、裁判所がそれを正したのだ。警官たちは口がきけないほどショックを受けていた。

逮捕できる違反と逮捕できない違反の違いは重要だ。なぜなら、それはどういう場合なら警察官が人々を逮捕でき、また逮捕できないかを規定するからだ。これは警察に白紙委任状を渡さないための、法の定めた制限である。いや、少なくとも、それは制限として機能していた。ところが、二〇〇六年一月一日に「重大組織犯罪及び警察法」が制定された（二〇〇五年の総選挙前夜に強引に通過させた）。同法のパート3に潜んだセクション一一〇が、逮捕できる違反とできない違反の違いを取り除いたのである。手短にいうと、以降、警察はどんな違反であっても、スピード違反でさえも、逮捕が可能になった。この法改正の理由は、警察にとって逮捕できる違反とできない違反の区別が分かりにくく、彼らが不便だと感じていたからだった。もし今日、私がミスターVを弁護したなら、彼にはもはや二〇〇五年にはあった法的な保護がない。警察の取った行動があのように言語道断のものであっても、ミスターVは起訴事実について有罪となるだろう。

その後、批判が政府を動かし、結局、新しい法令は六つの条件のうち一つが満たされた場合のみ適用可能になった。その条件の一つは多様な状況に対応できるよう定められている。警察官は「事件や問題となっている人物の行動についての迅速かつ効果的な捜査を推し進めるため」なら逮捕をする権限がある。これには曖昧《あいまい》さはない。いいたいことは明白だ――「誰でも好きなように逮捕しろ」。逮捕は結果的に逮捕された人物の自由を大きく制限することを忘れてはならない。それはその人物を最大で九六時間拘束し、その人物の自宅を捜査する権限を生む。

刑事裁判制度の片隅で起きたミスターVの事件は、安全装置が取り除かれたらどういうことが起きうるかを教えてくれる。もしあなたが社会の縁で暮らし、権威機関の承認を得られない生き方をし、または彼らが気に入る礼儀作法に従わないときには、簡単に路上からでも逮捕されるということだ。重大組織犯罪及び警察法のセクション一一〇は、振り子が被疑者や被告人から離れて国家寄りに振れる最初の兆候ではなく、刑事司法制度のバランスを変える多数の法律の代表である。

重大組織犯罪及び警察法とその前身である二〇〇三年の刑事司法法は、これから起きる変化の方向を指し示している。この二つの法令は、刑事司法制度をさほど威圧的でない、より分かりやすいものにしたいという以前からあった衝動を、限界を超えて推し進めた。この衝動は、法廷で証言する恐ろしさを改善するための合理的な法案ももたらした。恐怖を感じている証人はスクリーンの向こう側から証言したり、偽名を使ったり、声を変化させてもらうことを許されるようになった。子どもの証人は出廷しなくてもすむよう、主尋問は録音し、反対尋問はテレビ画面を使ってライブで行われることが可能になった。性犯罪や強姦《ごうかん》の被害者とされている人は、きわめて特殊な場合を除いて、反対尋問で過去の性遍歴について問われることはなくなった。そのほかにも、警察の尋問に答えることを拒否した被告人に対し不利になる推論を引き出すことを陪審員に許したり、土壇場の弁護により訴追側の主張が不当な奇襲攻撃を受ける事態を減らすために弁護趣意書を提出させたりといった、訴追と弁護のバランスを保つためのほかの改革も導入された。

「悪性格」条項

刑事司法法がもたらした最近の改正のいくつかは、証人による証言の質を高めるためというより、有罪判決率を上昇させるのが目的だった。伝聞証拠を陪審員に提出することはほぼ議論の余地なく許されないが、被告人の前科を取り上げること——「悪性格」条項として知られる——は場合によっては許されるようになった。昔のコモン・ローのルールにはシンプルであるという利点があった。被告人の前科は、ごく限られた状況においてしか、陪審員の前に証拠として提出することはできなかった。この判断は被告人の態度によるところが大きかった。もし被告人がほかの証人を、たとえば買収されているだの、嘘つきだのと非難したなら、彼は「盾を失い」、訴追側はすべての関連性ある前科を陪審員に公表していいことになっていた。盾を失うまいとする気持ちが気性の荒い被告人を抑制していた。

「悪性格」条項はおおむね裁判官に歓迎された。私がこの問題について話し合った大ベテランの裁判官は、この条項の導入はタイムリーかつ建設的な変化であったと確信していた。被告人に対して不利な主張が堅固であるのに、陪審が被告席にいる人物が罪を犯したとは信じ難《がた》いといった場合に、これは特に役立つのだそうだ。私はこれには完全に納得したわけではないが、訴追しているときには、被告人の悪人ぶりを披露できれば、ちょうどケーキの上にシロップ漬けのチェリーを載せるように、いい具合に仕事を完成させることができるであろうことは認めざるをえなかった。

マルコムという男の例を取り上げよう。私は敵側の弁護人が彼の罪状認否を有罪答弁に変えるよう、うまく舵取《かじと》りをしてくれることを祈っていたが、マルコムは闘い続けることを希望した。

「ゲイは絶対に有罪答弁をしないんだ」。追いつめられた表情で、疲れきった溜息《ためいき》とともに弁護側バリスタが言った。彼に気の毒だと言ってやりたかったが、私がそのとき感じていたのは、この業界で「ノー・クエスチョンズ裁判」と呼ばれているものを押し付けられているのが彼であって、この私でないことに対する、目眩《めまい》がするほどの安堵だけだった。依頼人に対する不利な材料に疑問を差し挟む余地がまったくないため、代わりにしてやる質問を一つも思いつかないことが、この名前の由来だ。

「まったくもって何一つ言うことはない。ボンゴでも持ってくれればよかったよ」。陪審員がぞろぞろと入ってくると、弁護側バリスタが愚痴をこぼした。

マルコム自身はどうしてこんなことになってしまったのだろうと不思議な気持ちでいるに違いなかった。彼と仲間はドタバタ喜劇に出てくる麻薬中毒者のような、窓にぶつかって当たり一面に血を（DNAどころか）まき散らすような素人ではない。彼らはプロだ。今回も賢くターゲットを選んだ——数ヵ月前に人けのない工業団地にある倉庫を見つけたときのように。そのときもまず彼らは屋根から侵入して警報ベルを叩《たた》き壊し、警報装置と警察をつなぐケーブルを切断した。そうしておいて、邪魔されることなく仕事にかかった。倉庫の中に降り立ち、内部の防犯ドアをレールから外し、会社の貯蔵室に押し入った。そこから九万ポンド分の高級なペンを盗み出して、ルートン（軽トラック）に積み込んだ。すべてがスムーズに運んだ。あまりにうまくいったので、数週間後、同じ手口で携帯電話会社に押し入った。その会社の配送用軽トラックの追跡装置を分解し、二五万ポンド分の携帯電話を積んで逃げた。悪くない、だろう？　盗んだ携帯電話を運ぶための軽トラックまで盗む。なんというずうずうしさ！　なんという笑いぐさ！　あまりの大胆なやり口に、ポリ公たちはただ頭を掻くしかないだろう。

さて、時間を五日後まで早送りしてみよう。地元警察の代表がマルコムの家の敷地にじわりじわりと接近している。その家の前庭に続くゲートは完璧にジェラーズ・クロス在住の株のブローカー風の成り金趣味だが、一歩中に足を踏み入れると、「廃品回収業の貴族」風だ。新古典派の壺《つぼ》が古い発電機や錆びかけた車と並んでいる。警官の小集団は前庭の一番奥にあるコンクリートで固められた小さな土台に据えられた豪華なトレーラー住宅を目指した。彼らの一人は捜査令状を携えている。深い眠りの夢の中で、マルコムはノックの音を聞いた。道路で鳴った音に違いないと考え、羽毛布団を顎まで引っ張り上げ、ふたたび眠りに落ちた。

「開けろ！」叫び声がした。マルコムは目を開けた。「警察だ。開けろ！」

一瞬前には羽毛布団の中でほっこり夢を見ていた彼が、今は裸で寒さに震えながら、自分を有罪に陥れる品々を隠し回っている。忙しい。あまりにも隠すものが多すぎた。

「開けろ！」

「今、ジーンズをはいているところです」。時間稼ぎに言った。

モスティン巡査が窓から見ていると、マルコムが携帯電話二機を戸棚にしまい込んだ。次に、彼はその一つが入っていたソニー・エリクソン社の箱から、機体を特定する識別番号を剝《は》ぎ取った。何度か深呼吸をした後でマルコムはドアを押さえて捜査令状を振っている警官を招き入れた。その間にモスティン巡査はまっすぐ戸棚に向かった。

「これは誰のだ?」携帯電話を隠し場所から引っ張り出しながら、彼は言った。

「私のものじゃありません」

「ならば、どうして私にはこれを戸棚に隠すところが見えたんだろうね?」

これはやっかいな質問だ。この先、彼らの質問に答えることがますます困難になりそうだと判断したマルコムは、答えることをやめた。別の警官が玄関に現れて、前庭に止めてあるルートンの中から盗まれたペンが見つかったと報告した。これは教訓になるだろう? 処分できない物を盗んではいけないのだ。警察のカメラマンが到着し、キッチンに積み上げてあったペンのパンフレットを撮り始めた。ここまでですでに最悪だろう? いや、まだまだある。モスティン巡査が、隠してあった携帯電話とエリクソンの箱から破り取られた機体識別番号を盗難にあった携帯電話のリストと照合すると一致した。これにてマルコムは携帯電話やペンの窃盗とただ関連づけられるだけでなく、その関係は確定した。

ここで不思議なのは、警察がどうしてマルコムを発見したかだ。マルコムの犯したミスは、電話会社の配送用軽トラックだった。分解したとばかり思い込んでいた追跡装置は、実際、まだ完璧に作動していた。それはカナリアのように歌い、倉庫からマルコムの家の前庭までのルートを記録した。前庭で携帯電話が別のトラックに移され、いったんヨーロッパ大陸(ここでは阻止されない)に運ばれた後、最終的にはふたたびイギリスに持ち込まれてチャートシーの町で廉売される予定だった。

公判では、マルコム自身は証言をしなかった。その代わり、彼は筋金入りの犯罪者である実父を立てて、事件の夜、マルコムは実家にいてレース用ハトの世話をしていたと、陪審員に向かって証言させた。

「ハトに夢中なんです、裁判長。息子をハトのそばから離すのは無理です」

これには一つ、小さな問題があった。マルコムがあらかじめ用意していた話を警察にしたとき、ハトについてはひと言も話さなかったのだ。彼の取り調べ報告書には、ただペンの窃盗だけが説明されていた。彼はシェーマス、ローガン、フランシーという名の三人のアイルランド人の旅行者に、前庭にルートンを止めさせなかったら、彼と家族をひどい目に遭わせると脅されたのだと主張した。軽トラックの中に何が入っているかも知らなかったし、窃盗についても何も知らないので、事件に関わった人の名前は、それ以上は知らないと述べていた。

公判の休憩時間に、弁護側バリスタに引き止められた。

「彼のフォーム（弁護士用語で前科）を持ち出したりしないだろう？」

もちろん、私は持ち出す気でいた。二〇〇三年刑事司法法のおかげで、被告人に起訴されている罪状と同様の罪を犯す性向があれば、陪審員に前科を公表できるのだ。マルコムの前科は大半が工業地区からの窃盗や強盗で、加えて詐欺罪もあった。有罪の評決が保証されているのに、どうして私がそんなに意地悪なのかって？　なぜなら、裁判では、犯罪でも同じだろうが、絶対に勝てると思うと人は自信過剰になる。そんなときが実は一番危ないのだ。マルコムも重々思い知っているだろうが、確実なことをしくじるほど腹立たしいことはない。

「悪性格」の使用は、このマルコムのケースのように証拠が固いときには結構だが、公判が平衡状態にあり、結果がどちらになっても不思議がないときには危険なものになりかねない。そういった状況で「悪性格」を使用することについての問題点は、そうすることに訴追側のほうがはるかに乗り気であることで、その理由は、被告人の前科を陪審に教えれば、有罪評決をするかどうかに決定的な影響を与えかねないからだ。

私が話をした勅撰弁護人は、ある殺人事件の弁護を担当した裁判を例に挙げた。被告人に不利な証拠の大部分は、移動通信交換局による解析が元になっていた。移動通信交換局の解析は携帯電話のおおまかな使用場所を示す。もしある人物が携帯電話で交信すると、どの送信機がその通信をリレーしたかにより、その人物の所在位置を数ストリートの範囲まで絞り込めるのだ。訴追側は自分たちの主張をより堅固にするために被告人の「悪性格」(この場合はナイフ所持)を証拠に加えることを欲した。だが、勅撰弁護人はこれに抵抗し、両サイドは何日もナイフ所持という過去の有罪判決を証拠に入れることが許されるかどうかで議論した。裁判官もこの事実を陪審員の前に出していいものかどうか迷っていたが、最終的に提出することを許可した。勅撰弁護人は、結局、審理中の殺人事件とはいっさい関係がない、しかも概して状況証拠的なナイフ所持の前科が依頼人の運命を決したと確信していた。陪審員はナイフのことを知らなくても有罪評決に達したかもしれないが、知ったことでそれは確実になった。

その勅撰弁護人は「悪性格」条項というルール改正により振り子が訴追側に大きく振れ過ぎたのではないかと心配する。公正な訴追人や、結果についてのプレッシャーがない訴追人は、有罪を確実に取るために「悪性格」に訴えたりはしないかもしれない。だが、勅撰弁護人が指摘するように、裁判の公正さは訴追人の性向に左右されるべきではないのだ。被告人が過去に行った何かより、当該事件での証拠により有罪となることを保証する公平なルールに左右されるべきである。さもなくば、無実の人を刑務所に送ってしまう危険性が生じる。

コモン・ローからの逸脱

二〇〇三年の刑事司法法はまた、ほかの面でも被告人の権利を侵食した。それには複雑な詐欺事件や、陪審員を買収する試みがあった場合には、無陪審裁判になるという条項が含まれていた。昔ながらの一事不再理（一度判決が確定した刑事事件は再度、訴追されることはない）のルールもなくなった。これにより、刑事裁判でいったん無罪になった人であっても、新しい証拠が出てくれば、ふたたび裁判にかけられることになった。テロ行為の容疑をかけられた人物の行動を制限するコントロール指令は、対象となった当人もその弁護人も見ることが許されない機密情報をもとに発令される。

ほかにも刑事司法制度の精神に従っていないと思われる改革がいくつかあった。警察官、公訴局の局員、裁判官や弁護士たち――もちろん私も――も、今では陪審員になれる。裁判官や弁護士が陪審員になるのは問題ないだろうが、警察官や公訴局の局員、つまりビンガム卿《きょう》が最近の裁判で陪審員の公平さについて言及した、職業上、対審制度の片側にのみ専心している人々についてはどうだろう。法のもとでは、公平な裁判かどうかは、「公平な心をもち情報に通じたオブザーバーが、事実をよく吟味したうえで、裁判が偏っていたという現実的な可能性があったと結論するかどうか」による。一歩進めて、陪審員の中に警察官や公訴官が含まれていたら、被告人の目にどう映るだろう？　もし私が裁判にかけられていたなら、法や裁判官がどういおうが、公正な扱いを受けているとは感じないだろう。もし私の弁護人が警察を非難したり、警察官の真摯さに疑問を投げかけたりしたらどうなるだろう？　警察官の陪審員でまともに耳を傾ける人はまずいないだろう。要するに、裁判は公正であるだけではだめで、公正に見えなくてはならないのだ。くしくも、一九二〇年代に首席裁判官は「公正さがただ実行されなくてはならないだけでなく、実行されていることが明白に、疑う余地なく見えていなくてはならないことは、単に重要なのではなく、本質的に重要なのである」と言っている。陪審にプロの公訴官を含めることは、その基準から滑り落ちているように思えるのだ。

コモン・ローの伝統からの最も衝撃的な逸脱は、刑事証拠（証人匿名）法だった。これは、「単独で決定的に」被告人を有罪判決に導く匿名証人の証言（暗黒街の殺人事件の訴追側が頼りにする）は公正な裁判の基準に合わないとする貴族院の決定を無効にするために通された法案だった。この法律は、公正さより有罪判決への欲求を優先させた無条件反射的な反応により誕生した。イギリスの法廷は一六四一年に星室裁判所（国王大権のもとで裁判を行う。ウェストミンスター宮殿内「星の間」で行われた）が廃止されて以来、匿名の証人は許していない。自分を糾弾している者が誰であるかがわかっているというのは、公正さの基本原則だ。顔のない証人に対して、どうしてその人物が自分に対して恨みを抱いていないか、もしくは自分が有罪になることで相手が得をしないかを調べることができるだろう？　匿名性は偽証者の夢だ。被告人について何でも好きなことが言え、しかも仕返しはない。証人が誰であるかを知ることなくしては、まともな反対尋問もできなければ、証人の証言を正しく審理することもできない。ヒュアード卿の有名な言葉を借りれば、「被告人は隠れたターゲットに対して、ブラインドショットを撃つしかない状態にされた」

暗黒街や黒人同士の多くの重大犯罪は、証人が怖がって証言しないので裁判にならないという話は聞く。これは理解できる。これは深刻な問題だ。ギャングの一員に対して不利な証言をするのは、私だって二の足を踏むだろう。しかし、自分が迷惑を被《こうむ》るからといって、誰かの自己弁護する能力を制限していいわけはない。IRAのテロリストは人々に証言をさせないよう脅すことができなかった。それは、証人保護プログラムが証人の安全を守っていたからだ。国際刑事裁判所を含むほかの司法機関は匿名証人を許す道は選ばなかった。

このような法令の最も心配な側面は勇気の喪失である。匿名の証人を喜んで受け入れるということは、司法制度に対する信頼の喪失を象徴している。刑事裁判で障害や困難に突き当たったときに採る間違った反応の仕方は、全体的な公正さをどのくらい損なうかを考えることなしに法を制定することである。最終的結果が関心事の第一位になり、それを得る手段は大差のついた二位になる。被告人の保護を少しずつ削っていけば、人々は自分たちがより犯罪に厳しくなっているような、または司法制度がうまく機能しているような気がするかもしれないが、現実には、無実の人を刑務所に送らないための安全装置の質が低下しているのだ。

結局、私たちは、罪なき人を無罪にすることと、罪ある人を有罪にすることのどちらがより重要であるかを決断しなければならない。この質問に正しく答えるには、まず自らに別の問いかけをしなくてはならない。すなわち、無実の人が刑務所に送られるのを見るのと、罪人が無罪放免になるのを見るのとの、どちらがより公正の概念に反しているか？　デニング卿はかつて「イギリスの司法制度の高潔さに疑いを差し挟まれるくらいなら、数人の無実の民が刑務所に入ったままになるほうがましだ」と語った。これは実に恥ずべき発言だ。イギリスの司法制度の高潔さは、どの司法制度についてもいえることだが、面目の維持にではなく、最も公正な結果を求めて恐れずに闘うことにある。その過程でたとえ誰が悪者になろうとも。

終章

「あいつら、いったい何様なんだよ」。私は自問した。

いったい何様なんだ、の何様は私の将来を決定するテナンシー委員会の面々だ。彼らには一度の面識もなければ、彼らのために仕事をしたこともない。私は見習いとしてのエネルギーの微塵《みじん》も、彼らの尻にキスしてご機嫌《きげん》取りすることには費やしてこなかった。今この場で、失われた時間の埋め合わせができるだろうか？　距離的には難しい。彼らは私がその下で数え切れないほど幸せな熟睡をむさぼったマホガニーテーブルの向こう側に、私はこちら側にいるのだから。パニックを起こした私の思考は、最も若手のメンバーが本題に入ったので中断された。

「ではでは、法廷にいると仮定して、準備するよう言っておいた抗弁と刑罰軽減を行ってください。私を裁判官だと思って」

「わかりました」

「その調書にはいくつかグーグリ（クリケットの曲球）を紛れ込ませておきました。さて、あなたが発見できたかどうかを見てみましょう」

「げっ……いえ、はい」

〝げっ〟が私の率直な反応だった。グーグリを発見することなど、絶対にできっこない。彼の投球がほんのわずかでも陰険なら、私のスタンプは倒される。後悔するには遅すぎる。指導係のバリスタは何て言ったっけ？ 「ここでテナンシーを獲得しようとするなら、絶対不可欠な存在にならなくてはならない」。それは越えられないハードルだ。そもそも不可欠な人間なんていない。イエス・キリストでさえ、自分は消されうる存在であったと発見したじゃないか。けれども、「テナンシー委員会のメンバーが誰であるかを発見し、その人の仕事を手伝いなさい」という、指導係のもう一つの、より実際的なアドバイスには従うべきだった。もう手遅れだ。

テーブルの反対側を眺めた。委員たちは上流階級のサディストたちが集合写真を撮るときのように居並んでいる。私はうまくやれているかどうかのヒントとなるものを彼らの中に探しながら、だらだらと抗弁と刑罰軽減を行った。裁判官役を務める若手のテナントは無表情だ。実際、誰も何も言わなかった。これは精神分析医が黙って座り、被験者がわあわあしゃべりまくって結果的に拘束服を着せられる、例のメンタルヘルスのテストかもしれないと思った。彼らはもし不正な現金を提供されたらどうするかなどといった倫理的な質問さえしなかった。たとえば、

Q「依頼人から五〇ポンド札がぎっしり詰まった封筒を渡されたとします。さて、どうしますか？」
A「えーと……ズボンの前に突っ込みます」
Q「ソリシタに、五〇〇ポンドあげるから自分の犯した間違いを依頼人にばらさないでくれと言われました。どうしますか？」
A「娼婦とコカインにパァーッと使いま……いえ、その……ロバの保護区に寄付します」

面接は一五分で終わった。外に出る途中、階段の吹き抜けのところで自分の番を待つリアムとマムタの前を通り過ぎた。二人は私と同じくらい、今にも吐きそうな顔をしていた。全員が面接を終えると、テナンシー委員会は私たちの出願書類を審査し、推薦者をチェンバーの全体会議に提出し、そこで候補者は正式な投票にかけられる。

結果の電話連絡があるまでにゆうに三時間はあるのだが、これが私にとってはジレンマだった。チェンバー内をうろうろして、面接でどんなにうまい演技をしたかをみんなに吹聴《ふいちょう》するか、または姿を消すか？　後者のほうが望ましく思えた。次の問題はどこに消えるかだ。静かなパブでも見つけて酔っ払うのが伝統だ。心がぞわぞわした。リアムとマムタの二人とともに見習い期間を過ごしてきたが、自分の運命には自分一人で直面したかった。

司法の地――テンプル、リンカーンズ・イン、グレイズ・インの一帯――を、ぐるっと回ることにした。なにしろ、これが私にとって、最後の機会になるかもしれないのだから。チェンバーによる正式な窓外放出はどんな気分だろうと想像しながら、ミドル・テンプル・レーンを北に向かって進んでいった。テナンシー委員会は私をタールに浸け、羽の上を転がして、レールに乗せてまっすぐテムズ川に落とすのだろうか？　たぶん彼らはもっとロケーションにこだわるだろう。委員会で裁判官役を務めたテナントと脚の強い取り巻き連中が私をミドル・テンプル・レーンで足蹴《あしげ》にし、その間、誰かが繰り返し私の耳に「落伍者《らくごしゃ》」と叫び続けるとか？　なぜか、忘れ去られた男のように消散してしまうことが、最も屈辱的に思えた。

ミドル・テンプル・レーンの先でアーチ型のゲートにはめられた小さな黒いドアを抜けてフリート・ストリートに出た。通りを渡ってベル・ヤードに出て、リンカーンズ・インの南側の入り口に向かう。秋の夕暮れの光の中で、リンカーンズ・インは過去のどんなときよりも美しかった。正面の幅が広い建物が私を穏やかな思慮深さで見下ろしている。なおも北に向かって歩を進め続け、一五世紀の古いホールを通り過ぎ、詩人のジョン・ドンが一六二三年にセント・ポール寺院の院長として最初の演説をしたチャペルの下を通った。そこからまっすぐチャンスリー・レーンに出て、通りを渡ってホルボーンに進み、グレイズ・インに入ってその庭を通り過ぎ、ほとんど使われていない通用口から外に出た。そこは司法の地の最後の前哨地であるベッドフォード・ロウだ。一八世紀に建てられた濃灰色と赤色の煉瓦《れんが》造りのタウンハウスに沿った道を歩いてセオボルズ・ロードに入ると、法曹界の静謐《せいひつ》は車の騒音と警察のサイレンに取って代わられた。

腕時計を見る。チェンバーを出てから、半時間しかたっていない。五〇メートルほど先にフライヤーズ・デライトという、けっこういけるフィッシュ・アンド・チップスの店があることを思い出した。運よく行列はなかったので、アカガレイのフライとチップス、オニオンのピクルスを二つとタンゴ（飲料）を注文し、ボックス席に滑り込んだ。携帯電話をテーブルの上に置き、食べ始めた。一時間が過ぎ去り、さらにもう一時間が過ぎた。まだ電話は沈黙している。あのミーティングも決議もすべて悪い悪戯《いたずら》だったのではないかと疑い始めたとき、ついに電話が息を吹き返し、合成樹脂のテーブルの上で震えた。スクリーンに私の指導係の電話番号がフラッシュしているのが見えた。私は自分を世界一優秀なバリスタだとは思っていないが、なんとか運が味方してくれることを祈った。たとえ全面的には運に頼れなくても、せめて同情票くらいはいただけるんじゃないか？

呼び出し音が三度鳴るのを待って、電話を取り上げた。何気ないふうを装おうとしたが、声がかすれたので、ナーバスなのはばればれだった。「ハロー」

「やあ、マックス」。指導係の声が重々しい。「残念だが、悪い知らせだ」

短い会話をした。この世の終わりはまだ遠い……とかなんとか。電話を切り、携帯を見つめた。この失敗を記念して何をすべきだろう？　ピザの大きなスライスを強力粘着テープで両方のこめかみに貼り付けて、汚物の入ったバケツに頭を突っ込もうか？　リアムから携帯メールが届いた。「羊か、山羊《やぎ》か?」と聞いている。「牡《おす》山羊のグラフだよ」(The Three Billy Goats Gruff ノルウェーの童話)と答えた。「同じだ、よかったぁ。今、ギリシャ行きの飛行機に乗るところ」と返事が来た。

マムタはどうだったのだろう。怪しいくらい静かだ。「こっちはアウトだった」とメールを送ったが返事がない。三〇秒後、携帯が鳴った。マムタはパブの喧騒の中で浮かれた声に囲まれていた。「私、テナントよ」

彼女は息をはずませながら言った。

置いてきぼりにされた気分で、店を出た。マムタはシャンパンを飲んでいるし、リアムは逃避した。アラミンタはひと言もなく消えてしまい、たぶん、今この瞬間にもどこかの投資銀行マンの腕に抱かれているのだろう。一番残念なのは、法曹界での最後の日をまともに過ごすことさえしなかったことだ。けっして華々しい辞め方ではなかった。法廷で、膀胱《ぼうこう》を満杯にして弁護人と裁判官を隔てているテーブルの上に飛び乗り、彼らの上に小水をまき散らすことだってできたのだ。なのに、私はサッカーチームの選手に選ばれなくて涙ぐんでいる子どものように、ひっそりと去ろうとしている。自己憐憫《れんびん》に苛《さいな》まれながらラムズ・コンデュイット・ストリートに入った。

「あそこにいるあれ、誰?」聞き覚えのある声がした。

「なーんだ、アレックスじゃないの」

別の声が言った。

顔を上げると、パブの外のテーブルにジェーンとハリエットが座っていた。寒いのでしっかり着込んでタバコを吸っている。

「やあ」

無理やり微笑《ほほえ》んだ。

「あなたもおっぽり出されたのね」

ハリエットが言った。

「どうしてわかった？」

「あのときの私と同じ表情をしてるもの。それ、何日か消えないわよ」

「何か飲む？」とジェーン。

「飲まずにいられるかよ」

私とジェーンは同時にテーブルの上の空になったワインボトルを見た。何か言おうとしたそのとき、無言のウィルが新しいボトルを手にパブから出てきた。

「ウィルじゃないか？　マンチェスターじゃなかったっけ？」

「うまくいかなかったのよ。カノジョともね」

ハリエットが言った。

ウィルは私のグラスを用意し、ワインを注いでくれた。テーブルの周りに陣取った彼らの晴れ晴れとした顔を眺めていると、そこが見習い部屋の屋外バージョンであることに気づいた。昔のままだった。ジェーンはグラマーで美しく、ハリエットはいつもの真っ赤なマックの口紅〝モースト・ウォンテッド〟をつけ、そして無言のウィルは……おやおや……立ってグラスを掲げ、乾杯の音頭を取っている。

「見習い部屋に乾杯」。彼は言った。「ここの誰一人、永遠に抜け出さないことを祈る！」

私たちは抜け出した。だが、それにはしばらく時間がかかった。

著者紹介

アレックス・マックブライド（Alex McBride）
刑事司法バリスタ。雑誌『プロスペクト』で「コモン・ロー」のコラムを担当している。『ニューステーツマン』およびBBC放送の番組（From Our Own Correspondent）などにも貢献している。

訳者紹介

高月園子（たかつき・そのこ）
東京女子大学文理学部史学科卒業。在英25年。訳書にレベッカ・ソルニット『災害ユートピア』、マーカス・ラトレル『アフガン、たった一人の生還』（共に亜紀書房）、ローリー・スチュワート『戦禍のアフガニスタンを犬と歩く』（白水社）、ジェームズ・ゴールウェイ＆リンダ・ブリッジズ『黄金のフルートをもつ男』（時事通信出版局）など多数。長女はイギリスでメディア法専門のバリスタをしている。

悪《わる》いヤツを弁護《べんご》する

著者　アレックス・マックブライド

2012年6月1日　第1刷発行

発行所　株式会社亜紀書房
東京都千代田区神田神保町1-32　〒101-0051
電話　03-5280-0261
振替　00100-9-144037
http://www.akizero.jp（ZERO事業部）

訳者　高月園子
装幀　間村俊一
カバー写真　ポール・ライダー
印刷・製本　株式会社トライ　http://www.try-sky.com

ISBN978-4-7505-1208-2

亜紀書房の翻訳ノンフィクション

デボラ L・ロード　栗原泉訳　二四一五円

キレイならいいのか

ビューティ・バイアス

容姿による差別を問題にすると
ほかにもっと大きな問題がある、と言われる。
しかし、その小さなことに女性は日々囚われ、健康を損い、
かつ莫大な資金が投じられている！

●「小さいけれど、大事なこと」についての一考察●